胜者心法

资治通鉴成事之道

冯唐 著

民主与建设出版社
·北京·

©民主与建设出版社，2023

图书在版编目（CIP）数据

胜者心法：资治通鉴成事之道/冯唐著. -- 北京：民主与建设出版社，2023.8（2024.12重印）
ISBN 978-7-5139-4293-5

Ⅰ.①胜… Ⅱ.①冯… Ⅲ.①《资治通鉴》—研究 Ⅳ.①K204.3

中国国家版本馆CIP数据核字（2023）第128727号

胜者心法：资治通鉴成事之道
SHENGZHE XINFA ZIZHITONGJIAN CHENGSHI ZHIDAO

著　　者	冯　唐
责任编辑	郭丽芳　周　艺
封面设计	艾　藤　王　媛
出版发行	民主与建设出版社有限责任公司
电　　话	（010）59417749　59419778
社　　址	北京市朝阳区宏泰东街远洋万和南区伍号公馆4层
邮　　编	100102
印　　刷	河北鹏润印刷有限公司
版　　次	2023年8月第1版
印　　次	2024年12月第9次印刷
开　　本	880毫米×1230毫米　1/32
印　　张	10.25
字　　数	220千字
书　　号	ISBN 978-7-5139-4293-5
定　　价	72.00元

注：如有印、装质量问题，请与出版社联系。

序言

读透《资治通鉴》,过好在地球上的一生

《胜者心法:资治通鉴成事之道》是继《冯唐成事心法》《了不起》之后的第三门"冯唐成事学"的课。

我挣扎了很久,思考了很久,不知道如何用简洁、明快的语言跟大家讲。但是我深深地感到,这是我该做的。

《资治通鉴》是一本伟大的"地球人生存指南"。如果用一本书来真切地指导一个人如何在地球上过好这一生,那这本书就是《资治通鉴》。

《资治通鉴》是非常丰富的大书,不算胡三省的音注,原文近三百万字。如果你只有一点儿钱,只能买一本书,只能有那么点时间,只能通读、熟读一本书,那毫无疑问,你就仰仗《资治通鉴》,得志行天下。

如果你不得志,独善其身,消磨时间,冷眼看天下,并且想要在冷眼观察之中,能够趋利避害,在乱世里保全自己,还能有自己的坚持,能太太平平地宅在家里,也请读《资治通鉴》。

一、我们为什么要读《资治通鉴》

第一点，为了学历史。历史是大跨度的时间上人类社会发生的重要事情。学历史则是为了了解人性。大跨度时间上的人和人、人和物发生的事，反映出的规律就是人性的规律。狗改不了吃屎，人其实也改不了多少。

《资治通鉴》描述了一千三百多年的历史，这一千三百多年在亿万年生物演化史上、在几百万年人类进化史上、在几万年智人进化史上，只是弹指一挥间。但是这段历史呈现的规律，恰恰是现在人类要认真学习的。因为你的基因没变，人性没变，你遇上的困境是类似的，你需要权衡的方案也是类似的，你做出的决定可能导致的后果也是类似的。

只有把历史当成镜子，今天才会少犯点错，未来才会提高一些效率。多做点聪明事，少做点傻事。帮助周围、帮助人世间、帮助人类得到太平，产生更多的价值，这就是历史智慧的作用。

第二点，为了学管理。如果历史代表着"通鉴"，"通"，从古至今，一路通过来；"鉴"，镜子，过去的镜子提示现在，也提示未来，那管理就是"资治"。帝王将相、很多制度已经不存在了，今天为什么还要学？因为历史呈现的管理主题、管理方法对今天依旧有借鉴作用。

学《资治通鉴》不是为了去吹牛，不是为了跟别人抬杠，甚至不是为了在朋友面前表现自己学识渊博，而是为了成事。

第三点，为了看到丰富的实例。《资治通鉴》讲道理的时候非常少，司马光是一个沉默寡言的人，偶尔会表明自己的看法。但是总体来说，"臣光曰"所占的比例可能不到千分之一，更多的是一个一个的案例。我一直强调，对于"成事学"来说，亲尝大于书本，实例大于理论。

第四点，为了学好汉语。《资治通鉴》是难度中等偏上的古汉语，却是质量一等一的古汉语。如果你能够跟着本书从头到尾把《资治通鉴》读一遍，那么对于古汉语的掌握，你可能会超过百分之九十九的地球人。同时，你也对中国文化有了更好的了解。三家分晋、将相和、纸上谈兵、鸡鸣狗盗……这些历史故事知道得越多，你对中国文化越会了然于心。

总之，学好《资治通鉴》，能让你过好在地球上的一生。

二、冯唐凭什么讲《资治通鉴》

第一点，冯唐是鲜为人知但货真价实的战略管理专家，管理界的"扫地僧"——虽然我写情色小说的名声远远大于我做职业经理人的名声。二十多年的职业生涯一眨眼就过去了，但是回看这二十多年，我还是积累了很多并不容易获得的管理经验。

我学了八年医，我知道人是个什么东西；我写了二十年小说，写了七个长篇，我知道人性是个什么东西。

我学了两年MBA（工商管理硕士），做了近十年麦肯锡（咨询顾问），做到了麦肯锡合伙人的位置。我又在华润做了五年，先做整个集团的战略管理部总经理，再做华润医疗的创始CEO。之后又在中信资本做了五年董事总经理，做投资。所以，在管理上，我做过资深管理顾问，在企业方做过总参谋长，又在大企业平台上做了创业，同时我又做过投资。

从行业上来讲，因为麦肯锡公司早年规模较小，所以除了我最熟悉的医疗，我还接触了各种行业。在华润做战略管理部总经理时我接触了华润所涉及的所有行业，从水泥、地产、电力到啤酒、饮用水，甚至化工、纺织等。所以，我涉及行业的广度，是多数职业经理人所没有过的。

在管理上，我在2018年前后开始创建"管理学"，分别出版了《成事》《冯唐成事心法》和《了不起》。

总而言之，无论是对人的了解、人性的了解，还是对管理的理论、实践，对公司和集团运营，对创业、投资，我都有实操经验。"纸上得来终觉浅，绝知此事要躬行"，因为有经验、亲尝过，所以我认为我有资格从管理的角度讲《资治通鉴》。希望这本书能成为我们修炼管理学的一个有效的手段，成为"冯唐成事学"的一个核心构成部分。

第二点，冯唐热爱历史，在过去近四十年间一直读历史。我十四岁开始读《史记》，十七岁开始读《资治通鉴》。虽然从读MBA到做麦肯锡，全职工作非常繁忙，一周要干八九十个小时，有时候甚至一百个小时，但是枕边总有一部《二十四史》或者《资治通鉴》。

《资治通鉴》我从头到尾读过两遍，这次讲《资治通鉴》，是我从头到尾读的第三遍。另外，纪传体的《二十四史》我也大致翻过一遍，特别是"前四史"——《史记》《汉书》《后汉书》《三国志》，我都认真地翻过两遍以上。

这些都让我对历史、文化有了一定程度的了解，使我能够更好地讲《资治通鉴》。

第三点，冯老师有了把岁数。如果我现在只是二三十岁，我担心我没有资格讲。但我已经五十多岁了，"五十而知天命"，我也经历了读万卷书、行万里路的前半生。虽然"人之患在好为人师"，但是到了知天命之年，我也想把自己知道的、经历过的、体会过的那些多么痛的领悟告诉大家，想把它们变成文字留在人世间。

三、我们怎么学《资治通鉴》

如何跟冯唐一起读《资治通鉴》？除了听我讲之外，你得读原书。

第一，我选出了对今天的管理实践依旧有指导作用的案例，用现代汉语翻译出来，尽量翻译得信、达、雅，然后从管理学的角度来评论。

在冯唐选、冯唐译、冯唐评的基础上，我建议你还是读一读原文，不只是看我选的那一段，还要把整个原文读一遍。

另外，我建议你去买一本王力主编的《古汉语常用字字典》，遇上一些难字的时候查一查。《古汉语常用字字典》的附录，就是讲古汉语的基本句法、词法、语法的，也请你把这个附录好好读一读。

所以，希望各位跟着冯唐读一年《资治通鉴》，哪怕只读三十卷原文，你很有可能就初步具备了直接读古汉语原文的能力。

第二，"读书切戒在慌忙，涵泳工夫兴味长。未晓不妨权放过，切身须要急思量。"别着急、慢慢读，读到自己有感触的地方，停下来想想。读到不懂地方，似乎又没有那么重要的，把它放过去，不必求甚解。从管理的角度去读《资治通鉴》也一样，那些想不明白的古人的事，暂时先放下。

第三，学会"六经注我"。读《资治通鉴》的时候，想想你自己的人生体验，跟自己相关的东西多体会体会，甚至用一种解题的方式，带着现代的经历去读。也就是说，你把自己设想成那个决策者，可能是一个将军，可能是一个大臣，可能是一个妃子，可能是一个皇帝……先把自己代进去，你来做决策，然后再去看看历史上这个决策者具体是怎么做的，及最后所谓的兴衰得失。历史、现实是给了他一个大嘴巴，还是给了他一颗糖果、一块点心？到底他成事了还是没成事？然后，掩卷深思。

下一个阶段，你放下《资治通鉴》。当你带团队出差，跟合作伙伴谈合作，遇事有疑问的时候，想想《资治通鉴》里有没有类似的案例，是怎么处理的，历史上发生了什么，结果是什么，可能问题就会迎刃而解。总之，读《资治通鉴》，古为今用，把学到的用到生活中去。

你如果能做到这些，那真是学活了这本书。

冯　唐

目录

周纪一 公元前403年—公元前369年

三家分晋：管理体系中最重要的是秩序	003
智伯之死：战略抉择切忌"既要……还要……"	014
君王之仁：管理者的德行修养	024
文侯选相：选人的五大原则	029
狠人之用：如何用好"狠人"	034
在德不在险：学会战胜人性的弱点	038
吴起PK田文：用人原则以事为先	046
子思谏卫侯：用人要学会"抓大放小"	051
齐国大夫：解决信任难题靠的是纠错能力	056

周纪二 公元前368年—公元前321年

商鞅入秦：破局的关键是用好奇才	065
商鞅与甘龙之辩：成大事者不与众谋	072
商鞅的成事方法论：业绩第一	079
徙木立信：如何建立信任	084
以贤为宝：最宝贵的资产是什么	090
围魏救赵：如何面对同侪压力	096

01

马陵之战：战略管理的两大核心素养		104
智取河西：成大事的人都是好演员		112
赵良说商鞅：做人要积德，做事要有度		118
孟子见魏惠王："反内卷"第一人孟子		124
苏秦合纵六国：强弱联合很难，弱弱联合必败		130
孟尝交友：高明的管理不要求绝对的忠诚		136
缪留谏韩王：现代管理中如何"权力制衡"		144

周纪三

公元前320年—公元前298年

魏国新君：用好自然之力顺势而为		151
张仪说魏王：利用人性之善成事更长久		157
不如伐蜀：在不够强大前，先拿增量		162
燕王哙让子之：只能有一个最终决策者		169
张仪欺楚：贪是人性，不贪是理性		176
千金买骨：性价比最高的口碑营销		182
张仪好忙：职场上的进退之道		187
息壤之约：用契约防范信任危机		194
胡服骑射：如何应对新事物的进入		201

02

周纪四
公元前297年—公元前273年

齐王之死：危急时刻，不出昏招就是胜利	209
负荆请罪：管理好自己的好胜心	217
乐毅攻齐：管理君臣关系的四个关键	224
齐王疑田单：底层逻辑还是利益冲突	234
田单伐狄：持续成事，要保持"饥饿"	243
黄歇说秦王：制定战略要视阶段而定	249

周纪五
公元前272年—公元前256年

范雎入秦：战略笃定，人才能应对起伏	259
范雎说秦王：自保又能达到目的的表达技巧	266
触龙说赵太后：有效沟通的五个原则	272
纸上谈兵：管理者如何选人、育人、用人	279
一言一城：处理危机的沟通技巧	288
子顺谏魏王：好的战略"不与众谋"	294
毛遂自荐：如何在关键时刻向上一步	301
奇货可居：历史上最成功的风险投资案例	308

周纪一

[公元前403年—公元前369年]

三家分晋：
管理体系中最重要的是秩序

《资治通鉴》是北宋政治家司马光主编的编年体史书，涵盖十六朝、一千三百六十二年的历史，近三百万字。《资治通鉴》开始于周威烈王二十三年（公元前 403 年），开篇记录的第一个历史事件，就是春秋末年三家分晋。

东周前半期称为"春秋"，此时周王室名存实亡。周王室下面，一共有一百四十多个大小诸侯国割据称雄，这些诸侯不再朝见周天子。春秋末年，发生了韩、赵、魏三家瓜分晋国的事情。

晋国为什么能被瓜分？晋文公重耳当年把军政大权交给六卿打理，随着六卿野心膨胀和相互排挤，最后就剩下了韩、赵、魏三家列卿。本来他们只是晋国的家臣，没有资格当诸侯，但是他们从当时的周天子周威烈王那里得到了诸侯的名分，这在周朝历史上是前所未有的。这导致"春秋五霸"之一的晋国消失了，"战国七雄"中的韩、赵、魏三国冉冉升起。

从管理的角度来看，这个例子对今天有什么意义？

1. 组织最重要的是维护秩序

威烈王二十三年（公元前 403 年），初命晋大夫魏斯、赵籍、韩虔为诸侯。

周威烈王让晋大夫魏斯、赵籍、韩虔当诸侯。这似乎是水到渠成，因为这三人权可遮天。

这相当于在公司管理中，集团 CEO 跨过战略利润单元，跨过一级利润中心，直接对一级利润中心下属的一个地区公司总经理说，你能耐挺大，工作做得也挺好，以后就相当于一级利润中心总经理，直接向我汇报。那原来一级利润中心总经理就形同虚设，没法管理了。

就这件事，司马光非常气愤，气到写下他在整个《资治通鉴》里最长的一段话：

臣闻天子之职莫大于礼，礼莫大于分，分莫大于名。何谓礼？纪纲是也。何谓分？君、臣是也。何谓名？公、侯、卿、大夫是也。

天子最大的工作就是"礼"，就是礼教，就是秩序。

什么是"礼"？纪纲是"礼"。什么是"分"？君、臣是"分"。君就是君，臣就是臣；君有君的本分，臣有臣的本分，两者之间不能混淆，不能越雷池一步。什么是"名"？公、侯、卿、大夫，给定一组人某个等级的名，是不能乱的。

同样，CEO 最重要的事也是维护公司的秩序。"礼"是名头，是你给他的职级、职等，是你给他安排的汇报线。"分"就是你到底用什么样的形式彰显他的名分。

2. 管理体系，是不可违背的"礼"

司马光接下来解释了什么叫"礼""分""名"。

夫以四海之广，兆民之众，受制于一人，虽有绝伦之力，高世之智，莫不奔走而服役者，岂非以礼为之纪纲哉！是故天子统三公，三公率诸侯，诸侯制卿大夫，卿大夫治士庶人。贵以临贱，贱以承贵。上之使下犹心腹之运手足，根本之制支叶，下之事上犹手足之卫心腹，支叶之庇本根，然后能上下相保而国家治安。故曰天子之职莫大于礼也。

天下这么大，人这么多，大家愿意被一个人管着，跟着他走。特别能干、聪明、能量大的人不走、不闹，还愿意埋头苦干，不是因为别的，就是因为有一套秩序，这套秩序就叫"礼"。

它一层一层像金字塔，从上到下，天子、三公、诸侯、卿、大夫、士人、庶人，贵和贱分得很清楚。上层驱动下层，就像心腹驱动手足、树根来控制枝叶一样；而下层的人配合、保护上层的人，就像手足护卫心腹、枝叶护卫树根一样，这样形成了一个完整的体系。

在公司里，你可以将这套秩序理解成一套完整的管理制度。建立管理制度是一把手最重要的事情。如果没有这套管理制度，或许在短时间内、个别事上还挺方便，但是不能长治久安。

与之相反，有着好的管理制度的组织，它可能一时一事并不出彩，但它稳定、可控，可以持续发展，持续成事。

成熟企业 CEO 最重要的事情是找人、找钱、定方向，初创企业 CEO 最重要的事情是建立管理制度。

通常来讲，对于成熟的企业，管理制度已经在那儿了。CEO 最重要的事情是找人、找钱、定方向。在驱动人、用钱、执行战略的时候，实际上就是维护管理制度，甚至调整、发扬、改善管理制度。

而初创企业的 CEO，如果不迅速建立一套完整、有效的管理制度，就会发现找再多钱、再聪明的人，定再准确合理的方向，事还是不一定能干成，因为没有做事的章法。

有些初创企业的 CEO，在建立制度之后，容易因人、因事破坏这些管理制度。这在很大程度上是大忌、是红线。并不是说管理制度一成不变，而是说一旦定了，就要坚决执行；如果你想改变管理制度，你就要系统地去改变，不能轻易因为某人、某事而去改变它。

这就是"天子之职莫大于礼"，CEO 最重要的职责：在管理制度还没设定的时候，设定管理制度；在管理制度已经有的时候，找人、找钱、定方向，执行这些管理制度；必要时，系统地修改管理制度。

3. 汇报线，是不能逾越的"分"

"礼"，司马光叫"纪纲"，纪律、纲领，我用管理词汇理解成管理制度。那深一层，纪纲里、管理制度中最重要的是什么？

文王序《易》，以《乾》《坤》为首。孔子系之曰："天尊地卑，乾坤定矣。卑高以陈，贵贱位矣。"

周文王给《易经》写了序（一说，周文王演绎排列《易经》），《乾》《坤》是最开始的。天是高的、尊贵的，地是卑微的，高低一定，贵贱就定了。

引申到现代管理，那就是职级、职等、定岗、定编。也就是汇报线，谁向谁汇报，谁听谁的。

《春秋》抑诸侯，尊王室，王人虽微，序于诸侯之上，以是见圣人于君臣之际未尝不惓惓也。

在春秋的时候，还是压制诸侯，推崇周王室。周王室虽然很小、很弱，很有可能不如诸侯，但是它是在上位的。

非有桀、纣之暴，汤、武之仁，人归之，天命之，君臣之分当守节伏死而已矣。

"君君、臣臣、父父、子子"，把名分定得这么清楚，但如果位高的人是个傻的呢？向他汇报，我心里难受啊，怎么办呢？

司马光说，除非你老板是个开天辟地少有的、古今中外难得的二货，就像夏桀、商纣这样人渣中的人渣，否则你还得遵守这种制度。这个"分"不能乱，一乱，天下就会乱。

当然，遇到极端情况，那商汤、周武王这样的人就会出来，大家就跟着汤、武去干了。这样的情况是天命，坏成这样子，实在不能忍受了，那老天会纠正他。

在现代管理里，如果个别位高的人能力、德行实在太差，那董事会或者给他这个位置的人就会收拾他，会找更能干的人来，甚至有可能把你提上去代替他的位置。但如果不是这种极端情况，即使你觉得你能力、能量、道德、品行都比他强，不好意思，你还得听他的。这就是汇报线，管理制度中重要的"分"。

司马光又举了个例子，微子、季札宁可亡国也不敢违礼。

是故以微子而代纣则成汤配天矣，以季札而君吴则太伯血食矣，然二子宁亡国而不为者，诚以礼之大节不可乱也。故曰礼莫大于分也。

如果当时是微子，而不是纣成为商王，那商就不会灭亡。用有能力又贤明的季札做吴王，而不是诸樊作为吴王，那吴国也不会亡。

微子和季札已经非常能干了，但他们宁愿亡国，也不愿意立自己。因为他们认为"礼"是大节，不能乱。

从历史的结果来看，他们有可能错了。但是从多数的历史规律来看，无论是自己挺身而上，还是遵从"礼之大节不可乱"，他们的选择都没错。他们不敢确定，顺理成章继承王位的那个人是不是真的极差。但是他们可以确定，不顺理成章地拿了王位，会有更多的人惦记，破坏礼，破坏管理制度；一旦这些人跳将出来，这个国家就不可能好。

4. 职位、待遇，是要珍惜的"名"

夫礼，辨贵贱，序亲疏，裁群物，制庶事，非名不著，非器不形；名以命之，器以别之，然后上下粲然有伦，此礼之大经也。名器既亡，则礼安得独在哉！

礼教、制度、秩序，是体现在"名"和"器"上的。

放到今天来看，那所谓的"名"就是职位，"器"就是待遇。你名片上印什么头衔、职位，这样的职位有什么样的待遇：配车、出行标准、餐标、酒店星级……看上去是小事，但大家就是看这些名头和待遇来体会管理制度的。

司马光又举了孔子的例子：

昔仲叔于奚有功于卫，辞邑而请繁缨，孔子以为不如多与之邑。

惟名与器，不可以假人，君之所司也；政亡则国家从之。

仲叔于奚对卫国有功，他不想要封邑，只想能够戴着繁缨。我想繁缨应该是种马饰，马挂上之后，"丁零当啷"、漂漂亮亮地走在街上，好看的姑娘都停下来看。但是孔子宁可多给他几个县，也不愿意给他繁缨。根据管理体制，你不应该得到这样的待遇，否则就坏了礼。

卫君待孔子而为政，孔子欲先正名，以为名不正则民无所措手足。夫繁缨，小物也，而孔子惜之；正名，细务也，而孔子先之。诚以名器既乱则上下无以相保故也。夫事未有不生于微而成于著，圣人之虑远，故能谨其微而治之；众人之识近，故必待其著而后救之；治其微则用力寡而功多，救其著则竭力而不能及也。

卫国的国君想让孔子管理政事，孔子先"正名"，就是先安排职位，每一层级叫什么，谁听谁的。小到马饰这样象征着级别的小东西，孔子都非常小心。

因为事情都是从小变大的。圣人会想得远，看到微小的迹象，就会把苗头掐掉。而多数俗人，只看最近的、眼前的、面上的东西，等坏事扩大之后，才知道动手。所以，在坏事还小的时候，你就处理它，花的时间要少、精力要小；等坏事已变得很大了，你有可能就控制不了它了。

5. 宁做守成的 CEO，不作不死

从 CEO 的视角，怎么在三家分晋这个实例中抓住重点？

（1）心存敬畏，遵守规则

管理制度是重中之重。管理制度要先于战略，先于用人，先于找钱，先于买枪买炮、动枪动炮。

管理制度中最重要的是汇报线。谁向谁汇报，定哪些职级、职等，不见得需要很复杂，但是要相对平衡周全。

汇报线中最重要的是职位，要明确职位相关的待遇。

（2）不作不死，尝试无为

当 CEO 的往往心里发虚。但是，你能到这个位置，就说明你大运到了，时也，命也。你对自己没信心，觉得有些下属能力、品性、情商、智商比你高，没问题，但你不要轻易把位置让给他们。你要明白，多数皇帝跟多数 CEO 一样是庸才，守住基本的管理体系，就够了。

庸才往往不是对价值破坏最大的人。对价值破坏最大的人，往往有小聪明，但没有管理层面的聪明才智。他有可能会写诗、会画画，就像宋徽宗一样以为自己很强，以为才能可以通用，杀出去做管理、治国，试图证明自己，结果完蛋了。

无为往往是最好的方案。无为不是笨，而是有智慧的体现。多数的庸才也能做个明君，做好 CEO，只要他不作，有足够的定力，天时不要太差，组织不要太不济。有了管理制度，守住了这个"礼"，就像守住了一个阵地。

无为不会失去天下，作死才会。萧规曹随，事情不会差到哪里去。

（3）不开绿灯，学会放手

有些下属非常强，特别想冒头，有些年轻人肯干、能干，也特别想走快速通道。如果你让这些人走快速通道，可能会破坏管理制度，还要不要去做？在现在的环境下，更稳妥的方式是不要做。

如果他们真能走，自己撑起一片天，他们有可能就不问你要了。他们希望你能破格给他们"名"与"器"，就说明他们还贪恋这里，还离不开。你要跟他们讲，"名"与"器"不能轻易给人，需要在体制允许下一步一步来。

守住"礼""分""名"，公司很有可能稳步发展。守不住，就是一个烂摊子，就是一个乱世。宁可做守成的 CEO，也不要做破坏价值的、不作会死的、自以为是的 CEO。

6. 合理跟随，职场新人成长得更快

反过来，假设你是下属，如何看待满身缺点的老板？要不要给老板提反对意见？

这件事放在古代，用司马光的眼光去看，99.99% 是领导对，你错。"君君、臣臣、父父、子子"，领导永远是领导，你一天做他的下属，那一天就得听他的。

放在现代，大多数情况下你还是要认为老板是对的。

第一，虽然过去了两千四百多年，但土地还是这片土地，这群人的基因没有变。

第二，你看到领导的二货之处，可能只是从你的角度出发，没有考虑到领导面临的其他更重要的情况。

第三，你只感觉到了你比领导强的那一部分，可能没有体会到领导面对的压力和他的长处。看领导的短处是相对容易的；体会领导的难处、长处，是相对难的。

(1) 尽量避免越级汇报

如果管理者为了制衡下属，发起的越级汇报，你会怎么做？

我自己的观点，越级汇报是不好的，但是制衡是必需的。

第一，要在正常范围、大多数情况下避免非常正式的越级汇报。谁该向谁汇报，说清楚。如果出现非紧急不必要的越级汇报，要拿出来说一说。

但紧急、必要的事情，违法的事情，严重破坏公司文化的事情，严重破坏社会风俗的事情，如果你的上级犯下了严重的错误，你当然要向上级的上级汇报，但这只是极其个别的情况而已。

第二，权力的制衡，对下属、组织的管控，应该用别的方式完成。比如，诚信问题，树立小山头等，你该罚罚，该开除开除。业绩不向辛苦低头，价值观不向业绩低头，至少包含这一层意思。但制衡，可以用别的方法去做。比如，向你下属直接汇报的你下属的下属，不能由你下属直接任命，而是由你任命，也就是说，副手由上一级指派。这在大型机构里，是一种很好的从选人、用人的角度去实现制衡的方式。

比如，我曾经是华润医疗的CEO，我的副手，直接向我汇报的副总，不归我定，归我的上级、上级主管单位、上级人事机构去定，上级主管单位在上级人事机构的协调下去定。但是，我可以定职能部门以及业务部门的一把手，这些一把手分别要向华润医疗的副总汇报。副总我不能直接指定，可副总的直接下属，我可以选择、任命。当然，整个过程要有相应的流程，不是我一个人的一言堂。

第三，非常规的越级汇报是难免的，哪怕你是被越级汇报的那个人，也不要太在意。比如，你的上级请你的直接下属喝茶、喝咖啡，甚至喝酒、吃饭、打球，这很正常，你也可以做类似的事情，但是不要过分。

之所以要有礼、秩序、汇报线，就是因为这样能够从总体上提高管理效率，而越级汇报恰恰在多数情况下降低了管理效率。

（2）修炼自己，不必在意不喜欢的上级

绝大多数情况下，除非员工犯了精神病，除非员工走向自绝于人民和国家的道路，那公司的第一责任人和最后责任人就该是老板。出现系统性的错误，那一定是老板的错。就像一个公司没有搞好，不是战略部的事情，一个公司收入、利润下降，不是财务部的事情一样。战略部、财务部、法务部、人事部等这些部门，只是老板的智囊团。谁让你当老板呢！

如果你的上级经常推过揽功，功全是他的，或者他喜欢的人的，过都是别人的，特别是他不喜欢的人的，那这样的领导，劈他的雷已经在路上了。

如果劈他的雷你等不到，你也可以选择离开。鸟站在枝条上歇脚，它的信心不是来自枝条不会断，而是来自它有翅膀，它能飞。你要把自己当成一只飞鸟，要把你不喜欢的工作当成一根枝条。

（3）职场新人合理 follow 成长更快

职场 follow，不是让大家无条件地听从。Follow 是新人需要时间和空间去成长，需要韬光养晦，先学而后治。

去观察、去揣摩前辈们在类似的情况下怎么做，有哪些文化、交往规则和习惯，哪些规律是好的、可取的、可以容忍的，哪些是坏的、可以优化的，去做出你的判断。

当你成为资深人士时，多去领导，多去引领，少去跟随，反而是正确的。

所以，follow 与否，follow 的程度，是成长不同阶段的问题。

我的建议是职场新人羽翼未丰的时候，多观察，多实践，多验证。花更多的时间去 follow，而不是花更多的时间去质疑，这样会成长得快一些。如果什么都不太会的时候你就太支棱，资深人士不愿意花时间耐心教你，损失的是你。

智伯之死：
战略抉择切忌"既要……还要……"

亲尝大于二手，从公案中获得的智慧，远远强于从理论中获得的智慧。读《资治通鉴》，多设身处地地想想当时的刀光剑影，把自己当成其中的一个个人物，分别体会，终有一日妙理自开。

在智伯正式登场之前，有三个有意思的前传小故事。

1. 智宣子任人唯才：失误是抛弃了"仁"

初，智宣子将以瑶为后，智果曰："不如宵也。瑶之贤于人者五，其不逮者一也。美鬓长大则贤，射御足力则贤，伎艺毕给则贤，巧文辩慧则贤，强毅果敢则贤；如是而甚不仁。夫以其五贤陵人而以不仁行之，其谁能待之？若果立瑶也，智宗必灭。"弗听，智果别族于太史，为辅氏。

智宣子是当时晋国四大列卿中势力最强大的，其他三个是韩、赵、魏。智宣子选接班人，想选大老婆生的儿子瑶，也就是后来的智伯。这个时候，智氏家族中有智慧的智果，跟智宣子说："瑶不如你小老婆生的儿子宵。"

智果提供了一套有意思的论据，说瑶强的地方有五方面：

"美鬓长大则贤"，帅。头发、胡子长得好。有人说帅是第一生产力。长得好是占便宜的，有些人很无趣，品性也一般，甚至是人渣中的人渣，但就是好看，你就想多看他一眼。

"射御足力则贤"，会开马车，会射箭，能打，体力好。

"伎艺毕给则贤"，会唱歌、跳舞，会茶道、花道、香道……杂七杂八的技术都不错。

"巧文辩慧则贤"，能说会道。

"强毅果敢则贤"，杀伐决断，不拖泥带水，是条汉子。

有一个不足——"甚不仁"，特别不仁义。

智果讲："若果立瑶也，智宗必灭。"后果很严重，你立了这个儿子，咱整个族就完蛋了。

什么是"仁"？我用三个字形容——"让""厚""平"。

"让"，能让着别人，能把好处分人一点。

"厚"，厚道。受了委屈，要忍；得了好处，别卖乖；吃了亏，当成福。

"平"，平衡，中庸，别过分。别打瞎子、骂哑巴、挖绝户坟、敲寡妇门，别欺负弱者，甚至要护着点弱者；别在自己用所有的能力、所有的办法和资源去占更多便宜的时候，就一定要占尽、吃干、耗净，不要那么做。

引孔子的话来说，就是"己所不欲，勿施于人"，你不喜欢的事，不要在别人身上干。"己所欲"，在没有问别人乐意不乐意之前，你也不要"施于人"。

"老吾老，以及人之老；幼吾幼，以及人之幼"，这都是"仁"的表现。

"己欲达而达人"，想得到某些东西，想欢快、畅达，那你也要让别人得到，让别人欢快畅达，不能老想着自己。

其实"仁"这个汉字造得漂亮，一个单立"人"，一个"二"，就是其他人跟我一样也是人。你要有了这个概念，你就是一个仁义的人。

如果设身处地替智宣子想，大老婆的孩子长得又帅，身体又好，干嘛嘛行，能说会道，而且敢做决策，敢杀敢打，就是因为他"甚不仁"，就选一个小老婆生的孩子，你会这么做吗？多数人估计很难做到，智宣子也没同意。然后智果就离开了智家，躲开了。

2. 赵简子任人唯贤：看到跟随的能力

后来赵国的先辈赵简子也面临选择谁当继承人的问题。

赵简子之子，长曰伯鲁，幼曰无恤。将置后，不知所立，乃书训戒之辞于二简，以授二子曰："谨识之！"三年而问之，伯鲁不能举其辞；求其简，已失之矣。问无恤，诵其辞甚习；求其简，出诸袖中而奏之。于是简子以无恤为贤，立以为后。

赵简子不知道立谁，就把一些家训、人生观、世界观、价值观写在了两个竹简上，分别给了两个儿子。三年之后，赵简子问伯鲁、无恤这俩儿子：三观呢？愿景呢？理想呢？我给你们刻的那两个竹简呢？大儿子伯鲁忘了："爹，你在说啥？问我三年前的事，怎么不问我三十年之前的事？咱家富可敌国，你给我一根竹简？我早忘了，不知道扔哪儿去了。"

这也是人之常情。赵简子虽然能理解他大儿子，但是多多少少会有一些失望。

接着赵简子就问无恤，无恤把他的训诫背得很清楚，如竹筒倒豆，噼里啪啦就说了。赵简子问他小儿子："那个竹筒呢？"小儿子就从袖口拿出来说："你看，就在这儿呢。"因此，赵简子选了小儿子做接班人。

这个事，我评一评。

伯鲁是正常小孩常呈现的状态。无恤是幼子，爸爸给他一些说教、一个竹简，他把竹简搁在袖筒里，天天背，天天记，正常吗？不正常。但他体现了非常独特的能力——跟随。

知道大人认为什么重要，我把自己的想法、喜怒哀乐放一放。虽然这样违反小孩的天性，但也只有这样，他才能脱颖而出，得到大人、上级的赏识，拿到资源，得到做事的机会。

我们都是从基层做起来的，机会多数是上级给的。如何能拿到机会？并不是你要展现多么强大的自我，而是你要充分地遵从，特别是遵从一些"长辈"认为最重要的原则、他们最尊重的文化。

他们在小的时候也是这样被教育的，得到了成事的机会，才有了他们的今天。所以，你开始的时候也要遵守这些"家规"。在你成事之后，你或许有机会发挥主动性、创造性在"家规"上添添减减。

3. 留后路：明确你的战略目标

赵简子居安思危，担心有一天晋国发生内乱，自己的家族没有退守之地，于是派大臣尹铎去晋阳。

赵简子使尹铎为晋阳。请曰:"以为茧丝乎?抑为保鄣乎?"简子曰:"保鄣哉!"尹铎损其户数。简子谓无恤曰:"晋国有难,而无以尹铎为少,无以晋阳为远,必以为归。"

尹铎问简子:"你让我主政晋阳,战略目的是什么?"赵简子明确地说:"为了保障,它不见得能给我很多粮食、税收,但是我一旦有危难,可以把晋阳当成最后一个堡垒。"

一些聪明人,让他们做选择的时候,他们会说"既要……也要……还要……"。世界不是围绕任何个体而转的,如果你什么都要,那有可能什么都得不到,很有可能会面临极大的风险。比如,权、钱、色,是个地球人都想要。而且有了一样,另外两样也相对容易得到。但是,如果你顺着人的劣性借坡下驴,那劈你的雷已经在路上了。

赵简子有管理智慧,他做了战略选择之后,对继承人无恤说,一旦赵家受到了大威胁,不要看轻尹铎,去投靠他,不要认为晋阳太遥远,去那里就对了!

这就是赵简子和尹铎的战略选择的故事。明确你的战略目的,然后坚持下去。

4. 智伯挑衅四邻:除了愿景,竞争手段也很重要

智伯之死,是发生在三家分晋之前的故事。智伯和韩、赵、魏三家领主都是晋国的权臣,智伯家的势力比韩、赵、魏三家加起来的势力还要大。智伯狂妄自大,霸道地向韩、魏两家要土地,就这样结下了梁子。之后,他又联合韩、魏两家去打赵家。赵家陷入危局之时,

派了一个说客去游说韩、魏,韩、魏本身对智伯就不满,所以轻易地倒戈到了赵家这一边。最终,韩、魏、赵三家里应外合,智伯就被人灭了。这就是智伯之死。

不仁义的人,一定闲不住。智伯的折腾就是要地。韩康子不想给他,但是韩康子的相——段规跟他讲:

"智伯好利而愎,不与,将伐我;不如与之。彼狃于得地,必请于他人;他人不与,必向之以兵,然后我得免于患而待事之变矣。"

段规劝韩康子,智伯喜欢占便宜,而且非常倔,我们不给他,他将打我们。我们打不过,不如给他。他得了地之后,更加狂妄,肯定还会跟别人要,如果别人不给他,那他有可能打别人。这个时候,我们相对没有了祸患,而能够看事态的发展。他打赢了,我们没事;他打累了,我们可以趁机搞点事;他打输了,那我们更可以干他。

段规这段话,从管理学上讲,就是你除了要有战略愿景,懂得如何竞争也非常重要。干同样一件事,不同的手段可能产生完全不同的后果。韩康子不想让智伯拿走他的地盘,同样的目的,他可以选择不给,打仗,他也可以选择忍了。想让其灭亡,先令其疯狂,我先让着你,让你得罪所有的人,我再伺机而动,等有人开始干你的时候,墙倒众人推,鼓破众人捶,我就去做那个"众人"。

韩康子和段规这种战略选择,现在看来是明智的。"阳光之下,力战者未必能胜,快跑者未必先达",讲的也是这个道理。不见得要放手一搏,有时候忍让是更好的选择。

事情果然像韩康子、段规想的那样发展,智伯又去管魏桓子要地。魏桓子开始也不想给他,但是魏桓子的智囊说,你得给他。"将欲败之,必姑辅之。将欲取之,必姑与之"(《周书》),不跟他对着干,先助纣为虐，让他更加狂妄，狂妄到死。

智伯在韩康子、魏桓子这儿得到了甜头，兵不血刃就拿到了土地，得到了人口，可以多收税。他又向赵襄子（赵简子小儿子无恤）求地说："你把蔡和皋狼之地给我。"这回赵襄子没有答应，智伯就怒了，联合韩康子、魏桓子，说咱们去打他。赵襄子就蒙了，想撤。

在决定去哪儿的时候，赵襄子想起了他爹留的后路，尹铎的晋阳。他跟谋士商量，我们不能去长子，尽管长子的城墙厚；我们不能去邯郸，尽管邯郸的粮食多。因为城墙厚和粮食多都是取的民脂民膏，我们在危难的时候去，老百姓不会拼命帮我们。而晋阳不一样，当时我爸爸施了仁德，尹铎宽厚地对待晋阳的人民，人民一定会和我们站在一起，跟我们血战到底。

赵襄子想得明白，带着群臣就去了晋阳。

5. 智伯出卖谋士：有一种坦诚叫傲慢

智伯、韩康子、魏桓子联合围攻晋阳，拿水灌它。城墙最高处距水也就六尺，但是老百姓没有一点要背叛的意思，坚决地站在赵襄子一边。

智伯视察前线，魏桓子、韩康子陪着。智伯得意地说："吾乃今知水可以亡人国也。"我今天才知道水是能灭一个国家的。这个时候，韩康子碰了一下魏桓子，魏桓子碰了一下韩康子，当然是暗暗地碰的。他们心里想的是什么呢？他们都有自己最重要的城市，旁边都有一条河，智伯可能会以此来灭他们，所以韩康子、魏桓子心里非常不爽。

智伯的谋士说，韩、魏必反。智伯说："你怎么知道的？"谋士说："以人事知之。"我通过人性的洞察能看出来。

"夫从韩、魏之兵以攻赵，赵亡，难必及韩、魏矣。今约胜赵而三分其地，城不没者三版，人马相食，城降有日，而二子无喜志，有忧色，是非反而何？"

韩、魏之兵跟我们一起打赵，他们知道赵灭亡之后，他们就是下一个。今天我们约定了，灭赵之后，智伯、韩、魏三分赵地，现在城马上就要攻下来了，而韩康子、魏桓子不仅没有开心的样子，还有忧愁的样子，这不是要造反，还能是什么？

第二天，智伯就把智囊的观察、思考对韩康子、魏桓子和盘托出。智伯倒是简单、坦诚、阳光，但实在傲慢。我告诉你们，有人怀疑你俩，看你俩怎么回答！

韩康子、魏桓子也不是吃素的，立刻争辩说："这个人是赵襄子派来游说的，就是想让智伯您怀疑我们，我们就打不下赵襄子，打不下晋阳城了。智伯，您好好想想，我们两家为什么有赵家的田不要，而干违背您的事情？我们为什么要趋害避利呢？这怎么可能！"

韩康子、魏桓子出来之后，智伯的智囊又进去说："主公，您原封不动告诉了韩康子、魏桓子，为什么？"智伯说："你怎么知道的？"智囊回答："刚才韩康子、魏桓子出门的时候，看我的眼神都不一样了，加快了脚步，迅速离开，因此我知道了。"

智伯并不开心，他觉得智囊知道得太多了。从这之后，他的智囊就离开了他，请了个差事去了齐国。

6. 智伯之死：才胜于德的悲剧

韩康子、魏桓子不开心，感觉到赵襄子被收拾之后就轮到他俩了。赵襄子在危急关头派人出城，见了韩康子和魏桓子，说："臣闻唇亡则齿寒。今智伯率韩、魏以攻赵，赵亡则韩、魏为之次矣。"智伯当时要地，你们俩给了，我没给，然后智伯来打我。打完我，他还是想要地，那还是要打你们的。

韩康子、魏桓子说："我心知其然也；恐事未遂而谋泄，则祸立至矣。"我们知道是这么回事儿，但是害怕事儿还没办消息就泄露，然后我们俩也被灭了。赵襄子的使者说："谋出二主之口，入臣之耳，何伤也！"计策安排从二位老大嘴里说出来，进我耳朵，就到这儿了，不会有其他人知道。于是，韩康子、魏桓子和使者约定了里应外合的日期。

赵襄子趁夜让人干掉了守堤坝的官，把堤坝打开，将水灌向智伯的军队。

智伯军救水而乱，韩、魏翼而击之，襄子将卒犯其前，大败智伯之众，遂杀智伯，尽灭智氏之族。

智伯的军队因为水淹过来乱了阵脚，韩、魏在智伯军两侧开始攻击，而赵襄子带着士卒直接打智伯的前沿。智伯的军队在水和韩、魏、赵三面夹攻之下大败，智伯和一家九族也被杀掉。

智伯之死是因为智伯才胜于德。那么，什么是"德"，什么是"才"？

夫聪察强毅之谓才，正直中和之谓德。才者，德之资也；德者，才之帅也。

聪明，有观察力，有很强的意志力，这是"才"。不会因为自己有足够的实力，就把弱者往死里欺负，不走极端，与人分利，这是"德"。德是才的帅，有德才能用好才，无德而有才，反而会害了这个人。

要求自己，要求别人，你要不只看才，更要看德，德先于才。

君王之仁：
管理者的德行修养

我所谓的"仁"和"德"，是从管理上来看，不是通常的道德层面的概念。魏文侯的五个小故事，可以阐释君王，也就是一把手的"仁"。

1. 礼貌：吸引人才的名片

魏文侯以卜子夏、田子方为师。每过段干木之庐必式。四方贤士多归之。

魏文侯以卜子夏、田子方为老师。卜，是负责占卜的官。道家有五术——山、医、命、相、卜，其中一项就是算命、占卜。卜子夏他们家把官名当成了姓氏。魏文侯每过段干木的家都会"式"。"式"有各种说法，孔颖达注："式，谓俯下头也。"低下头行礼的意思。也就是说，魏文侯每次过段干木他们家都非常恭敬地行个礼。东南西北的能干的人，都来为魏文侯服务。

这段话中的因果关系是什么？位高权重的人不容易有礼貌，但哪怕你做到魏文侯的位置，占了山顶，也不能骄傲，你越有礼貌，越会有能干的人会聚到你身边来。位高权重之后，有些简单的事就不那么好办了，越是这个时候你越能做到礼貌，那你是真厉害。

我有几个交往时间很长的前辈，我发现他们从不迟到，常常提前来到饭局，甚至提前安排好座位，点好菜，还给菜配好酒。相反，一些年轻人办事拖拖拉拉，经常迟到，说都是交通不好，或是天下了雨。这些状况你查下手机就能预判到，都不是迟到的理由。

我在协和学医的时候，功课多，晚上睡得晚，第二天特别不想起。临床实习要求早去病房，叫"早查房"。我跟同学挣扎着七点半跑到病房，病房里已经聚了几个老前辈，加起来差不多五百岁。护士长说，人家六点半就到了，已经看过好几个病人了。

老前辈们连瞪都不瞪我们，他们就是自己做自己的事。但那天之后我内心就非常惭愧。"知耻近乎勇"，之后我就六点二十分准时到病房，比他们提前十分钟。因为这件事，我形成了早起的习惯。

位高权重可以不讲礼貌的时候，如果还讲礼貌，会给周围人以巨大的精神动力，你都不用说，周围人就会向你学习。如果你是领导，天天比团队中的其他人都早到公司、都晚走，那你会很受尊重。

2. 守信：提升管理效率的捷径

文侯与群臣饮酒，乐，而天雨，命驾将适野。左右曰："今日饮酒乐，天又雨，君将安之？"文侯曰："吾与虞人期猎，虽乐，岂可无一会期哉！"乃往，身自罢之。

文侯和"团队成员"喝酒很开心，天下了大雨，这时候文侯说："备车，咱们去野外。"小伙伴们说："饮酒作乐多好，而且天下雨了，干吗去外边？"文侯说："我跟管山、管河的官吏约好了去打猎，虽然我们现在喝酒挺开心，但这不是借口。"那时候可能"信鸽系统"都还不发达，魏文侯自己就去了，亲自和山官、河官说，今天下雨，不打猎了。

他就是不去，手下能说什么？他随便叫一个手下去通知，也完全合情合理。但他就是停止宴饮，去赴约。在一个小事上，魏文侯不愿意用更省事的办法，而是坚持自己处理周到。

守信，事无大小，尽量不要失信。如果失信的话，一定要给出完全可以接受的理由。天气不好、心情不好都不是理由。位高权重者的守信，能让整个组织架构有主心骨，最大的好处就是管理效率提升。另外，也减少了烦琐的确认流程。"口齿当作金"，就是说话比盖了公章还管用。

当管理者有开心的地方，逐鹿中原，持续成事，爽。但是，爽是需要付出代价的。不能不靠谱，不能太文艺。你不能说，事明天再说吧，我现在开心最重要。很文艺的态度，对于君王、管理者、职业经理人来说，就是缺少"德"。

3. 格局：让人甘愿跟随的最大魅力

韩借师于魏以伐赵，文侯曰："寡人与赵，兄弟也，不敢闻命。"赵借师于魏以伐韩，文侯应之亦然。二国皆怒而去。已而知文侯以讲于己也，皆朝于魏。魏于是始大于三晋，诸侯莫能与之争。

韩国向魏文侯借兵去打赵国。魏文侯说:"我跟老赵是兄弟,我不能帮你这个忙。"下一次赵国向魏文侯借兵打韩国,魏文侯说的也是一样的话。两国使者都生气地拂袖而去。后来韩国和赵国都知道了魏文侯在背后是如何说的,深深地被魏文侯的气度打动,都来朝拜。正因如此,在赵、魏、韩三家中,魏国变成了老大。

这就是"德"。一不乱帮着人打架,二不把话完全说破。社会我魏哥,人狠话不多。他一句话都没多说,只是就事论事,直接回答这个忙他帮不了。这些话慢慢被透露出去,大家总会知道谁内心是笃定的,谁值得尊敬。所以,魏文侯能够在一段时间内称霸一方。

4. 胸襟:能听到真话的前提

使乐羊伐中山,克之;以封其子击。文侯问于群臣曰:"我何如主?"皆曰:"仁君。"任座曰:"君得中山,不以封君之弟而以封君之子,何谓仁君!"文侯怒,任座趋出。次问翟璜,对曰:"仁君。"文侯曰:"何以知之?"对曰:"臣闻君仁则臣直。向者任座之言直,臣是以知之。"文侯悦,使翟璜召任座而反之,亲下堂迎之,以为上客。

魏文侯让大将乐羊去讨伐中山,打胜了,把夺回来的土地分给他的儿子击。文侯问群臣:"我是什么样的君主?"周围的人都说是个仁君。但是有个人跳出来提出反对意见,这个人叫任座。他说:"文侯您得了中山,没有封您的弟弟,却封了您的儿子,这叫什么仁君!"文侯就怒了,任座很快逃了出去。

文侯接着问翟璜,翟璜说:"我听说君主仁德,臣子就会非常坦诚,甚至会说让您生气的话。任座这一现象就说明您是个好君主。"魏文侯很高兴，让翟璜赶快把任座叫回来，自己直接下堂迎接，把他当成上宾。

哪怕是仁德的魏文侯，也是个人，也爱听好话。我同意翟璜的意见。如果一个团队、一个公司、一个国家，不只是歌功颂德，而是愿意听取一些反对的声音，这是个大好事。如果所有人都是一个声音，不讲问题，不提意见，反而会让问题越积越多，直到有一天暴露出来，会造成极其巨大的伤害。

5. 虚心：能获得好的指点的态度

文侯与田子方饮，文侯曰："钟声不比乎？左高。"田子方笑。文侯曰："何笑？"子方曰："臣闻之，君明乐官，不明乐音。今君审于音，臣恐其聋于官也。"文侯曰："善。"

文侯和他的导师田子方喝酒，说钟声好像不和谐，左边音高了。文侯是不经意说出的，还是认真而得意地说出的？《资治通鉴》没写。田子方就笑了。笑啥？田子方说："作为国君，应该清楚的是如何选乐官，而不是知道怎么奏乐。今天您作为君主那么清楚音乐，我有点担心您不清楚如何'选、用、育、留'乐官。"魏文侯说："你说得挺好。"

君王之仁，不在于无所不知、无所不能。一把手，最重要的是知道用人，如果他能人尽其才、物尽其用，这就是卓越的 CEO。

那些数据模型做得好、PPT 做得漂亮、报告写得好、穿衣特别得体的 CEO，别人不见得需要找他来辅佐自己。找人、找钱、定方向，这才是 CEO 应该干的。至于具体的事情，交给具体的人去做。

文侯选相：
选人的五大原则

"天时不如地利，地利不如人和"，找人有可能比找钱、定方向还重要。得人者成人，得人者成事，是古今中外颠扑不破的硬道理。

"贤者在位，能者在职"，人尽其才，人岗匹配，做到这样的管理就很了不起。魏国崛起，多亏卜子夏、田子方、李克、魏成、翟璜等的辅佐。作为魏国的开国国君，魏文侯有选人的诀窍，几个贤人也多多少少帮了他。

这个案例告诉我们，如何找人，找什么样的人。

1. 贫贱才是傲娇的资本

子击出，遭田子方于道，下车伏谒。子方不为礼。子击怒，谓子方曰："富贵者骄人乎？贫贱者骄人乎？"子方曰："亦贫贱者骄人耳，富贵者安敢骄人！国君而骄人则失其国，大夫而骄人则失其家。失其国者未闻有以国待之者也，失其家者未闻有以家待之者也。夫士贫贱者，言不用，行不合，则纳履而去耳，安往而不得贫贱哉！"子击乃谢之。

魏文侯的儿子魏击，和他一样礼贤下士。魏击出行时与魏文侯的老师田子方不期而遇，下车很恭敬地打招呼，田子方没有回礼。魏击很生气，就说："您觉得富贵的人能够待人傲娇，还是穷困的人能待人傲娇？"

他暗含的意思是，我贵为王子还礼贤下士，瞧你没我富、没我贵，竟然对我爱搭不理，臊着我。你礼貌吗？知不知道人情冷暖？

子击的话似乎是常识，但是，所谓的常识不见得真的有道理。田子方说："你的结论完全是错的，贫贱的人才敢傲骄，才能得意，富贵的人怎么敢傲骄，怎么能得意？国君如果待人傲骄，国就没了；大夫如果待人傲骄，地就没了。国家和地没了，就没有人再给你了。而贫穷的游士、学士，'三尺微命，一介书生'，就不同了，你不听我的话，对我不好，对我的行为不满意，我拍屁股就走。到哪儿都是受穷，那我怕啥？"魏击听完之后幡然醒悟，感谢田子方的教诲。

2. 贫贱的人应该有风骨

富贵的人承担着更多的风险，权、名、利，稍不留意就会失去。每个人都不应该太傲娇，但是贫贱的人是要有些风骨的。什么是风骨？风起来的时候，骨头不动不飘。"行千里路，读万卷书，书生（布衣）亦可傲王侯"，你不用我，我还是一介书生，没名、没利、没权、没势，光脚的不怕穿鞋的。在《资治通鉴》第六卷，鲁仲连也唠叨了一句："吾与富贵而诎于人，宁贫贱而轻世肆志焉。"比起又富又贵，但是要仰人鼻息，看人脸色，低三下四，我宁可贫贱。虽然又穷又卑微，但我是一个"傲娇"的个体，可以轻蔑地看待这世界的油腻，可以放肆地过自己想过的贫贱日子。

这种精神我是非常赞赏的。

在古时候有风骨是不是比现在更容易？我觉得不是的。现在你可以"用脚投票"，可以说老子不干了，然后去旅行、去游学、去待着。现在你可以有选择，虽然日子也不容易。但在古代，你换个地方、换个环境，但是换汤不换药，你还是使不出力气来，甚至有安全隐患，吃不饱，穿不暖，更甚者被杀。

3. 选人的五个原则

文侯谓李克曰："先生尝有言曰：'家贫思良妻；国乱思良相。'今所置非成则璜，二子何如？"

魏文侯对李克说："先生之前讲，家里穷，希望有能够精打细算的老婆；国家乱，希望有懂管理、会治理的宰相，现在我想找个宰相，不是魏成，就是翟璜，您觉得哪个更好？"

一把手问这个问题的时候，其实是"决定性瞬间"。他信任你，把两难的选择抛给你，你选谁、不选谁，可能都有后患。在这种决定性问题面前该怎么办？

对曰："卑不谋尊，疏不谋戚。臣在阙门之外，不敢当命。"文侯曰："先生临事勿让！"克曰："君弗察故也。居视其所亲，富视其所与，达视其所举，穷视其所不为，贫视其所不取，五者足以定之矣，何待克哉！"文侯曰："先生就舍，吾之相定矣。"

李克先退了一步说:"卑贱的人不去讨论高贵的事。我们属于小鬼儿,神仙的事我们不太管。我跟您没那么亲,没有在最核心圈子里,所以我不配说这个事,非常感谢您的信任。"魏文侯说:"先生,您遇上关键的事不要客气,我是很真诚地想请教您。"

李克还是没有直接回答,而是说:"您没自己仔细观察。我跟您讲选人按照这五大原则,基本就知道是什么人了,不需要我来推荐——平常待着的时候,他跟谁亲近,跟谁来往过密?发达的时候,他给出去了什么?给了谁?给出去做什么?官运亨通的时候,他推荐了谁?他空出的位置让谁填上了?仕途不顺、使不出力气的时候,他选择不干什么,还是逮着什么干什么?没钱、没资源、没吃、没喝的时候,他不接受什么?知道这五个原则,您就可以确定,这个人是不是有德、有才,是不是能够用。"

魏文侯按照李克的方法想了想,就说:"先生回去休息,宰相的人选我定了。"

4. 考量人才,不能只看功劳

李克出,见翟璜。翟璜曰:"今者闻君召先生而卜相,果谁为之?"克曰:"魏成。"翟璜忿然作色曰:"西河守吴起,臣所进也。君内以邺为忧,臣进西门豹。君欲伐中山,臣进乐羊。中山已拔,无使守之,臣进先生。君之子无傅,臣进屈侯鲋。以耳目之所睹记,臣何负于魏成!"

李克出来就遇见了翟璜,而且翟璜知道李克去干吗了,说明翟璜的信息是非常畅通的。李克在魏文侯面前有没有推荐翟璜,翟璜一定能知道。翟璜就问了："到最后谁当丞相？"李克说："魏成当丞相，不是翟璜您。"

翟璜不开心了，情绪写在脸上。翟璜开始摆功，说："吴起是我找的，西门豹、乐羊、子击的师父是我找的，就连李克你，也是我找的。我眼睛能看，耳朵能听，脑子能记，我不觉得我比魏成差。"

李克曰："子言克于子之君者，岂将比周以求大官哉？君问相于克，克之对如是。所以知君之必相魏成者，魏成食禄千钟，什九在外，什一在内；是以东得卜子夏、田子方、段干木。此三人者，君皆师之；子所进五人者，君皆臣之。子恶得与魏成比也！"翟璜逡巡再拜曰："璜，鄙人也，失对，愿卒为弟子！"

李克对于翟璜的责问毫不客气，直接回答："你把我推荐给你的国君，是想把我算到你的圈子里，拉帮结派，然后你当更大的官吗？君主问我谁可以当丞相，我是这样回答的。我可以判断，当丞相的是魏成，不是你。因为魏成把俸禄的百分之九十都花在别人身上，只把百分之十花在自己身上，花在自己家族里；他这么花钱，才认识了卜子夏、田子方、段干木。这三个人都是国君的老师，而你推荐的五个人，包括我在内，国君都把我们当成臣子，你觉得你跟魏成能比吗？"

翟璜磨叽磨叽再拜说："我就是一个粗人，一个见识短、见识浅的人，我错了，我希望成为您的弟子，您收不收弟子？"

请记住李克给出的观察、甄别一个人的五个原则，这是这个故事最重要的启发。

狠人之用：
如何用好"狠人"

《资治通鉴》第一个有名字的人魏斯，继承魏氏"家族企业"之后，励精图治，成为战国时期最初的霸主魏文侯。魏文侯最为人津津乐道的就是他不拘一格用人才，善用"狠人"。

1. 吴起的狠人行为

吴起者，卫人，仕于鲁。齐人伐鲁，鲁人欲以为将，起取齐女为妻，鲁人疑之，起杀妻以求将，大破齐师。或谮之鲁侯曰："起始事曾参，母死不奔丧，曾参绝之；今又杀妻以求为君将。起，残忍薄行人也！且以鲁国区区而有胜敌之名，则诸侯图鲁矣。"起恐得罪，闻魏文侯贤，乃往归之。

吴起有才干，但是他名声并不好，几乎所有人都不喜欢他。早年他散尽家财，想"立功而不朽"。但是他没什么建树，遭到乡亲们的嘲笑。他一怒之下杀掉了所有嘲笑他的乡亲。狠人哪!

如果曾国藩被嘲笑,他会打碎牙齿和血吞。如果冯唐被嘲笑,不仅"唾面自干",还会说一句"关你屁事,关我屁事"。

吴起后来拜在孔门弟子曾参门下学习儒道,学习管理,学习如何有效地把官僚机构组织起来。在学习过程中,吴起的母亲去世了。

曾国藩遇上亲人去世,守孝三年;冯唐遇上亲人去世,会尽一切可能赶回去。最后一面是重要的,但是出于各种原因,我没有赶在我爸离开地球之前,看他最后一眼。当时在赶回北京的飞机上,我忽然想明白了,老爸这么快地、没有痛苦地走,是他的修行。但是我还是深深地内疚,为什么在他快要走的这几年,我没有放下"逐鹿中原"的梦想,多陪陪他?

但是吴起就没有这种内疚,都没有按照习俗奔丧,只想以学业为重。曾参认为他不孝,跟自己的三观不合,与他断绝关系。

2. 狠人后果:能成事,但混不下去

吴起再后来跟着鲁国国君干,正好赶上齐国攻打鲁国,鲁国国君想让吴起做大将抗击齐国。但是吴起的妻子是齐国人。齐国的范围就是现在的烟台、威海、青岛,齐国女生挺漂亮,鲁国君臣就怀疑能不能把军队交给他。

吴起为了做这个大将,立刻把自己老婆杀了,太狠了,求官心切,求"成事"心切。所以,"成事"是一个中性词,不是褒义词也不是贬义词。我设身处地地想,我干不出这种事来。但是吴起就做到了,也的确立功而完成了不朽的事业。两千多年后,我们依旧会提起他的名字,会提起他的狠劲。

吴起成事并不让周围人心安,因为他太凶残了。吴起多多少少听到了闲话,怕自己被鲁侯干掉,就准备投靠魏国的魏文侯。而且,鲁国是个小国,有能打的名声,其他国家很快就想将鲁国干掉,不能让鲁国坐大。小国能打,必然是大国的俘虏。也许偶尔赢了一两场战役,但会输掉长期的战争。

3. 困局之时,用"狠人"才有破局的可能

文侯问诸李克,李克曰:"起贪而好色;然用兵,司马穰苴弗能过也。"于是文侯以为将,击秦,拔五城。

魏文侯当然知道吴起的"光辉"事迹。遇事不决,遇人有疑,他就会问李克。

李克跟魏文侯说:"吴起贪财好色,但是用兵、带兵、打仗,没有人比他更强,他是一等一的好手,是'将军中的将军'。"魏文侯就大胆起用了吴起,吴起也不负所望,为魏国立下了汗马功劳。吴起去打非常能打的秦国,吴起赢了,拿下了五个城池。

在管理上,为什么有时候要用"狠人"?

因为有些局面如果不是"不世之才",不是"狠人",就破不了。你有势头的时候,开疆拓土似乎不难。但是从0到1,无法打开困局,必须以弱胜强的时候,你不得不用一些狠人、猛人、特殊之人、可能有极端毛病的人。用好了,你还能有一线希望。

所以,做CEO,不妨铤而走险。破局就让狠人来做。哪怕他一身缺点,很多人说他闲话,也没关系,你来顶住,让他去干。我想魏文侯用吴起,就是这么想的。

常规的兵法说："先为不可胜，以待敌之可胜。不可胜在己，可胜在敌。"做好自己的事情是第一步。把自己做好，从仁、义、礼、智、信这几个方面打好自己的牌，不给别人机会。

第二步，等待你的对手做不好、出错牌的时机。用自己不可战胜的管理状态等待敌人出现错误，这是常规的兵法。

但是如果你看不到胜算，哪怕自己做得百分之二百地好，还是力量单薄。这时候与其等死，还不如用个狠人，博一时之胜算，先把仗打赢了再说。

在德不在险：
学会战胜人性的弱点

魏文侯死后，儿子魏击即位，这就是魏武侯，他是三家分晋后魏国的第二代国君。魏武侯有先天优势——魏文侯打下了好底子，他后天也兢兢业业，虽然没有大功，但没有大错，称得上是"守成之君"，把魏文侯留下的家底用得不错，但是不如魏文侯。

司马光很少盖棺论定说谁不如谁，但是他很用心地以魏武侯和吴起的一段对话为例，揭示了魏武侯为什么在成事方面不如魏文侯，以及他在成事修炼上的严重缺陷。

1. 吴起谏魏武侯：称霸"在德不在险"

武侯浮西河而下，中流，顾谓吴起曰："美哉山河之固，此魏国之宝也！"

魏武侯即位之初，一次同吴起外出巡游，坐船顺河而下。魏武侯感慨:"魏国江山巩固,这是我称霸的基础。"周围的大臣纷纷附和:"我们太幸运了,大王太英明了。"

只有吴起一个人说反话:"大王江山的稳固在于仁德,而不在于山河险要。你看夏桀、商纣这些前朝君王的山河,哪个不比你的山河险要?最后都亡了国。所以,一国之君最重要的是有德行,施行仁德,不是倚仗山河之险。"魏武侯听了觉得很有道理。

设想你是一方霸主,坐在船上,周围是名将吴起以及出色的谋臣,你看着你的江山,山河险固;你想想你的敌人,觉得他们不太行,你心中自然就会产生一种指点江山、逐鹿中原、天下舍我其谁的劲儿。

魏武侯就是体会到了这种志得意满的感觉,他没有夸自己,也没有夸吴起,更没有夸周围人,而只是说我爸爸留给我的地儿棒,我天然就有屏障,美哉美哉。

2. 领导自夸,你该如何接话

多数人听到一把手跟自己这么说,第一反应会是顺着他的话说,把他这一点再放大一下,比如说说"山河之险"到底"险"在哪里。

也有少数人会进一步多夸夸魏武侯。比如,除了山河之固,还有您的圣明,这个是比山河之固还棒的"天险",您才是魏国更大的宝贝。这是一小撮佞臣的说法。

还有人可能会利用人性说:"对啊,大王,您可以高枕无忧,想玩点啥就玩点啥。秦国、赵国、韩国,那都不是事儿,齐国、楚国,那也不是事儿,因为我们有山河之固。"

这是三类常见的反应:第一类,顺着魏武侯的话应承几句;第二类,放大魏武侯的意思,进一步夸奖魏武侯本人;第三类,就着魏武侯的意思往外延展，延展出 so what，说出了魏武侯潜在的想法。你想，魏武侯能不高兴吗？

但吴起却回答：

"在德不在险。昔三苗氏，左洞庭，右彭蠡；德义不修，禹灭之。夏桀之居，左河济，右泰华，伊阙在其南，羊肠在其北；修政不仁，汤放之。商纣之国，左孟门，右太行，常山在其北，大河经其南；修政不德，武王杀之。由此观之，在德不在险。若君不修德，舟中之人皆敌国也！"

真正可以当成护城河、当成屏障的是"德"，不在山河之固，不在天险。

之后，吴起用三个实例进行了论证。三苗氏、夏桀、商纣都有比魏武侯更险的天险，但是因为没有德行，不施德政，都被干掉了。

吴起的名声在两点：一点是非常能打，打起来天下无敌，是"战神"。如果论古今名将，吴起可能要排在前列。另一点就是非常狠，缺少德行。李克评价他："起贪而好色；然用兵，司马穰苴弗能过也。"

一个"贪而好色"的无德狠人，纠正魏武侯说，在德不在险。这话伤害性不大，但是侮辱性很强。被吴起这样的人提醒要注意自己的德行，话外音就是魏武侯得多缺德。你要是魏武侯，你心里会怎么想？

吴起最后还补了一刀："若君不修德，舟中之人皆敌国也！"您如果躺在天险上睡大觉，不去修德，虽然船上都是您的臣子，看上去跟您同舟共济，但是这些人将来可能都是您的敌人，敌人就在您身边。

司马光没写魏武侯当时的表情和行动，只写道："武侯曰：'善。'"魏武侯说："挺好，知道了。"武侯有一定的气度，没有生气，但明显不开心。

再深一层，武侯没有深挖吴起的意思。作为团队的领导，很多时候，在关键点上打深一层是非常重要的技能。

如果武侯心胸足够大，能够战胜人性的弱点，也许会说："吴将军，我能不能多问你一句，在你心目中什么是修德？应该在哪些方面加深道德修养？"我想，吴起会表达出有意思的东西。

3. 管理必修课：想要成事，先要有"德"

《资治通鉴》所谓的"德"，我的理解是，是成事者应该具备的基本素质。一个人通过修炼、做事，在原有德行的基础上，上升一个又一个台阶，直到成为"立德而不朽"的人。

三不朽："立德""立言""立功"。"立德"在很大程度上是"立言""立功"的基础，而"立德"本身也能够不朽。比如，曾国藩众多的家书、奏折等都说明了一个道理，"德"是什么。我将其提炼为成事修行者需要具备的一整套品质，叫作"德"。他的"立德"一定胜过"立言"，甚至胜过他的"立功"。

怎么判断一个人有"德"还是无"德"？我就从魏武侯说起。

（1）有德和无德的不同管理方式

我在这里引用朱元璋《明太祖宝训》中的一段话：

昔楚庄王谋事而当，群臣莫能逮，朝而有忧色。魏武侯谋事而当，群臣莫能逮，朝而有喜色。夫一喜一忧，得失判焉。以此可见武侯之不如楚庄也！

041

楚庄王权衡国家大事、强国强兵的时候，他周围的文臣武将都达不到他的见识水平，达不到他的思想深度。对此，楚庄王不高兴，面带忧色。魏武侯思考问题也深刻、有洞见，朝臣都不如他。而魏武侯却很开心，而且面带喜色。

我同意朱元璋的判断。楚庄王更有德行，是更好的成事者。

夫喜者矜其所长，忧者忧其不足。矜其所长则志满，志满则骄，骄则淫佚，败日至矣。

如果你因为自己的能力沾沾自喜，而没有看到自己的不足，就会志得意满，骄傲，整天游手好闲。如果那样，劈你的雷已经在路上了。

忧其不足者则志下，志下必能虚心以受人，则人孰不乐告以善道？

如果你总觉得自己不足，虚心，周围的人会更乐于告诉你怎么改进，因为你心里不是满的，你能装进去。

故庄王卒伯诸侯以兴楚国，武侯侵暴邻国而魏业日衰。以此观之，人君当逊志以纳善，人臣当直道以事君。君臣之间各尽其道，则天下之事无不济矣。

楚庄王因为谦虚谨慎，最后兴旺了楚国；而魏武侯因为沾沾自喜，到处欺负邻国，国家日益衰败。

有能力的人君，更要谦虚谨慎，纳谏如流，听和判断别人的意见，改进自己的不足之处，把自己变成更好的成事者；作为人臣，应该给负面意见的时候要说真话，简单、坦诚、阳光，不能因为君主爱听好话，你就天天说好话。君臣应该各行其道。

(2) 管理切忌跟着人的惯性往下走

看到自己的不足和危险,积极地去行动、去改善,才能让自己立于不败之地。

但是,这很难做到。如果一个人是只拥有平均线以下的智商和情商的一般人,他可能混不到领导位置。但是,他既然能到领导位置,就有资格可骄傲、自满。

但《资治通鉴》里讲,不能跟着人的惯性往下走。人在可以自满的时候,却不自满,就会走到别人的前面。

顺着人性做事很正常,但你作为管理者,摁住了人性不做,你就走到了竞争者的前面。克服人性弱点,培养自己的"德",就是在增加你的胜算。

持续成事的秘诀在于"德",而不在于你有多少资源,手上有多少好牌可打。

为什么原来凭运气挣的钱,后来凭本事都输回去了?因为没有了原来的"天时、地利、人和",你就显示出了真实的水平。以前能做成的事,现在做不成了;以前能得到的东西,现在也很快就失去了。

4. 护城河:企业的五个核心竞争力

这本书的重点不是褒贬历史人物,不是讲历史规律,而是讲管理规律。

"在德不在险"这个案例揭示了一个核心管理词——"护城河",也可以叫"防火墙",或者"核心竞争力",也就是你靠什么来抵御竞争。

"你",指一个团队或是整个组织的核心竞争力,而不是CEO自己。但有意思的是,CEO自己的德行恰恰是组织的核心竞争力中最重要的组成部分。

华润有五个关键成功要素。如果一个业务单元具备了其中三四个要素,它的成绩就很大;如果具备了五个,它一定能成;如果只有一两个,它成功的可能性就相当小。

这五个关键成功要素,也就是核心竞争力是:

有一个有德的CEO。一个好的CEO,上马能征战,下马能管理。

配一个能在一起有效地工作,又能补足CEO短板的领导班子,就是配几个好副手。

给业务单元团队制订出一个可以制胜的战略计划。业务单元自己制订,或与总部、咨询公司一起制订,不管方式是什么,结果一定要有一个制胜的战略计划。

要有一个战略激励。可以以三年或五年为期,做成这件事后有相关的物质和非物质奖励,特别是物质奖励。

要有核心竞争力的核心,意味着别人不容易学到,不容易在短期内获得。即使挖几个人,甚至将整个团队、整个建制拉到他的机构里,也不一定好用。

巴菲特曾经在2000年伯克希尔·哈撒韦的年会上提出了"护城河理论",他说:

"让我们来把护城河作为一个伟大企业的首要标准,保持它的宽度,确保它不被跨越。我告诉我们的经理,我们想要护城河每年都变宽,那并不意味着今年的利润会比去年多,因为有时候这是不可能的。然而,如果护城河每年都在变宽,企业的经营将会非常好。"

"当我们看到一条很狭窄的护城河,那企业就危险了。我们不知道如何评估这种情况,因此,我们就不考虑它了。我们认为我们所有的生意——或者大部分生意——都有挖得很深的护城河。我们认为那些经理正在加宽它们。"

"护城河"其实就是我刚才给大家讲的核心竞争力。一个企业、一个组织、一个团队,只有有了核心竞争力,才可以处于不败之地,才可以从不败走向胜利。

吴起 PK 田文：
用人原则以事为先

吴起用兵如神，帮助魏文侯成就了霸业。到了魏文侯儿子魏武侯的时候，已经是非常有威望的大臣，魏武侯跟吴起有些摩擦，将暗线已经埋下。

魏武侯选相，吴起觉得自己最合适，但竟输给了一个在历史上"查无此人"的同事田文。田文在历史上的资料很少，我们只知道他跟吴起同朝为官。

1. 狠人输给低调同事：同侪压力与竞争策略

魏置相，相田文。吴起不悦，谓田文曰："请与子论功可乎？"

魏武侯要任命田文为国相，那爱官如命的吴起不服，就去找田文理论：咱俩坐下聊聊，论资排辈，咱们按业绩说话。

在华润有一句话："业绩不向辛苦低头。"你忙我忙，大家都很忙。

努力是不用说的,是缺省设置(计算机术语,意思为默认的),大家都很努力。但是光有努力不行,要有业绩。

之后还有一句:"价值观不向业绩低头。"哪怕你业绩再好,你的价值观不对,做事不地道,品德有问题,那不算最棒的。最棒的就是努力干活,有业绩,三观很正,有品德。

吴起品德上有欠缺,贪财好色,凶残无比。吴起也知道自己不是一个道德完人,所以跟田文比较业绩。

吴起列了三条,第一条是吴起的看家本事——当将军。

起曰:"将三军,使士卒乐死,敌国不敢谋,子孰与起?"

我作为将军统率三军,我的兵愿意为我而死,敌国不敢侵犯我们,你跟我谁强?

起曰:"治百官,亲万民,实府库,子孰与起?"

我作为文官,治理百官,亲近老百姓,我让官府的仓库充实、有钱、有资源,你和我谁更强?

起曰:"守西河,秦兵不敢东乡,韩、赵宾从,子孰与起?"

我守西河,秦兵不敢过来,韩国、赵国这两个老相识会跟着魏国,因为有我。你觉得这方面,你跟我,谁更强?

田文说,这三条,我都不如你。

起曰:"此三者子皆出吾下,而位居吾上,何也?"

无论武功、文治还是外交,重要的三方面你都不如我,为什么你的职位比我还高?

同朝为官又都是特别厉害的人,往往会有 Peer pressure(同侪压力)。大家难免会有竞争之心,看看谁能先上到更高的位置。这能激发各位的动力,但也是很多矛盾的开始。

田文的回答很坦诚:

"主少国疑,大臣未附,百姓不信,方是之时,属之子乎,属之我乎?"

你武功、文治、外交都比我好,但是你要看看现在是什么时候。魏武侯刚上位,还很小,周围敌国也没闲着,大臣还没有跟我们一条心,百姓还不相信我们。这个时候,我们谁更适合处理现在这个局面?

是托付给稳重的我,还是给比人渣还人渣、以逞凶斗狠杀老婆著称的吴起你呢?这话田文当然不会说,点到为止就可以了。

起默然良久曰:"属之子矣!"

吴起沉默了半天,他心里一定觉得我这么牛、这么辛苦,我杀了老婆,我妈死了,我也没去看,就这么一心扑在工作上,而且工作成绩这么优秀,我还不能当一把手,我好委屈。但他想了想,还是承认田文说得对,说这事该他干,位置该他坐。

这个案例,司马光写得好,吴起的性格跃然纸上。一是不服输,"阿尔法男"要做就做第一,不做第二;二是能够以业绩为导向,甚至有只看业绩的倾向;三是能够在关键时候想得明白,认账,把事儿放在人之前,"事先于人";四是不容易管理,你看吴起说"属之子矣",就只说这官你做,还是缺少政治觉悟。这个官谁做,难道是他定的吗?我佩服魏文侯,能够容忍吴起这样的"狠人"。

这段竞争还是健康的。双方都是从成事的角度看问题的,即使彼此妒忌和看不起,也还是能够"以事为先"。为了成事,处理好各自的情绪;为了成事,坐合适的位置。

2. 人才管理的三大原则和两个维度

世界由三个主要元素构成:人、物、事。人和物发生关系,人和人发生关系,就是事。

在我心目中最重要的关于人才管理的原则有三点:

第一,终极目的是把事儿做成,人尽其才,物尽其用。

第二,人和人是不一样的,不一样的人才有不一样的管理方式,你评价他们的标准、激励他们的方式可能不一样。

第三,人和人之间、人才和人才之间有矛盾是正常的,不要企图完全消除矛盾。这种矛盾不可能完全消除,就好像你无法把热能百分之百转化成动能。如果大家的心往一处想,跟着一个人去干,这就是非常了不起的力量。所以,不要追求人跟人之间没有矛盾,产生过度的内耗。

人才有异,各有擅长。我建议不要为了给人才分类而分类,而是要从成事的角度分析人才。成哪类事,什么时候成什么类型的事,要想清楚。我是从这两个维度来区分人才的:

一个维度就是做事的分类。人才分类从事上着手,先想到有哪些事,把事分类,再分人。就是先把框弄好,再把人往里放。古代的事分文、武,相、将是一个大分类。放到今天的管理中，就是职能部门，比如做宰相、幕僚的；业务部门，带兵打仗、负责损益表的，这是一个巨大的区分。

又如，后人给曾国藩写的挽联"立德立功立言三不朽，为师为将为相一完人"，这个分类也挺好的，分别为师、将、相。

更深的一个维度是，从业务的不同阶段选用人才。常见的有创业型人才、守业型人才、幻想型人才。

初创型业务，需要开疆拓土，这个时候需要狠人，他能够破局。

成型的业务，你选的人应该本分、持重、不轻易改变，扎扎实实地降低成本，扎扎实实地把流程梳理好，把最后的利润赚回来，把市场份额守住。

幻想型业务，不需要考虑眼前几年，而是要布局十年之后的事，这个时候需要有前瞻性眼光的人。

这三类不同的业务类型人才，激励的方式、评价的标准也不一样。

子思谏卫侯：
用人要学会"抓大放小"

这个案例的主题是"听不同"。在一个组织、公司，甚至家庭里，有了不同声音，应该怎么办？

吴起和田文论相之后，又过了十年。这十年中，各国处于战争状态。其间发生了一个故事——"子思谏卫侯"。子思、卫侯两个主人公都找不到可信的资料。这个子思并不是孔子的孙子子思，故事发生在公元前377年，孔子的孙子已经去世了。不管是哪个子思，冯唐读书，知大意就好。"未晓不妨权放过，切身须要急思量。"子思是谁不重要，先听他说了什么。

1. 用人关键是"取其所长，弃其所短"

子思言苟变于卫侯曰："其才可将五百乘。"

子思对卫侯说，苟变这个将军有才干，他能带领五百乘的军队。

有个词叫"千乘之国",一个中等的国家所有的军队可能也就一千乘,所以苟变才气不小,能带大队伍。

公曰:"吾知其可将;然变也尝为吏,赋于民而食人二鸡子,故弗用也。"

卫侯说,我知道他能带兵打仗,但是他曾经当过官吏,去收税的时候,多吃了人家两个鸡子,德行有问题,所以不用。

子思曰:"夫圣人之官人,犹匠之用木也,取其所长,弃其所短;故杞梓连抱而有数尺之朽,良工不弃。今君处战国之世,选爪牙之士,而以二卵弃干城之将,此不可使闻于邻国也。"

公再拜曰:"谨受教矣!"

子思的意思是,贤明的君主、领导用人就像工匠用木头,"取其所长,弃其所短",用人的长处,摒弃人的短处。另一层意思是,你不能想着需要一个完人。

不贪财、不好色,你或许能找到这样德行完美无缺的人,但是这个人很有可能是个庸才。完美无缺的又不是庸才的人,问题是很贵。就像房子似的,位置、朝向、装修、学区,什么都好,可能就是天价,就是所谓的价格"不好"。

如果一个人既便宜又是奇才,又挑不出毛病,那你要考虑的是自己有什么德行,这样的人才,凭什么为你所用?所以,不要妄图找到全才、完美之才。

"取其所长",夸一个人的长处,用他的长处,给他平台。

"弃其所短",包容他,不赞同、不用他的短处,还有一层更重要,不改他的短处，而且成年人也很难改。

子思打了个比方，几个人手拉手才能抱起来的大树，虽然有几尺腐朽，但好的工匠不会遗弃它。同样，好的领导也不会不用有毛病的人。所以，冯唐贪财好色，又写情色小说，过去这二十年还是有人用我。

你现在处在战乱中，需要用一些能够破局的"狠人"。你因为俩鸡蛋，不用能够独当一面、开疆拓土的大将，这事不靠谱。因为俩鸡蛋就失去了大将，这种事千万不能让邻国知道。隔墙有耳啊！但是司马光知道了，还写进了《资治通鉴》，让我们隔了两千多年都知道了。因此，有"洁癖"地用人是有问题的。

2. 管理者做决策要有纠错机制

卫侯言计非是，而群臣和者如出一口。子思曰："以吾观卫，所谓'君不君，臣不臣'者也！"

卫侯说了一个不靠谱的计划，但是群臣异口同声地附和。子思说了重话，他看卫国"君不君，臣不臣"，状态很差。

儒道希望中国的管理体系呈现"君君、臣臣、父父、子子"的状态。君主一个人说话、一个人定事，大家好好地执行，这样做到上下统一，没有太多的争执、反叛、流血。然而，子思说他违背了儒教的原则。

公丘懿子曰："何乃若是？"子思曰："人主自臧，则众谋不进。事是而臧之，犹却众谋，况和非以长恶乎！"

国君如果自夸，那么其他人就不说话了，意见就不会呈递到君主面前。

这种不说话也是助长了某种恶,说明纠错机制完全丧失功能。

"夫不察事之是非而悦人赞己,暗莫甚焉;不度理之所在而阿谀求容,谄莫甚焉。君暗臣谄,以居百姓之上,民不与也。若此不已,国无类矣!"

如果国君、领导不看事情的对错,而只是喜欢别人夸自己,那就太不聪明了。作为臣子、员工,不管道理是不是对的,一味夸奖,那就是谄媚的佞人。

CEO糊涂,管理层跪舔,那员工是不满意的。这样持续下去,国家没戏、公司没戏、团队没戏、组织没戏。

子思言于卫侯曰:"君之国事将日非矣!"公曰:"何故?"对曰:"有由然焉。君出言自以为是,而卿大夫莫敢矫其非;卿大夫出言亦自以为是,而士庶人莫敢矫其非。"

子思跟卫侯说,您的国家会越来越差,不太行了。为什么呢?您认为自己正确,直接向您汇报的人不敢说您不对;平民百姓也不敢说您这些大官的不对。

"君臣既自贤矣,而群下同声贤之,贤之则顺而有福,矫之则逆而有祸,如此则善安从生!"

如果老百姓顺着你们说就有福,就不会被放逐,就不会被杀;不顺着你们说,就有祸,就被带走,就被惩罚。如果这样,善从哪里来?

3. 在职场中如何听到不同的声音

我加入麦肯锡之前，不是特别明白，全球五百强企业那么多聪明人，管理层更是聪明人中的聪明人，为什么他们还花那么多钱请麦肯锡这样的咨询公司？后来我明白了，一个原因就是想听到不同的声音。

管理层的决策万一错了呢？请咨询公司帮助管理层梳理数据，重新审视，规划未来，哪怕降低百分之一的出错率，给大企业减少的损失也可能是以亿计的。

这就是咨询公司赖以存在的原因：防范可能出现的决策错误。

一个企业怎么才能听到不同的声音？

第一，作为管理者，要创造"听不同"的企业文化。

在麦肯锡有一条铁律，叫作"Obligation to dissent"（反对的责任）。反对不仅是权利，也是义务和责任。任何一线员工、一线咨询顾问、一线项目经理，如果觉得一件事不对，就有义务、有责任去反对，而不是他可以反对。

第二，管理者要有接纳不同声音的心胸。

他要从心底认同这件事，能够暂时克服自己的人性惯性。不再要求听好话，而是希望能多听听坏话，多听听不同意见，听得越多，心里越爽。

第三，要奖励那些提出不同意见的人。

拿出实际行动去保护、奖励、晋升这些人，给他们平台。就像唐太宗对魏徵一样。魏徵是难得的人才，但是唐太宗是更难得的君主。良马难得，但是伯乐更难得。

"听不同"重要的前提是要有心胸，有心胸的前提是要自省，知道自己问题出在哪儿。

齐国大夫：
解决信任难题靠的是纠错能力

大企业与封建王朝有类似的地方，就是在很大程度上整个组织架构围着一个人转。能人志士制定了一整套稳定、有序的规章制度，以儒术为主要核心，掺杂了道家、法家以及一些佛家的适合统治的方法、工具，让整个制度效率相对较高，令行禁止，但也有很大的坏处：当核心出现严重问题时，整个系统纠错的能力不大，不容易听到不同的、负面的声音。

这一篇我们讲齐威王，也就是《邹忌讽齐王纳谏》中的主角齐王，重视和善用"审计"的故事。这可能是"审计"在中国有文字历史以来最早一次被提及。当时还没有"审计""内审""纪检监察"这些词，但是故事几乎跟现代的审计、内审完全一样。

1. 要信任，但不要百分百信任

齐威王召即墨大夫，语之曰："自子之居即墨也，毁言日至。"

齐王召见即墨大夫,就是管理即墨(今山东省青岛市即墨区)这个地方的地方官,对他说:"你上任以来,每天都有人跟我说你的坏话,是每天哦。"

"然吾使人视即墨,田野辟,人民给,官无事,东方以宁;是子不事吾左右以求助也!"封之万家。

"然而我派人到即墨一看,你治理得非常好,我想这背后一定有原因,这个原因就是你不巴结我身边的人,他们才不说你的好话。"齐王说到这儿,就赐给即墨大夫一块有一万户人家的封地。

信任是永远的难题。人跟狗之间的信任还简单一点,人跟人之间的信任太难了。我深信,人和人之间不信任,难以建立信任,是管理效率总体很难提升的主要原因。因为不信任,所以才会设计各种管理流程,你看着我,我看着你,你制衡着我,我制衡着你。但是没有办法,没有终极的、完美的解决方案。

一方面,建立信任重要,用信任的眼光去看待别人、看待世界、看待事情重要;但另外一方面,人总是重复历史,你不得不用某些方式去制衡。

将这两方面合在一起,我们现在能有的最好的方式就是维持某种平衡:去信任别人,但还是需要用一支小而精的力量来保证自己的信息准确、可靠、及时。

企业中最常见的不信任,出自集团和利润中心。

利润中心一把手可能直接向集团一把手汇报,但是集团一把手天然地对利润中心一把手不信任。山高皇帝远,集团一把手有不止一个利润中心,不仅有利润中心,还有职能部门,还有外部关系需要打理。

你一个利润中心，可能是我三四十个操心点中的一个而已，但是你拿了集团这么多的资源，本身能自成一体，能收支平衡，可以用你的经济能力、资源，构建你的保护伞、你的生态环境，完全有能力形成自己的独立王国。我为什么要百分之百地信任你？我很担心，你是不是能够按照集团的使命、愿景、价值观去做事情；我很担心，你能不能坚定不移地完成集团的战略使命，能够按照集团的战略部署走下去，你会不会打折扣，甚至按照你个人的想法去做自己想做的事情。

不信任的基础非常厚实，信任的基础非常单薄。

2. 谨防审计功亏一篑的"结果管理"环节

如果你是集团的一把手，连续从不同人的嘴里听到某个利润中心一把手的坏话，三人成虎，足够让你在心里画个巨大的问号：这个人到底行不行啊？他私德如何？他公德如何？

自从"即墨业务中心一把手"上任之后，连续好多天有人说他坏话。齐威王作为一代明主，采取的方式不是把即墨大夫召回来，痛骂他一顿，然后把他革职问罪，而是派人去即墨看了看。找人去即墨看看，简单一句话，其实有很多操作层面的奥妙。

第一，找谁？我怎么能确定他看问题的角度跟我看问题的角度类似，甚至比我的还深？他是不是能看到问题，而不是鸡蛋里挑骨头，也不是当好好先生？这个人，甚至这支团队非常难找，情商、智商不够，不行；三观跟集团一把手相差太远，不行。如果派过去，第一天喝一瓶茅台，第二天约俩美女，你可以想象他拿回来的信息什么样。所以，操守不够，也不行。

第二，这批人怎么下去？想做到神不知鬼不觉地暗中观察，拿到真实、可靠、准确的信息，是不容易的。

拿到信息之后怎么用？内审报告可以很长，好几百页都行。但是要拎出来，要向司马光学习。司马光拎得很清楚，他借齐威王的口，是这么表达审计报告的："田野辟，人民给，官无事，东方以宁。"就是田野收拾得好好的，老百姓吃得饱穿得暖，官场没有特别的事，即墨这个地方安宁、不乱，这是审计报告。那么，结论是什么？齐威王说，为什么你做得不错，却有那么多人说你坏话？因为你不讨好我周围的人。

讨好的方式，古往今来基本上就是三类——给钱，给美人，另外就是安排孩子上学、就业。其他的都是这三方面的变种。

即墨大夫不懂事，不会做官哪！会做官的人，往往会把齐威王周围的人照顾好，单独和每个人聊天、吃饭，吃他喜欢吃的，聊他喜欢聊的。即墨大夫如果会做官，他会试图了解以下信息：齐威王身边的人是什么背景？有什么关系？能干什么事？喜欢啥，不喜欢啥？钱、色、孩子这三样，哪样是他的软肋？等等。

作为结果，"封之万家"，齐威王封赏了即墨大夫有一万户人家的土地。

审计很重要，但是你费尽心力选拔人才，制定流程，最后终于把审计做完了，如果没有结果管理，终究是不够有力的，别人不会相信，不会产生敬畏之心。

3. 想要及时准确地听到真话，请用好审计团队

我接着讲一个相反的例子。

齐威王召阿大夫，把阿地（今山东省聊城市东阿县）的地方官，"业

务单元一把手"也召过来了。"语之曰：'自子守阿，誉言日至。'"自从把你派到阿地去，夸你的话每天都有，说你好到成为所有人的楷模。

"吾使人视阿，田野不辟，人民贫馁"，我让人去看看阿地到底管得怎么样，审计结果出来了，田野没有人种，老百姓又穷又饿。"昔日赵攻鄄，子不救；卫取薛陵，子不知"，赵国攻我们的鄄地，你不派兵去救；卫国夺取了我们的薛陵，你根本都不知道，别说救了。

"是子厚币事吾左右以求誉也"，你用钱、用色、用照顾小孩等诸多老套的手段贿赂我周边的人，所以他们说你好话。这就是审计结论。

结果管理是"是日，烹阿大夫及左右尝誉者"，我不让你活过今天，也不让夸你的那些人活过今天，于是把阿大夫和曾经夸阿大夫的这些人都给炖了。

这句话看上去短，但在那个时候对周围的震撼是几重的：第一重是，说好话、说坏话的周围人要扪心自问，我有记录；第二重是，因为坏话比较难以说出口，我或许会放你一马，但是你说无原则的好话，我就会连行贿的和受贿的一块儿干掉；第三重是，有了审计、内审、纪检监察队伍后，你们不要糊弄我。

齐威王的确有威。"于是群臣耸惧，莫敢饰诈，务尽其情，齐国大治，强于天下"，结果就是周围的群臣都不敢再说假话了，全部尽量说真话、说实情，齐国变得一片大好，"强于天下"。

4. 现代企业的审计目的与方法

讲一点关于内审的硬知识。

审计要达到的目的是什么？就是健全管理，保证管理信息真实、有效、可靠、及时。通过内审，明白不同的主要业务单元在财务上、运营上的真实情况和原因。

你可能会问，那内审、审计是不是上对下、问责形式的活动？

我觉得如果心胸大一些，内审更大的作用还是改善管理。通过内审帮助利润中心一把手看到不足。是在审你，但也是在帮你。当然，这也取决于利润中心一把手是不是会信。

每个人都可能会犯错，每个管理者、成事的修行者，都有这样那样的毛病，都有可能在某些地方照顾不周。我们还是要相信管理者本质是好的，发心是好的，动机是好的，否则大家没法在一块工作了。有一句话叫"淫字看事不看心，看心千古无完人"（一说"淫字论事不论心，论心千古无完人"），就是说看一个人的修行，要看他做的事——他是不是乱搞，而不是看他有没有乱搞之心。如果你只想看一个人是不是有乱搞之心，那天底下就没有任何不淫的人。这个道理也可以用在管理错误上，出现管理错误，先就事论事，不要诛心。不要怀疑管理者是不是成心为私人谋利，是不是内心阴暗。除非有足够的证据证明这个人发心是坏的，否则，要相信他，他在事情上出现了错误，只是事情上的错误而已。这是一个总的内审的发心，你要记住。

内审主要做这么三件事：

第一，看制度体系是否完善。看相关的管理制度、规章、规定是不是完善，有没有落在纸上。当然审计不可能每次都审得很全面，比如只做采购管理审计，那你就看一下相关的采购管理办法是不是相对完善地列在公司的管理章程里。有章可循，有法可依。

第二，要看符合性，即要进行所谓的符合性实验。规章制度实施了吗？在具体的业务中执行了吗？多大比例地按这个做了？这是符合性实验的一种方式。如果没做，占多少比例？为什么没做？从不符合的案例里，看到蛛丝马迹。

第三，要进行所谓的实质性测验。有这些规章制度了，所做的事基本符合这些规章制度，在做经济活动了，在做运营了，那就挑几个例子仔细看看，符合性实验过程中的关键节点是不是真的发生了？数据是不是真的对？账面上、纸面上的情况跟实际发生的是不是符合？这些如果出现疑点，那就继续挖下去：问题是什么？根本原因是什么？我们将来如何防范？

这三件事，总结归纳一下就是制度审计、符合性审计和实质性审计。

周纪二

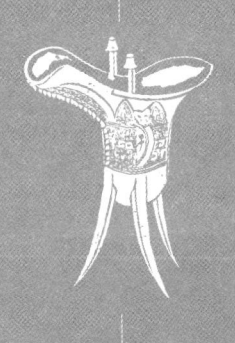

[公元前368年—公元前321年]

商鞅入秦：
破局的关键是用好奇才

没有比《资治通鉴》更适合作为管理案例进行系统讲解的基石了。这些案例经过历史的洗礼，仍然有不能被现代管理理论所取代的锋芒。

如果你不做管理，为什么要听这些帝王将相的历史？我能想到的就是，歼灭油腻。现代人的油腻事迹，那些权谋、人性，在《资治通鉴》面前都是小菜一碟。读懂了《资治通鉴》里的兴衰、权谋、人性，你就可以立于不败之地。

1. 破局的关键是奇才

战国七雄中的六雄，韩国、赵国、魏国、燕国、齐国、楚国，最后都被秦国灭了。秦国干对了什么，让它能够灭六国，一统天下？

秦国一开始在相当长的时间内并不是强国，而是一个被其他六国孤立的弱国。公元前9世纪，一个叫秦非子的马夫，给周天子养马有功，获封秦地，成为第一任秦国国君。

马是当时很重要的军事资源。可能你看不起孙悟空当的弼马温，但是你不能小看秦国最开始的马夫国君。

秦国没有高大上的历史，而且疆域远在西北，跟戎狄杂居，总是被所谓中原正统的各国孤立。这种尴尬的情况一直持续到秦穆公继位。秦穆公是秦国历史上第一个相对励精图治、开疆拓土、试图逐鹿中原的国君。他任用由余、孟明视二位能臣开疆拓土、称霸西戎。另一边，为了与中原各个诸侯增进感情，秦穆公求娶晋献公之女伯姬，帮助晋文公重耳继位，留下了一个成语叫"秦晋之好"，在中原有了一定地位。但是好景不长，秦国在秦穆公死后的两百多年里，折腾来、折腾去，再也没有振兴过。

《资治通鉴》讲到秦国，首先出现的是秦孝公的一声疾呼——我们老秦国什么时候能够重返秦穆公时代的盛世？全天下的人才呀，到我们这里来，教教我如何去干！

魏国有一个郁郁不得志的年轻人卫鞅，听到秦孝公的召唤，一个人，一口箱子，一把剑，西行入秦，打算成就一番事业。历史上他有一个更响亮的名字——商鞅。

2. 奇才厉害，管好奇才的人更厉害

管理不是一门能够精确计算的科学，管理经常会面临两难的处境。如果你面对一个困局，你面对没有德才兼备的旷世奇才，用不用他？怎么用他？这些都需要管理上的权衡。你要么降低对成事的预期，先用一些德才兼备——可能不那么有才的人，甚至用一些只有德没有多少才的人，慢慢培养；要么在某个阶段用一些有才无德的人，哪怕这个人的群众关系不好，哪怕这个人的口碑极差，你也要用他。但是用

也有用法。

比如，在用旷世之才之前，你先要掂量掂量自己有没有旷世的能力，能帮他撑起一片天。你要问问自己，是不是有足够稳固的权力基础，有足够的定力能够承受这些非议，甚至冒着"政变"的危险来支持这样一个人？再往深里说，你有没有这样的包容力？这个人可能会得罪你周围的人，甚至你自己，你能不能容忍？

最后，你有没有"撒手锏"、防范能力？如果旷世之才"反噬"，反过来吃你，你有没有办法镇住他？要做到以防万一。

权力、定力、包容力、防范能力，这四种"力"如果你都有，你又有足够大的野心，不做这个大事你就不甘心，睡不着觉，吃不下饭，那你就用他。这就是老天给你的使命。

人们总是关注旷世之才，而我从管理的角度反而更关注用旷世之才的人。

3. 爱面子也是成事的驱动力

秦献公薨，子孝公立。孝公生二十一年矣。是时河、山以东强国六，淮、泗之间小国十馀，楚、魏与秦接界。魏筑长城，自郑滨洛以北有上郡；楚自汉中，南有巴、黔中：皆以夷翟遇秦，摈斥之，不得与中国之会盟。于是孝公发愤，布德修政，欲以强秦。

秦献公死了，子孝公即位。古时候人活得本就不长，平均寿命四十来岁。很多国君即位的时候，往往只有十来岁。而此时秦孝公已经二十一岁了，三观已经形成，正是当打之年。他面临的局面是，外有六个强国——韩、魏、赵、齐、楚、燕，淮水、泗水之间有十来个小国,和秦国直接接壤的是楚国和魏国。魏国筑了长城,把秦国当成野蛮人来防范。楚国除了汉中,还有巴郡、黔中等地方;楚国对待秦国,也是对待夷狄的态度,不搭理、不交往,当它是异族、蛮族,排挤它。正因为这样,孝公说,我这样被别人看不起,不行,生死看淡,不服就干!

我给不少CEO做咨询,绕不开一件事:你的志向是什么?我问志向,就是想知道你的动力。你为什么要做这些事?

秦孝公完全可以守成。依靠长城和其他六国分割开来,有天险可防,可以过自己安稳的小日子。但是古往今来,总会有一些"阿尔法男""阿尔法女",他们是天生的领袖,他们不甘于不作为,他们生来就是要做事的。

秦孝公就是这样一个典型。秦孝公下令国中曰:"昔我穆公,自岐、雍之间修德行武,东平晋乱,以河为界,西霸戎翟,广地千里,天子致伯,诸侯毕贺,为后世开业甚光美。"秦孝公就想起他的祖先秦穆公,往东平定了晋国的内乱,往西称霸了戎狄,地方很大,天子足够尊重他,诸侯来贺。这种状态是他想要的,面子上有光。

有些人之所以做大,就是因为面子。先从不能上桌到能上桌,然后从上旁桌到上主桌,进而从上主桌到坐主桌的主位,一步一步地变得厉害,更厉害。

会往者厉、躁、简公、出子之不宁,国家内忧,未遑外事。三晋攻夺我先君河西地,丑莫大焉。献公即位,镇抚边境,徙治栎阳,且欲东伐,复穆公之故地,修穆公之政令。寡人思念先君之意,常痛于心。

秦穆公能力很强,但之后一代一代的秦国国君没干什么了不得的事。赵、魏、韩没事就打我们玩儿,夺走好多地,我觉得脸上无光。我爸爸献公即位,开始有了转机,可惜我爸爸还没来得及实现理想,就去世了。每次想到我爸爸的愿望，我就感觉非常痛心。

秦孝公提了三个人，一个是秦穆公，秦国历史上最辉煌的时代的国君；另一个是他爸爸献公，试图重整旧山河，但是人先走了；第三个是自己，他希望完成献公没有完成的事业，恢复秦穆公时期的辉煌。

秦孝公的愿景、理想就立得这么高远。秦国到最后不仅坐了主桌上的主位，而且一统天下，整个桌都是他们的，其他人都被他们灭了。这一切都始自秦孝公的发愿。

秦孝公又直接说出他是如何完成发愿的，"宾客群臣有能出奇计强秦者，吾且尊官，与之分土"，如果有奇才能出奇计，我给他高官、分土。分土，相当于长期饭票，是一国国君能给予的最大的奖励。

"于是卫公孙鞅闻是令下，乃西入秦"，一个原籍是卫国的、复姓公孙、单字鞅的人，听到这个号令，就一人、一马、一剑进入了八百里秦川。

4. 用好奇才，必须要有心胸

下面这个小故事可以看出商鞅奇才的端倪。

公孙鞅者，卫之庶孙也，好刑名之学。

公孙鞅曾经也是卫国的王族，他喜欢刑名之学。在我眼里，刑名之学讲了好多业绩管理、奖罚的办法，有过分之处，但是可以高效成事。

事魏相公叔痤，痤知其贤，未及进。

公孙鞅跟着魏国的丞相公叔痤,公叔痤知道他有本事,但还没有把他推到魏国国君面前,公叔痤就病了。

魏惠王往问之曰:"公叔病如有不可讳,将奈社稷何?"公叔曰:"痤之中庶子卫鞅,年虽少,有奇才,愿君举国而听之!"

魏惠王问:"丞相如果病好不了,这个国家应该交给谁呀?"公叔痤说:"我的幕僚里有个叫卫鞅的,虽然年少,但有旷世奇才,希望您把整个国家都交给他管理。"

公叔曰:"君即不听用鞅,必杀之,无令出境!"王许诺而去。

公叔痤接着说:"如果您不能用卫鞅,一定要杀掉他,别让他离开,让别的国家用了。"魏惠王说,行行行。
我如果是魏惠王,我会多问一句,公孙鞅到底强在哪里?你如何判断的?可惜魏惠王并没有问。

公叔召鞅谢曰:"吾先君而后臣,故先为君谋,后以告子。子必速行矣!"

公叔痤把公孙鞅召过来,跟他讲:"我要对得起国君,所以我跟国君说了上述的话,希望他能把国家交给你管理,但是我看他不乐意,我也跟他讲了,如果不能用你,那就杀掉你,所以现在你赶快跑吧!"

鞅曰:"君不能用子之言任臣,又安能用子之言杀臣乎!"卒不去。

公孙鞅说:"魏惠王不能根据您的建议来用我,那他怎么会根据您的建议而杀我呢?所以没关系,您安安静静地养病,我安安静静地继续做我自己。"公孙鞅的淡定反映了他的奇才。

王出,谓左右曰:"公叔病甚,悲乎,欲令寡人以国听卫鞅也!既又劝寡人杀之,岂不悖哉!"

魏惠王离开公叔痤,也跟左右唠叨这件事:"公叔痤病得不轻啊,先让我把全国都交给卫鞅去管,之后又说让我杀了他,这不是自相矛盾嘛!"

魏惠王没听明白,公叔痤也没有说清楚,是交流的问题。但在深层次上,是心胸的问题。

卫鞅既至秦,因嬖臣景监以求见孝公,说以富国强兵之术;公大悦,与议国事。

卫鞅听到秦国招贤令之后,就西入秦国,借着秦孝公周围最亲近的大臣景监见到了秦孝公。卫鞅跟秦孝公讲了富国强兵之术,秦孝公非常开心,开始跟他仔细地谈国事。

秦国兴盛之路就此铺开,一场大戏就要开始了。

商鞅与甘龙之辩：
成大事者不与众谋

这个案例讲中国历史上极其关键的一个事件——"商鞅变法"。

商鞅变法在战国时期的意义是使秦国变得异常强大，统一六国，建立了秦朝。汉承秦制，直到唐宋，在很大程度上也沿袭了秦汉所形成的官僚制度。这是商鞅变法的后世意义。

我们今天做管理能从中获得哪些借鉴呢？商鞅说服了秦王，任用他制定秦国变法的战略、战术和实施路径。但是面对国家内部的阻力，秦王的信心有点动摇，商鞅如何继续推进改革？改革又涉及了什么新的管理问题？我下面一一道来。

1. 如何快速在新公司里站稳脚跟

如果你是一把手，如何安排自己的得力干将？首先给他合适的位置，可能不是那么显赫，但是非常重要。最好让他直接向你汇报，中间不要隔着另外的人。如果隔着另外的人，也和你招进来的人才说好，还是直接向你汇报。另外,中间那个人只是协管,管得越少越好,争取能不管。这么安排这个奇才,不那么引人注目,又能够干事情,又能跟你及他的直接上级畅通地交流。

如果你是奇才,得到了这个位置,接受了这种安排,你在开始的时候最该采取的工作方式是什么?

你的领导、团队、下属或是相关部门一定会跟你商量一些棘手、复杂的事,这时候你要抑制住自己的冲动,不要完全凭自己的见识、判断就开始干,或者你在之前的单位怎么办现在就还怎么办。

这容易犯经验主义的错误。你过去的经验、做事的方式以及你的知识和工具不一定适用于现在这个环境,我担心你功力不够。

退一万步讲,即使你功力够,你也要问问部门里的"老人",尤其是经过你观察,有一定思想、操守且比较正直、善良的人,他们是如何处理的。

在大型的、复杂的机构里,如果呈现出共同的处理方式,那一定有它的道理,哪怕你不完全接受,哪怕你不完全了解背后的原因、历史沿革和恩恩怨怨。

作为新人,降低风险是对自己负责,也是对把你招进来的领导负责,更是不给组织造成过多破坏,是给未来发力打好基础的特别好的做法。总之,先站稳脚跟,安定下来,别一上来就闹得鸡飞狗跳。

2. 如何在新公司推行重大变革

想创造一个新常态,如何启动变革?如何增加变革成功的概率?建议看商鞅和他的团队是怎么做的,做对了什么。

> 卫鞅（即商鞅）欲变法，秦人不悦。

来了一个年轻的、在外国也没做出什么成绩的外人，蛊惑了我们的秦王，秦王决定变法，要改变我们老秦人做事的规矩、方法，我们不开心。"秦人"，不是街头的老百姓，是秦国的贵族。

商鞅变法主要的改变之一就是降低了贵族的地位，让秦国的管理制度变得扁平。最上层是秦王，下一层就是官僚机构，再往下就是普通老百姓——庶人。所以，秦国的贵族不开心。

如果我是商鞅，我会通盘想一想：

第一，我变法的主要目的是什么？

第二，我变法的主要内容是什么？

第三，我这些主要内容最可能伤害谁？让哪些人受益，让哪些人受到损害？

第四，我如果按照心目中变法的步骤去做，很有可能出现哪些情况？在什么时候出现？

第五，如果我试图激励这些可能通过变法获益的人，说服那些因为变法有可能会遭到损害的人，我应该从哪个角度去说？

第六，有哪些人可以依靠？

第七，有哪些致命的敌人？哪些人可能会找我麻烦？

第八，最好的结果什么样？最差的结果什么样？我最大的风险来自哪里？我如何降低风险？

这些是我作为训练有素的战略管理专家想的一些要点。但是如果是我妈，可能会让我别废话，一句话，你到底要怎么干？我会坦诚地说，让一把手坚定地站在自己这一边。

3. 让一把手坚定地站在自己这一边

如果一把手动摇，我会试图说服他，让他把动摇的原因列出来，把劝他不要这么干的那两三个人找出来。我们小范围地找几个人，一把手、我、两三个不赞同变革的人，在一个空间里，把是不是要变革、如何变革说清楚。如果一把手同意，谈妥了，我们接着干；谈不妥，我卷铺盖滚蛋。

在大的变革之前，你一定要做好一把手的思想工作，让他坚定地站在你这边，让他知道在变革的过程中，可能遇到的风险是什么，让他心理上准备好。另外，把一把手尊重的主要反对者叫来，大家当面谈谈。不谈，反对者会一直提反对意见；谈，反对者不见得能被你说服，但至少明白你到底是什么意思。而且一把手听你和反对者辩论，听到了两边的意见，最后还选择站你这边，他自己的信心会更足，给你的保护会更大。

切记，在你做重大变革之前，除了反复想这个变革有多好、多周到、多么奏效，你还要想：谁让你干？为什么让你干？能不能多找一些支持你干的人？

果然商鞅找到了秦孝公，同时把秦孝公身边最反对他变革的甘龙叫来，做了一场辩论。

卫鞅言于秦孝公曰："夫民不可与虑始，而可与乐成。"

老百姓，以及您周围的贵族，在开始的时候不能跟他们一块思考、一块设计、一块发愁、一块担心，但是可以跟他们一起享受成果。

最开始讲战略、讲计划、讲方法的时候，不需要众人参与意见，徒增烦恼而已。大事、没做过的事，一开始的时候跟大众说，这些人的意见往往是反对的，会形成阻力。我们没有办法用自己的意见去说服他们，因为所有的意见都是针对未来的看法，在未来还没来之前就没有胜负。但事做成了，可以把胜利成果分给他们，他们会感恩戴德。

"论至德者不和于俗，成大功者不谋于众。是以圣人苟可以强国，不法其故。"

天地之间的大德和风俗不一定一样，成大功、成大事不需要跟情商一般、智商一般的人聊。你聊不出来，还浪费时间，降低效率，你多看那些人一眼都算你输。所以，圣人如果能够让国家富强，他不一定遵守旧例。

商鞅最后一句又扣回了秦孝公最关心的主题——强国，插到了秦孝公的软肋上。

4. 有智慧的人制定决策，一般的人去执行

商鞅作为一个变法驱动者，如果不让秦孝公的意志再坚定一下，有可能秦孝公的动摇就是变法最大的变数。这个时候如果讨论太多负面影响也不对，相当于你无缘无故吓唬秦孝公，万一秦孝公被吓到了，说算了吧，那变法也就失败了。

在变革的最开始，不跟一把手沟通，有问题；跟他沟通太细，也有问题。核心团队想明白了，主要的人提不出太大的意见，那就干。

甘龙提出的反对意见也不复杂。

"缘法而治者，吏习而民安之。"

按照过去的成例去治理国家，官吏熟悉这套方法，老百姓也很舒服。简单地说，守陈规，你好、我好、大家好。甘龙的说法倒也没错。商鞅是这样回答的：

"常人安于故俗，学者溺于所闻，以此两者，居官守法可也，非所与论于法之外也。智者作法，愚者制焉；贤者更礼，不肖者拘焉。"

一般人按照常规做事，学者通常只知道他知道的。做官，守法就好了，你跟他讲守法，官是明白的，但是你没法跟他讲现行法律、规定之外能产生什么变革。

智慧的人制定新的方式、方法，傻人、笨人按部就班地去做；贤者会改变世俗，不学习、不努力、不破局的人会被束缚。只有真正的智者和贤者，才能大踏步向前走，为未来设计，用新规矩创立一片新天地。

秦孝公说，好，就这么办。于是，他给了卫鞅能推进改革的官位。

以上所述就是商鞅变法的开始。

5. 到底哪些人需要参与决策

你可能会问，不是说管理者有反对的义务吗？每个人都要参与意见吗？

管理是一门软科学，有一定模糊地带，但是它有一个总体原则，就是要保持一定的平衡。一个极端是事事跟所有人商量，所谓绝对的管理民主，但绝对不对，效率很低；另外一个极端就是"一言堂"，一把手一个人说了算，也不对。

应该保持一个平衡。在公司不同的发展阶段，对于不同的事情，让不同范围内的人参与决策。

参与制定战略的人不能多，要有CEO、总部主要职能的一把手、利润中心的一把手，大家一起制定未来三年到五年制胜的战略。

到了制订商业计划环节，下一年的计划、预算，参与的人可以更多一点。汇报的时候可以人少一些，但制订的时候一级利润中心主要的中层要参与。制订商业计划，定全面预算，绝不只是财务部要做的事情。

到了具体实施计划时，月度计划、周度计划，可能初级经理就要参与。

记住一个原则：下探一层。你做战略，下面一级利润中心一把手能够清楚你为什么要这么做。一级利润中心的商业计划、全面预算，一级利润中心的中层要明白。

遇上根本的变革，像商鞅变法一样，商量的范围要小，这也是为什么商鞅在最开始没有联合很多人。度把握得好，很大程度上促进了商鞅变法的成功。

商鞅的成事方法论：
业绩第一

这一案例我们来看商鞅变法的具体措施，对于专业管理人士有什么借鉴意义。

1. 业绩至上是商鞅变法最关键的一点

变法到底变了什么？商鞅怎么把变革实施下去的？

令民为什伍而相收司、连坐，告奸者与斩敌首同赏，不告奸者与降敌同罚。

第一条，把人民一什一伍编制好，到底有多少人？哪些人是一组？一组意味着有错大家一块受罚，也意味着中间出现了什么事情，可以互相告发，互相举报。变法之后，你们就是一个集体，你不是一个个体了，而是一个组织的一部分。

如果你举报,你告诉政府,你周围的人出现了什么错,使了什么坏,那你的功劳就跟杀敌一样;如果你周围的人做坏事,你知道了,不往上汇报,让信息不通达,那跟你投降敌人的罪过是一样的,要受到同样的处罚。

大家同进退,互相可以揭发,彼此要多留意一点。这是商鞅变法中的第一条,也是最重要的一条,消除了所谓的自由思想、独立精神。

有军功者,各以率受上爵;为私斗者,各以轻重被刑大小。

第二条是对外的,军功第一。对外讲军功,你有军功,就可以受赏。但是军功只是对外,只是针对杀敌,如果你把好斗、善斗这些打仗的技能用在私斗上,就会被罚。

僇力本业,耕织致粟帛多者,复其身;事末利及怠而贫者,举以为收孥。

第三条,尽职尽责、尽心尽力做本职。如果干得好,可以赎回奴隶身,做回自由人;如果干不好,偷奸耍滑,争名逐利,倒买倒卖,不干活,你将会被收成奴隶。这前三条是商鞅变法的主要条款。

宗室非有军功论,不得为属籍。明尊卑爵秩等级,各以差次名田宅、臣妾、衣服。有功者显荣,无功者虽富无所芬华。

第四条其实是前三条的延伸,但这个延伸非常重要。即使你是贵族,如果你没有军功,你不能当大官,不能坐好车,不能穿好看的衣服,只能跟庶民一样,显示不出自己的身份。

之所以强调第四条，是因为它让中国历史就此改变。中国历史在商鞅变法之前，跟西方的历史有点像——王之下，有贵族。贵族对于王是有力的制衡，王不能为所欲为，王的权力其实在很大程度上被贵族所分享。

贵族如果没有军功，就是平民。如果不能穿着好衣服、开着好车在街上显摆，就是平民。但对于多数俗人来说，穿好衣、开好车又有什么意义呢？所以，商鞅变法在中国很大程度上消灭了贵族。在欧洲，贵族依旧存在；在中国，贵族至少被砍掉了一条半腿，不再能够跟皇权竞争。

2. 商鞅成事的三大基础条件

成事有三大基础条件，就是你能不能干，你想不想干，以及让不让你干。秦孝公一纸招贤令，已经把两个问题解决了：一是我让你干；二是我给你土地、人、奖励，让你有动力干，我缺的是你的能力。

变法的目的如果不是灭掉六国，建立秦朝，那至少也是让秦孝公坐"主位"。打胜仗是第一位的，其他靠后。就像做生意，有些人第一目标就是挣钱，挣完合法的钱，再谈行有余力做点啥，这无可厚非。在商业社会里，只要遵纪守法，这是一个相当崇高的理想。

用一句话概括商鞅变法的核心："军功第一，业绩至上。"你有军功，一切好谈；没军功，一切免谈。

3. "商鞅驭民五术"是对商鞅最大的误读

历史上的文人非常不老实，经常为了吃口饭，满嘴胡说八道。我见过另外一个版本的所谓的"商鞅驭民五术",第一遍读觉得挺厚黑的;第二遍读,发现跟《资治通鉴》不一样,有很多激烈的、偏颇的地方。我不认为商鞅这样变法能够统一六国,开启秦汉,甚至影响到之后的唐宋。

"商鞅驭民五术"讲:第一,壹民,全面统一思想;第二,弱民;第三,疲民,使人民疲于奔命;第四,辱民,羞辱人民;第五,贫民,剥夺余财。实话讲,我觉得历史上有太多的谬义。至少司马光《资治通鉴》这样的史书里,没有提起"五术"。

从现在的角度看,在战国时代,你怎么全面统一思想?完全不如《资治通鉴》中所记载的:要求大家形成一个集体,有干坏事的,彼此举报;没干坏事的,大家一起去打仗。有功大家一起受赏,有罪大家一起受罚。从很大程度上消灭了个人主义,在那个时候的科技条件下,完成了一个有效的基层组织。他们的思想是统一的?我不确定,在杀敌之前,他们可能有不同的想法;但是杀敌之后,思想便渐渐统一了。

弱民,这也不是商鞅的目的。商鞅的目的是能够为战胜的目标去努力。疲民,使之疲于奔命。为什么要疲于奔命?疲于奔命的人民、军队,如何能战胜别国?辱民,更不是商鞅想做的事情。如果军队、人民都被侮辱了,你怎么能期待他们拼命去打胜仗?贫民,剥夺余财,这更不是业绩管理。商鞅变法的盛时,前线刚刚打完胜仗,战士还没有回到家乡,家乡给准备的房子已经建好了,按规矩应得的土地已经划分清楚了,并不是想剥夺他们,不是想让他们受尽屈辱和惊吓。

所以,大家看到古书的任何记载、任何意见,应该稍稍想想,稍稍对比一下,然后独立思考,到底什么是事实,你应该相信什么。

4. 从管理角度看商鞅变法的利弊得失

最后,我想从管理的角度来讲商鞅变法的利弊得失。从长远来看,商鞅变法其实是一味"虎狼之药"。

要达成秦孝公称霸天下这一目的,商鞅变法设计的内容没有问题。但从更长的时间轴看,如果一味追求业绩,不看价值观,那可能出现的问题就是没有长治久安,"德教天下"。这样得到的"稳态"是暂时的、脆弱的,经不起个别事件冲击。这种所谓了不起的业绩,"兴"起来很快,"亡"起来也很快。

商鞅变法第一个核心词是"连坐"。不是一个人、一个家,而是一个村落荣辱与共。好处是你干不了什么坏事;坏处是你也干不了什么出众、有新意的事,人只是"螺丝钉"而已,无法成为"飞鸟"。

第二个核心词是"军功"。唯一的业绩就是军功,KPI(关键业绩指标)过分单一。好处是简单有效,能够达成;坏处是有可能催生"怪物"。

第三个核心词是"本分"。你尽心尽力,尽职尽责,我一定奖励你,如果不是这样我就罚你。好处是稳定高效;坏处就是超稳定——哪怕这个军功是错的军功,会带来灾难的军功。大家不问为什么要这样的军功,只想着去完成,成的可能是大的坏事。

第四个核心词就是"无军功,没贵族"。好处就是在有业绩之前,贵族跟庶民一样,一律平等;坏处是少了制衡力量。

总体而言,商鞅变法只有三个核心词——"军功、王权、集体",只有王权领导下的集体去争取军功这一条。这就是商鞅变法内容的精髓,以及它的好处和坏处。

徙木立信：
如何建立信任

信任，特别是人对一个机构的信任，非常难建立。这一案例以商鞅变法为背景，讲唯信难树，以及怎么建立信任。

1. 徙木立信：商鞅成功 PR

商鞅变法的详细法令制定好了，但还没公布。因为商鞅怕老百姓不相信，他觉得信任还没有建立。

令既具未布，恐民之不信，乃立三丈之木于国都市南门，募民有能徙置北门者予十金。民怪之，莫敢徙。复曰："能徙者予五十金！"有一人徙之，辄予五十金。乃下令。

商鞅想了个办法，在秦国国都的集市南门立了一个长木杆，说如果有人把这个木杆从南门拿到北门，就给十金。

信任难以建立？直接拿钱"砸"！

那时十金是一个巨大的数目。如果它只能买十斤包子，人们就不觉得奇怪了，可能就搬了；但是给你十公斤黄金、十克拉钻戒，老百姓就觉得事出奇怪必有鬼，没人敢真的动手去做。

没人敢动的时候，商鞅又说，能把木杆拿到北门去的，我给你五十金。商鞅的办法，简单、粗暴。"重赏之下，必有勇夫"，有一个人将信将疑，那天下午闲着没事儿，就把木杆从南门拿到了北门。商鞅立刻兑现了承诺，给了这个人五十金。

给完这五十金之后，商鞅自己做了关于这件事的PR（Public Relations，公共关系），让大众宣传。当人们相信了这件奇怪的事后，便口耳相传，甚至皇亲国戚、奸商大贾也参与其中。这个时候，商鞅正式公布了变法的法令。

2. 对付权贵，商鞅用法立威信

令行期年，秦民之国都言新令之不便者以千数。

一年之后，老百姓积累了很多不满。多数的变法，除非已经天怒人怨到了极限，否则无论好坏，必然遭受多数人的反对。秦国百姓不满，就到都城控诉。

于是太子犯法。卫鞅曰："法之不行，自上犯之。"太子，君嗣也，不可施刑，刑其傅公子虔，黥其师公孙贾。明日，秦人皆趋令。

恰好太子也触犯了法律。商鞅说，变法实施不了，主要的原因就

085

是上边的人不带头执行。太子犯法，我没法杀他，那就把太子的老师处理一下，上刑！于是将太子的两个老师——公子虔、公孙贾都处置了。从那以后，秦国人都开始小心翼翼地遵纪守法。

商鞅的狠劲儿不比吴起差。没法杀太子，乱刀砍伤太子周围的人，不是一般狠人能做到的。第二天，秦人不再说这个法这不好那不好，都闭嘴了。

商鞅变法这样一实施就是十年。

3. 一套方法持续十年，就是企业文化

什么是企业文化？就是一组气味相投的人，按一套共用的方法持续做事，做五年、十年所呈现的面貌。

行之十年，秦国道不拾遗，山无盗贼，民勇于公战，怯于私斗，乡邑大治。

商鞅变法施行十年，道不拾遗了，山上没贼了。就像商鞅变法鼓励的，老百姓越来越爱对外打仗；从战场上下来的人只骂街不动手，最多被对方的唾沫星子"打成脑震荡"，自己倒在地上连续翻滚七百二十度。村庄、城市、国家都治理得很好。为什么？有商鞅变法五大条例，有坚决的实施，有十年持续的努力。

秦民初言令不便者，有来言令便。卫鞅曰："此皆乱法之民也！"尽迁之于边。其后民莫敢议令。

过去说商鞅变法不好、不方便的人，又反过来说，变法真好啊。商鞅说，这些人都在乱变法，都给我迁到边疆去，修长城，守边防，去打仗，别废话。坏，我不想听你说；好，我也不想听你说，只有我说的份儿。之后没有老百姓敢再说什么了。

4. 狠人尚且看重信誉，何况善人

司马光是这么评论的：

夫信者，人君之大宝也。国保于民，民保于信；非信无以使民，非民无以守国。是故古之王者不欺四海，霸者不欺四邻，善为国者不欺其民，善为家者不欺其亲。不善者反之，欺其邻国，欺其百姓，甚者欺其兄弟，欺其父子。上不信下，下不信上，上下离心，以至于败。所利不能药其所伤，所获不能补其所亡，岂不哀哉！

"信"，老百姓能信政府、信国君、信官僚机构，信是这个国君的大宝贝。国家要靠老百姓来保卫，老百姓要靠信念、信心、信任来执行，没有"信"，你就驱动不了百姓，没有百姓就没法保卫国家。

所以，古代的君主，任何时候，在任何地方，都不要欺骗老百姓，要有信誉。称霸的人不欺负周围的邻居；能够管理国家的人不欺负老百姓；善于管理家政的，不欺负周围的亲戚朋友。如果不善于管理的人，他反而能坑就坑、能骗就骗、能过就过、能欺就欺，能油腻就绝没有风骨，一定会败。不基于信任的获利，不足以弥补你受到的伤害；你获得的好处，不足以弥补你失去的。这些人真是短视，不懂管理呀！

昔齐桓公不背曹沫之盟，晋文公不贪伐原之利，魏文侯不弃虞人之期，秦孝公不废徙木之赏。此四君者道非粹白，而商君尤称刻薄，又处战攻之世，天下趋于诈力，犹且不敢忘信以畜其民，况为四海治平之政者哉！

最后，司马光发出了慨叹。第一，齐桓公、晋文公、魏文侯、秦孝公，这四个人都不是严格意义上的谦谦君子，都是狠人，也都用过狠人。他们崇尚的道德，并不是温良恭俭让，特别是秦孝公和他用的商鞅，尤其刻薄。第二，他们所处的又是乱世，打着仗，白刀子进去红刀子出来，平均寿命四十多岁，弱肉强食的油腻世界，他们还说我要"信"。你在承平之世，你骨子里又是一个善人，那你为什么不去立信呢？

5. 如何让别人听你的

我创立华润医疗之初，定了战略、班子和以后要实施的一些重大举措。我请教系统内创业成功的老哥：从今往后，我要做的最重要的一件事情是什么？老哥说，你要让你的团队听你的，让你的核心骨干听你的。

我的解决办法就是民主集中制。我和我的核心团队谈好，定下一条组织原则，就是大家有不同意见，在工作会上敞开说，充分讨论，骂街都行，骂我都行。一旦形成最后的决策，这就是集体决策，必须严格执行；如果在会议中有分歧，实在形不成集体决策，我的意见就是集体决策。

就是这么一个集体决策机制。可以吵，但最后听我的。可以在会上有分歧，但离开会议桌，离开会议室之后，大家就不能有分歧，必须按会议的意思去执行，按会议的精神去落实。如果你作为核心团队一员，对我的决策有重大意见，你可以越级上报，可以去找集团领导，找谁都行，我认。

看上去简单，但就刚才讲的民主集中制原则，在最开始的确遇到了巨大的阻碍。因为观点对观点很难说服，比如，我说明天会下雨，你说明天不会下雨，在明天来临之前，不知道谁对谁错；但在明天来临之前，我们必须采取行动，否则就太晚了。

有一次，的确有一个副总被我连续两次抓到违反了民主集中制原则。大家已经在会上讨论过了，甚至我没有行使一票赞成权，是大家共同的决策，只是他没有由衷地赞成这一决策。结果他继续在外边说反对意见，拒绝全心全意、尽职尽责、尽心尽力地落实会议精神。

我就把他叫到我的办公室，非常直截了当地跟他说：

"老哥，您经验比我多，过的桥、吃的盐都比我多，但是现在我是一把手，我跟各位聊了，也讲了，各位也同意了，我们实行集体决策的民主集中制，但您连续违反了两次。

"您有两个选择。第一个，您改，您听我的，把我当一把手，把我们定的民主集中制原则当成做集体决策的方式，我们接着这么合作下去。第二个选择，您离开，您跟相关部门说，我要离开，我干不下去了。如果您认为您还有第三个选择，也就是说，如果上级领导们信任您比信任我多，觉得您比我更合格，那您来做我这个一把手，我愿意做您的副手，愿意按照我们刚才说的民主集中制原则去推进整体战略。"

这样聊了一次之后，发现他听我的了，遵从民主集中制原则了。慢慢整个团队，至少在我能看到的地方，都听我的了。

这就是我自己的故事、我自己的答案，你的答案我也想听。

以贤为宝：
最宝贵的资产是什么

商鞅变法期间，其他国在干什么？这个案例的主角是魏武侯的继承人魏惠王，以及任用田忌和孙膑的齐威王。两个一把手，对于最宝贵的资产有着不同的认识。

1. 魏惠王的"社会性死亡"事件

"齐威王、魏惠王会田于郊"，齐威王、魏惠王在郊外打猎。两个国家邻着，两个人"相看两不厌"，一块儿去打个猎。

魏惠王打猎开心了，开心的时候往往容易得意，得意之后往往容易忘乎所以。"惠王曰：'齐亦有宝乎？'"魏惠王说，齐国有宝贝吗？我看这句话，第一反应就是蛤蟆坐井观天，它的天只有井口那么大；第二反应，想起夜郎自大，夜郎国王看到汉朝使者，说："汉朝有多大，能有我夜郎一半大吗？"

"威王曰：'无有。'"齐威王说，抱歉，我没宝贝，没法给你献宝。

魏惠王说："寡人国虽小，尚有径寸之珠，照车前后各十二乘者十枚。"我这个国家虽然很小，人也少，但是我有十枚一寸大小的明珠，每枚能照十二辆车。十二辆车加上马，可能六十米都不止，真是好宝贝。魏惠王也可能因为国家小、人口少，他需要别人尊敬他，所以不见得吹牛，但他习惯性显摆。

魏惠王接着说："岂以齐大国而无宝乎？"难道齐国这么大，就没有值得夸耀的宝贝吗？你白混了，回家洗洗睡吧。惠王嘴上没说，但心里是这么想的。

齐威王就忍不住了。我要是齐威王，就真的回家洗洗睡了。你跟惠王说，惠王也不见得能明白，明白了也不见得能改，改之后也不见得能持续。何必呢？这是我五十岁之后的心态，要是十年前，我可能也会像齐威王一样，有摁他的冲动。齐威王是这么说的：

寡人之所以为宝者与王异。吾臣有檀子者，使守南城，则楚人不敢为寇，泗上十二诸侯皆来朝。吾臣有盼子者，使守高唐，则赵人不敢东渔于河。吾吏有黔夫者，使守徐州，则燕人祭北门，赵人祭西门，徙而从者七千余家。吾臣有种首者，使备盗贼，则道不拾遗。此四臣者，将照千里，岂特十二乘哉！

我认为值钱的宝贝跟您想的不太一样。我有个人才叫檀子，他守南城，楚国人不敢过来挑事，泗水之上，十二个诸侯都来朝拜我。我团队里还有一个能干的人，他叫盼子，他守高唐，赵国人不敢到黄河这块儿来打鱼，怕他。我还有一个很能干的团队成员，叫黔夫，他守徐州，燕国人、赵国人都怕得要死，纷纷祭拜，希望平安；有七千余家追随他迁徙。别着急，除了这仨之外，我还有另外一个团队成员叫种首，让他防范盗贼，结果没盗贼了，丢在道上的东西都没人去捡了。

我这四个团队成员光照千里，岂止是前面三十米、后边三十米呢？

魏惠王听到这番论调之后，脸上露出惭愧的表情。

齐威王对于贤能的下属十分重视，把他们比作一国之宝，所以后来成就了孙膑围魏救赵这样的经典案例。

2. 一统天下的为什么不是齐国

我观察一家公司，会先观察管理团队，如果有四五个特别能干的人——在我定义里是贤德的人、能成事的人，你感觉交给他们一个事，在所有竞争对手之间，他们能把这事办成了，那这样的公司应该是一个好的创业公司。

如果让你有这种感觉的人能有几十个，甚至上百个，那这样的公司、集团将在区域里无敌。这些人合在一起，总能想到最佳解决方案，总能把手上一把稀烂的牌越打越好。

那为什么齐威王没有能够一统天下，最后没能对秦国形成重大的威胁？我的直觉是，齐威王在人才的选、用、育、留等诸多方面，没有形成制度，没有让后世、继任者按着这套做法、想法继续往前走。这也是为什么商鞅看重的不是人，而是军功、业绩。在商鞅死之后，商鞅变法的主要方法还能继续往前推；而齐威王以人为重、以贤为宝，到最后就失传了。

3. 人一生最重要的七件事

齐威王以贤为宝，一个成熟的人，以什么为宝？有一种说法，男生一生的追求有七个"W"。男生应该以之为宝的，就这七个"W"。如果你是女生，也欢迎你提女生版本的七个"W"。

男生这七个"W"是：

第一个"W"，Work（工作）。

第二个"W"，Work Out（运动）。

第三个"W"，Wisdom（智慧）。知进退、知得失，在合适的时候说合适的话，是一个成事者应该具备的一整套德行、素质、习惯的总和。

第四个"W"，Woman（女生）。钟爱的女子，是七宝之一。不是物化女性，是把女性当宝贝，也欢迎女性如此"物化"男性。

第五个"W"，Watch（手表、珠宝、美物）。所谓窄义的宝，也就是如果家里进贼，贼会从你家偷走的东西，金银珠宝这类东西。

第六个"W"，Wealth（钱财）。现金、等价证券、股票等，很多人以之为宝，但也有很多人认为是累赘。

第七个"W"，Wine（酒）。酒贵还是不贵，不重要。酒是人世间、地球上，能够让人离地半尺的挺好的东西。

4. 冯唐三宝：智慧、善良、美

我认为可为之宝的有三个：

第一个是智慧。智慧还是很重要的，能让生活更美好一些，能减少浪费，能让我们把手上的牌打好。我喜欢因为智慧产生的效率、欢笑、方便。我喜欢理工科的发明、文科的安排。道路桥梁、衣食住行、社会制度、商业模式、戏剧电影、音乐、书籍、文学诗歌，都是我喜欢的智慧。

第二个是善良。我自己不想做的，也不希望别人做；我自己喜欢做的，别人不喜欢做也没问题；如果你喜欢做的事情，对别人没有形成伤害，我还是支持你的。我不希望发生在我身上的事情，我也不希望发生在别人身上；我希望能够发生在我和挚爱亲朋身上的事情，我也希望其他人有机会享受、获取。我认为的善，就包括以上这些。

第三个是美。天然的美，人工的美，天然和人工加在一起的美。人在自然这个平台上，能创造自然本身创造不出来的美好，比如艺术、美食、美好的茶酒饮、好看的珠宝，以及能够坐下来喝一杯酒的地方，能够看夕阳的角落。我想这些都是美。

智慧、善良、美，是我以之为宝的事物，也是今生我花全力去追求的三种东西。

我追求智慧、追求真，所以才会写诗、写杂文、写小说，探索人性的真，探索人性的智慧。

所以，我才会从事管理、修炼管理、讲授管理，让这个世界的效率更高一点，让更多的人用相对平衡的角度去看问题，去处理事情，去获得最佳答案。

所以，我才喜欢逛美术馆、博物馆，看古代艺术，收集高古玉和高古瓷。我也会写两笔毛笔字，偶尔也涂涂鸦。

这些年，我差不多是做了这三方面的事：求智慧，保持善良，求美。

我喜欢这三者背后共同的东西——人。我爱智慧，更爱智慧的人；我爱善良，更爱善良的人；我还是喜欢长得美好的人，男人、女人，长得美，知道美，能呈现美，做的东西好看，连带着身边的人和事也美，就像太阳能让周边都明亮起来。

所以说到底，还是人。如果从这点上说，我的观点和齐威王的类似，无论是个体，还是企业，最重要的资产、最珍贵的东西，还是人。

只要有人，有一组人，就会慢慢有一切。有一组喜欢智慧、喜欢善良、喜欢美的人，有一组有德行的贤人，就可以在不毛之地，在风不调、雨不顺的四季轮回里，让时间、空间变得美好起来，这就是人类最伟大的地方。

围魏救赵：
如何面对同侪压力

围魏救赵故事的两个主角孙膑和庞涓其实是同窗，在一个老师门下学习过兵法。怎么杀人，怎么持续多杀人，是一门"险学"，是一门造孽的学问。但是在那个时代也是没办法，你不学就会有其他人学，你学不好，你败了，就什么都没有了。庞涓有超于常人的自知之明，也有超于常人的凶狠。庞涓觉得自己不如孙膑，便用诡计砍断了孙膑的双脚，还用针在孙膑脸上刻下了字。面对这般的残害和羞辱，孙膑并没有颓废，并没有自杀，而是"看脚下，不断行，莫存顺逆"，隐忍地等待机会。

在命运的安排下，二人后来发生了两次历史上著名的对决。孙膑和庞涓之间的同窗较量很有意思，放在现代，我们仍然面临同样的问题，那就是我们该如何面对跟自己年龄相仿、级别相当，但是比自己强的人。我们通过孙膑和庞涓的故事，来好好地探讨一下。

1. 同侪压力：如何避免恶意竞争

齐威王使田忌救赵。初，孙膑与庞涓俱学兵法，庞涓仕魏为将军，自以能不及孙膑，乃召之；至，则以法断其两足而黥之，欲使终身废弃。

魏惠王让将军庞涓去攻打赵国，已经打到了国都邯郸。赵国向齐国求救，齐威王是个有德行、能看明白事的君王，就让田忌去救赵。

最初，孙膑和庞涓是一起学兵法的，同一所学校、同一个老师。庞涓到魏国去当大将军了。他扪心自问，觉得不如孙膑，于是心生一计，就把孙膑招到麾下。孙膑乐呵呵地去了，结果一到那儿，庞涓就找了个碴儿，设了个计，把他两脚砍了，脸上还刻上了字，让孙膑终身残疾。

短短一句话，看得我心里无限沸腾。这就叫 Peer pressure（同侪压力），我想你也感受过，我也感受过。

竞争永远存在，人跟人比永远残酷。

哪怕庞涓已经成为了魏国的大将军，孙膑还是一文不名。哪怕庞涓已经把孙膑招到了自己的麾下，孙膑是愿意为庞涓所用的，庞涓还是没有安全感。庞涓有自知之明，他认为以孙膑的才华，一旦有机会，就会把自己盖过去。

历史上也有很多类似的情况。比如，东吴的周瑜仰天长叹"既生瑜，何生亮"。在同一个班上，大家都是手背后、脚并齐，两眼看着黑板，都是对未来充满了不确定性，但是你就会感到，未来你将和某些人产生更大、更残酷的竞争。这种恐惧是经常会有的，这种状态是很普遍的。最好的东西就这么多，竞争永远存在。更可怕的是你扪心自问，知道自己实力不如别人，哪怕你已经先人一步，但你非常清楚你自己的实力、自己的脑力、自己的智慧，特别是自己的智慧，和某些人比就是差一个等级。

那么，面对这种巨大的差距，如何避免恶性竞争？

第一，要意识到自己有可能错了，可能是低估了自己、高估了别人。我自己就是个例子，大家总以为我自信，甚至有些人认为我盲目自信，但其实我是一个很自卑、很自谦的人。我的自信往往来自我有足够的事实基础，确定我在某些方面的确比绝大多数人做得好，我才有自信。比如，我曾经得到过《人民文学》颁的一个"未来大家奖"，二十个不到四十岁的"未来大家奖"获得者里，我的分数最高。我知道自己写得不错，专家和读者都认为我是最好的。但我直到今天，也没有自信到觉得我就是第一。所以，如果我遇上那时的庞涓，他向我敞开心扉，我有可能会劝他，孙膑有可能没有你想象的那么厉害。

第二，世界很大，成功很难，要想开一点。成事跟成功是有区别的，哪怕孙膑和诸葛亮真的有碾压庞涓、周瑜的智慧优势，但决定成功的因素有很多。

即使两军对垒，但孙膑有可能没有那个运，当不了大将军。即使他当大将军了，有可能他被他的君主信任的程度，要远远低于庞涓的君主信任他的程度；他的士兵、他的后勤、他的补给要远远差于庞涓的士兵、庞涓的后勤、庞涓的补给。大家打起来，不见得是庞涓输。

第三，"大路朝天，各走一边"，狭路相逢的概率太小。"王不见王"，以后我们躲着走——你服务你的君主，我服务我的君主；你带你的兵，我带我的兵；大家在路上遇见，点头鞠躬，把酒言欢；我怕你，我不打，我躲开。现代更是如此，公司这么多，你不去高盛，你可以去 J.P.Morgan（摩根大通，一家在世界上享有盛誉的综合性金融公司）啊。你争这个案子，我让给你，我再换一个案子，大家商量商量，其实是完全可以的。

第四，即便处于困境，也不能缺德。缺德容易得到"现世报"，劈你的雷已经在路上；缺德一定会得到"后世报"，你的后人、你的晚辈会因为你缺德遭到报应。虽然我没有足够的事实证据，但是我愿意理直气壮地这么想：缺德，特别缺德，一定会遭报应。庞涓把自己的同窗好友孙膑招过来，不仅不用人家，还设计陷害人家，砍去双足，在脸上刻字，让他终身残疾。庞涓的所作所为已经处于失德的极端了。之后，庞涓的确遭到了报应。

但是，这个世界很多时候是不公平的。很多"庞涓"最后没有被"孙膑"弄死，仍然在这个世界上逍遥法外，而且他们扪心自问并不觉得惭愧；很多"孙膑"两脚被砍，浪迹街头。但是我们要"不因恶小而为之"，不应该因为这个世界是这个样子，就去做庞涓所做的这些事情。

从孙膑的角度看，两个脚都被砍了，还能不自弃、不气馁，身残志坚，努力活下来等待机会，说明恨也是一种力量，坚持就会有机会。

第五，从机构的角度来说，Peer pressure（同侪压力）太大不是件好事。如果一组人里有两三个"庞涓"，那么这所学校、这个机构、这个公司应该怎么办？

如果你是集团的一把手，你要怎么避免"庞涓"和"孙膑"的互相挤压？常见的做法是"赛马"。谁业绩好，谁更文化认同，将来选谁做领导，但是要避免两个人有直接汇报关系。

如果你要做继任计划，有两个"孙膑"、一个"庞涓"，在继任计划实施的这三年已经比出胜负了，那么你心中就已经有了最佳人选。假设已经明确"孙膑A"将作为你的继承人，请让"孙膑B"或"庞涓"离职，另谋高就。

如果是选利润中心一把手，还没到集团一把手这么高的位置，你确定了选"孙膑A"，那么请把"孙膑B""庞涓"转岗到其他利润中心，不要让他俩和"孙膑A"产生直接汇报关系。甚至不要把"孙膑B"和"庞涓"提到总部的职能部门。如果他们心胸不够大，很有可能会跟负责利润中心的"孙膑A"产生矛盾冲突，故意不就事论事，给"孙膑A"

穿小鞋，这样对机构是有损害的。

以上就是我从各个角度对于如何应对同侪压力提出的建议——如何产生良性竞争，避免恶性竞争。

2. 身处逆境：看脚下，不断行，莫存顺逆

齐使者至魏，孙膑以刑徒阴见，说齐使者；齐使者窃载与之齐。

有一天，齐国的使节来到了魏国。孙膑是个厉害角色，他并没有因为自己被砍了双足，自己看错了庞涓而丧失所有能力。孙膑去见了齐国使者，三下五除二就让对方确定自己是个宝贝，并冒着风险把他偷偷带到齐国去。

孙膑聚集他的能量，等待机会。虽然孙膑没有双足，但是孙膑的才能依旧在闪烁，能够照耀他之后的每一步。所以，如果身处逆境，在等待、在磨剑，也要战略性地去想想这些机会可能来自什么地方，如何把眼线放出去，如何收集信息，等等。

田忌善而客待之，进于威王。威王问兵法，遂以为师。于是威王谋救赵，以孙膑为将；辞以刑余之人不可，乃以田忌为将而孙子为师，居辎车中，坐为计谋。

孙膑又见了田忌，也三下五除二地让田忌觉得自己是个宝，是个不世出的人才，进而让田忌将他推荐给齐威王。齐威王跟孙膑探讨了兵法以后，就把孙膑当成了他的老师。

齐威王要去救赵国、打魏国，就让孙膑当大将。但孙膑说，我是

受过刑的人，两个脚都没有，做一国之将有失体面，还是让田忌做大将，我坐在车里，在幕后出主意。

3. 从战略的角度如何去看待"围魏救赵"

田忌欲引兵之赵。孙子曰："夫解杂乱纷纠者不控拳，救斗者不搏撠，批亢捣虚，形格势禁，则自为解耳。"

田忌当了大将，率军去救赵国，孙膑当谋士、军师。田忌想直接带兵去救邯郸之围，但孙膑说，要解决这乱七八糟的局面，不能靠蛮力。两边现在打得都挺厉害，我们不能上去直接参战。

如果两边在很亢奋地狂打，那我们就把这种亢奋点增加一两个，批次化产生新的争议点、打仗点、矛盾点。等形势不这么难分难解了，再去判断哪儿特别重要又特别虚，就打哪儿。要从这个角度去想在何处竞争、如何竞争。

在斗争的局面、力量的分布上，要形成互相制衡的状态，不让对方有机会在重要点上有深度突破。一旦做到这点，重大战略点的痛苦自动就解除了。同时，你又制造了几个新的战略点，能够把敌人突破的力量从其他的地方瓦解掉，造成一种新的平衡，在这种平衡下，敌人不能沿着原来的战略计划肆意妄为地进行突破，那我们的战略目的就达到了。

战略不只是一个口号、一个方向，它是对战略理想、战略愿景、在何处竞争、何时竞争、如何竞争、投入多少资源、获得多少回报等相关重要战略问题进行思考而形成的一套完整方案，这套方案彼此之间还要有足够的、完整的、扎实的逻辑联系。即使是做同样一件事、用同一个方式、在同一个方向，选择不同的步骤、不同的路径，也会产生不一样的结果。

"今梁、赵相攻，轻兵锐卒必竭于外，老弱疲于内；子不若引兵疾走魏都，据其街路，冲其方虚，彼必释赵以自救：是我一举解赵之围而收弊于魏也。"田忌从之。

孙膑接着说，现在是魏国和赵国在猛烈互攻，赵国的国都被魏国团团围住，两国最好的兵一定都在邯郸周围，而其他地方的兵，特别是魏国，必然都是老弱病残。咱们不如去魏国的都城，直接打它现在最虚的地方，占据它的街道、城池。魏国不可能不回来自救，这样我们就一举解除了对赵国的围困，同时还可以借机让魏国露出破绽，去收拾他们。

田忌觉得靠谱，就这么干。但其实也是冒着风险的，如果魏国不回来救国都呢？如果魏国很快把邯郸打下了，转过手来再去打齐国呢？就像有一个地方着火了，你不马上去救火，却在别处又点了一堆火，这似乎违反常理。即使是条妙计，但跟常理相违背的话，很多人也是没胆量这么做的，但是田忌这么做了。

邯郸降魏。魏师还，与齐战于桂陵，魏师大败。

魏国把邯郸打下来了，赵国国都丢了。也就是说，在孙膑设计的"围魏救赵"整个战略中，第一步已经遭受了挫折。但是一个好的战略不会因为个别的人、个别的战役失败、个别的艰难困阻而失败。"围魏救赵"就体现了好的战略的生命力。魏国军队回去救自己的国都时，和齐国战于桂陵，魏国军队大败。

过了两年,"魏人归赵邯郸,与赵盟漳水上"。魏国把邯郸又还给了赵国,跟赵国又结盟了,说咱们还是兄弟,别打了。从这个角度讲,尽管邯郸被打下,但齐国还是通过"围魏"救了赵国,最后证明这个战略还是成功的。

马陵之战：
战略管理的两大核心素养

战略规划有五步：第一步，战略愿景、使命、价值、道德观；第二步，战略重点——在何处竞争；第三步，如何竞争；第四步，何时竞争；第五步，算账，要投多少资源，要获得多少战略利益。"何时竞争"在整个战略中是非常重要的一环，也就是对于战略时机的把握。

"围魏救赵"十二年之后，庞涓和孙膑这两位杰出的战略专家、领军人物发生了第二次交锋，也是最后一次交锋。两个人相爱相杀，彼此都觉得对方有才气，甚至庞涓深深地认可孙膑无与伦比的战略规划能力、战略素养。庞涓砍掉了孙膑两只脚，而孙膑在之后的两次大战中都击败了庞涓，庞涓最后自刎而死。庞涓到底做错了什么？孙膑是如何判断"何时竞争"的？

1. 和 CEO 比较法——快速增长管理智慧

魏庞涓伐韩。韩请救于齐。齐威王召大臣而谋曰："蚤救孰与晚救？"

公元前341年，"围魏救赵"已经过去十二年了。魏国派庞涓带兵去伐韩国，韩国向齐国寻求帮助。齐威王把大臣们招过来，问大臣们是早救还是晚救。

我第一遍读《资治通鉴》的时候，遇上这种情况，通常会停一下，摁住不看，给自己出这么一个题：如果我是田忌、孙膑，齐威王问我类似一个题，我会怎么回答？这是一种行之有效的学习方法，蒙着蒙着，似乎脑子里某些障碍被打破，我大概发现规律了。当时我还不知道管理为何物，甚至都不知道有MBA，但我知道，我已经具备了某些历史智慧。

还有一种类似的练习：如果你所在的机构、团队里，一把手的智慧你是佩服的，那你在他发言之前，别看手机，别发呆，别神游物外，先针对会场上给出的所有信息，自己加紧想想，或者拿出纸笔写下来。你可以思考一下，如果你是CEO，你会怎么说？你会做什么样的决策？你进一步的问题和行动是什么？

然后你心平气和地比较一下你的答案跟CEO实际说的话，如果你连续很多次比他强，那恭喜你，你已经具备了CEO的思维。如果你觉得比他差，那就虚心一点，继续努力。这是一种特别好的练习。

我很感激在麦肯锡的十年有很多这样的机会，能让我用得上"和CEO比较法"，取得的进步非常大。如果你没有，先珍惜《资治通鉴》提供的这些机会，增长自己的历史智慧和管理智慧。

2. 善用"决策树"找答案

齐威王问，早救还是晚救？成侯说，不如不救。成侯没有做选择题，也没有按早救、晚救这个思路往下走。

田忌曰:"弗救则韩且折而入于魏,不如蚤救之。"孙膑曰:"夫韩、魏之兵未弊而救之,是吾代韩受魏之兵,顾反听命于韩也。且魏有破国之志,韩见亡,必东面而诉于齐矣。吾因深结韩之亲而晚承魏之弊,则可受重利而得尊名也。"王曰:"善。"乃阴许韩使而遣之。韩因恃齐,五战不胜,而东委国于齐。

田忌给出了第二个观点,说如果不救,韩国就完蛋了,就会被并入魏国,应该早救。孙膑给出了第三个观点,他同意田忌说的要救,但是他建议晚救。

这三个人的讨论,在咨询管理的术语里叫"决策树"——通过图示罗列解题的有关步骤,以及各步骤发生的条件与结果。第一层问题是救不救,救。下一层问题是早救还是晚救,孙膑的想法是晚救。

孙膑说,韩、魏两方的兵还没打,如果现在就去救,那时我们齐国就会代替韩国来抵抗魏国的进攻,我们反而要听命于韩国了。

如果韩国到了战争的末期,再来求我们,我们再出兵,那样跟韩国关系会很好,遭到魏国的抵抗也会少很多。我们既可以得到战略的好处,又能够享受到好的名声。

齐威王说,好,就这么做。然后齐威王就暗中答应了韩国的使者,让他回去了。韩国因为有齐国撑腰,于是放开了跟魏国开战,但是"五战不胜"。韩国一看快完蛋了,就把国家委托给了齐国。

3. 判断"何时竞争",顺势而为

齐因起兵,使田忌、田婴、田盼将之,孙子为师,以救韩,直走魏都。

庞涓闻之，去韩而归。魏人大发兵，以太子申为将，以御齐师。

齐国派了田忌、田婴、田盼这三名大将及总军师孙膑去救韩国，直奔魏都而去。庞涓一听到齐国去找魏国的麻烦了，立刻就放下韩国，回去救魏国了。魏国把能找的人都找了，让太子带着兵跟齐国的军队去打。

这个时候又出现了"何时竞争"的问题。战争就在眼前，马上就打是很正常的一个反应，但是孙膑又一次表现出坚定、灵活、智慧的军事思想和战略素养。

孙子谓田忌曰："彼三晋之兵素悍勇而轻齐，齐号为怯。善战者因其势而利导之。《兵法》：'百里而趣利者蹶上将，五十里而趣利者军半至。'"

孙膑跟田忌说，赵、魏、韩的兵是"打仗专业户"，彪悍勇猛，根本看不起齐国的兵。我们要假装胆怯、很弱，善于打仗的军队会根据我们的弱而"顺势而为"。

个人是渺小的，哪怕你们很强，也别跟大势去抗争。记住四个字——"顺势而为"。在巨大的、无常的力量面前，不要硬扛，让干点什么就干点什么，你不能咬着牙、梗着脖子说，我一定要在这块地方这么干。

孙膑接着说，《兵法》上讲为了某种利益去奔袭一百里，很有可能要死个大将；为了某个利益奔袭五十里，军队里能到的人只有一半，剩下的人到不了。

从这句话里，我们要明白战略管理中的两大核心素养：

第一，不着急。冯唐的九字箴言是"不着急、不害怕、不要脸"。其实"百里而趣利者蹶上将，五十里而趣利者军半至"说的就是不要着急,不要看到一些利就往上扑。因为你着急往上扑,有可能会露出破绽,给别人、给敌人以可乘之机。

对于个人来说,也是这样。好多人问,该怎么跨界?是不是要精力超群?是不是能干很多别人干不了的事儿?其实都不是。重要的是不要着急,要培养好的习惯、好的战略素养,认准好的战略,按照好习惯长期规律地运作,比如说手不释卷、定点吃饭、定点睡觉、不看电视等。

第二,不要停。不要改变自己的工作节奏,要综合地看事情。"阳光之下,快跑者未必先达,力战者未必能胜。"因为你一开始拼了命地跑,之后可能就没劲了。所以,在利益面前要知道自己的节奏是什么,按照自己的节奏来往往是最重要的。比如,如果平常你没有训练自己熬夜,就尽一切可能不要熬夜,你熬一个夜可能会获得利益,但带来的损失要花好些天去弥补,得不偿失。

4. 战略大忌:只看自己想看的东西

乃使齐军入魏地为十万灶,明日为五万灶,又明日为二万灶。庞涓行三日,大喜曰:"我固知齐军怯,入吾地三日,士卒亡者过半矣!"乃弃其步军,与其轻锐倍日并行逐之。

齐军刚入魏地时,支了十万个灶,第二天只剩五万个灶,第三天只剩两万个灶。庞涓高兴地说,我就知道齐国的军队不行,齐国的军人害怕,进我地三天,一半以上的人开小差跑了。

从这番话来看,庞涓既没有用好情报员,不知道齐军的军营里到底发生了什么,也犯了贪的毛病,错误地判断了他看到的信息。他把自己看到的信息自作聪明地判断成了某个他想当然的事实，这是战略的大忌。数据是一个整体，虽然你从某种程度上可以"按摩"数据，可以"揉搓"数据，但你不能只挑自己想看到的东西看。

很遗憾，庞涓被自己想看到的东西冲昏了头脑，他扔掉步行的队伍，扔掉陆军，带着骑兵、带着精锐，一天当两天使地加速赶了过去。他的部队并不是为了这种战法去训练、去设计的，所以庞涓让军队这么做，真到了可以打仗的时候，很有可能一大半也没了。

5. 战略建立的基础：对大量数据的分析

孙子度其行，暮当至马陵，马陵道狭而旁多阻隘，可伏兵，乃斫大树，白而书之曰："庞涓死此树下！"于是令齐师善射者万弩夹道而伏，期日暮见火举而俱发。庞涓果夜到斫木下，见白书，以火烛之，读未毕，万弩俱发，魏师大乱相失。庞涓自知智穷兵败，乃自刭，曰："遂成竖子之名！"齐因乘胜大破魏师，虏太子申。

孙膑怎么知道庞涓黄昏会到马陵呢？可惜《资治通鉴》没说，但从战略角度分析，无非是数据收集得扎实、量大，对数据的解读能力很强，然后提出真知灼见。

马陵这个地方路很窄，周围好多阻碍，可以设埋伏。于是孙膑找了棵大树砍了，用白颜料在大树上写道，庞涓会在这棵树下死掉。之后，孙膑让齐国最能射箭的一万个弓箭手在两边埋伏下来，他跟大家说，到了黄昏如果你们看到火把举起来，就射箭。

黄昏时分，庞涓果然到了这棵大树下边，看见有白色的大字，就点火去照，看看写了啥。这时，周围齐军的一万个弓箭手就万箭齐发射向魏军,魏国的军队大败。第二次打仗,庞涓又败在了孙膑手下,庞涓知道已经穷途末路,拔剑自刎了。他在死之前大喊一声:"让你这个'二货'成名了!"接着,齐国直接破了魏军,把太子申抓了。

当牛人看到一些人莫名其妙地成名、成功,都会默默地想起这句"世无英雄,遂使竖子成名"。世上没有英雄好汉,没有有真本事的人,才让你这种"二货"成名。但如果英雄见到英雄,他想到的就是取而代之。

仗也打完了,孙膑胜了,真的成名了,留下了围魏救赵等著名的战例;庞涓死了,留下了那句铿锵有力的话——"遂成竖子之名",庞涓竟然也不朽了。

6. 功臣田忌"跳槽":人才什么时候要考虑流动

故事还有一个小小的但很有意义的尾巴。

成侯邹忌恶田忌,使人操十金,卜于市,曰:"我,田忌之人也。我为将三战三胜,欲行大事,可乎?"卜者出,因使人执之。田忌不能自明,率其徒攻临淄,求成侯;不克,出奔楚。

成侯邹忌,就是在齐威王探讨是早救、晚救的时候,说不救的那个人,极其不喜欢田忌。成侯让人带着十斤黄金,假装自己是田忌的人,去求大师算一卦,说田忌当将军三战三胜,田忌将军现在想问,如果欲行大事,你别问什么大事,行不行?

在变数很多、时间紧迫的时候,咨询顾问没有办法帮你在很短的时间内用很少的成本来搜集信息,帮你把问题想清楚,打一卦也是正常的。

然后成侯派人把这个算命的抓了。整件事就是演戏，让人们议论纷纷，让舆情变得对田忌非常不好。

"你知道吗，田忌功高盖主，派人带着十斤黄金去找大师算他将来能不能成那个事。"

"到底哪个事？"

"就那个事。"

这时候并没有讲齐威王有何意见，这也是《资治通鉴》的高妙之处，在不影响文章意思的情况下，不知道的、不清楚的不说。田忌无法自证清白，索性带着他自己的手下去打临淄——齐国国都。他并不是为了造反，而是要让他们把成侯邹忌交出来。但是田忌没打下来，就离开齐国，去楚国了。

"不克，出奔楚"，这五个字看似简单，但是也说明了重要的现象：战国可能是历史上人才流动最自由的时期。这批职业经理人可以被不同的国君所用，不同的国君也有动力用他们。

那么，什么时候人才要特别考虑流动？

第一，改朝换代的时候。所谓"改朝换代"，就是一把手换了，招你进来的董事长不在了，你有可能依旧能干，但你要考虑换上来的董事长绝大多数情况下不会重用你，他有他的人要用，他有已经和他建立了信任的人要用。所以，一旦你被一把手重用过，其实你也就被贴上了标签。

第二，你和一把手之间的信任不在了的时候。这个时候我劝你哪怕再能干，哪怕原来根基再深，哪怕投入成本、沉没成本再大，也要认真考虑。赶快离开，否则祸将及身。

智取河西：
成大事的人都是好演员

公元前340年，商鞅带领秦国军队和魏国打了第一个大仗。在这场大战前，商鞅战略准确、话术简练地说服了秦孝公向魏国下了战书。在秦国几乎必胜的局势下，商鞅却还是使诈，赢了魏国，拿了河西。

历史上对此争议很多，在"战场"上，该不该使诈取胜？

1. 狠人的共同优点：结构化思维与表达

卫鞅言于秦孝公曰："秦之与魏，譬若人有腹心之疾，非魏并秦，秦即并魏。何者？魏居岭厄之西，都安邑，与秦界河，而独擅山东之利，利则西侵秦，病则东收地。"

在整个《资治通鉴》里，厉害人说话都非常利落。结构化思维、结构化表达几乎是狠角色、能人的共同优点。

商鞅上来就说，秦和魏必有一战。然后给出原因，因为魏和秦隔着黄河，魏在黄河以东，有崇山峻岭，各种天险。如果魏国很强，它往西打，就会侵害到秦国；如果魏国相对较弱，它可以往东边去经营。也就是说，魏国无论强与弱，对秦国都是威胁乃至损失。

"今以君之贤圣，国赖以盛；而魏往年大破于齐，诸侯畔之，可因此时伐魏。魏不支秦，必东徙，然后秦据河、山之固，东乡以制诸侯，此帝王之业也。"

商鞅接着说，因为您的圣明，秦国现在很强盛——商鞅在这里并没有把秦国的强盛归功于自己，而是归功于秦孝公。而魏国前几年被各种人打，周围的诸侯国都不理它，都背叛了它。现在秦国强、魏国弱，正是打魏国的好时候。魏国打不过秦国，它就会往东边去，那时我们秦国就进可攻、退可守。往东，我们可以控制这些诸侯；往西，我们还可以守住秦国的家业。

最后，商鞅也没有忘了点一下秦孝公的"命门"——这是帝王之业呀！

商鞅跟秦孝公讲的话，逻辑清清楚楚，极为漂亮。有战略，有如何竞争，为什么、凭什么我可以这么做，也有画龙点睛的战略结果和愿景使命，与战略目标密切契合。秦、魏必有一战，秦强魏弱，我们肯定能胜。我们胜利之后，进可攻、退可守。这一步，是成就帝王之业的第一步。

公从之，使卫鞅将兵伐魏。魏使公子卬将而御之。

秦孝公作为一个有雄才大略的人，就同意了，派商鞅去带兵打魏国。而魏国，让魏惠王的弟弟公子卬带兵来防御。

2. 成大事的人都是好演员

跟其他战争不一样的是,这场战争没有两军对峙——彼此消耗两三个月后终于打起来了,死了好多人。

军既相距,卫鞅遗公子卬书曰:"吾始与公子欢;今俱为两国将,不忍相攻,可与公子面相见盟,乐饮而罢兵,以安秦、魏之民。"
公子卬以为然,乃相与会;盟已,饮,而卫鞅伏甲士,袭虏公子卬,因攻魏师,大破之。

《资治通鉴》没有展开讲卫鞅是怎么骗公子卬的,但是从其他地方可以得到一些相关信息。

卫鞅发了封信给公子卬说,我们之前关系很好,大家一起喝酒、聊天、论天下,很开心。今天两军交战,我不忍相攻。这样吧,咱们订立盟约,就此罢兵。其实从公子卬的角度,是可以理解的。任何一个人收到故友这样的一封信都会动心。本来也不是公子卬想来打仗的,本来公子卬也知道"一将功成万骨枯"。

公子卬读完这封信,大喜,说他也有此意。于是他就回信。

在某种程度上,狠人、猛人、政客,所谓成极大事的人、在金字塔尖上的人,不得不是个演员。卫鞅就是一个挺好的演员。拿到公子卬的回信之后,卫鞅天天派人去问好,今天送几只鸡,明天送几只鸭,后天送几头猪。总之,营造出一种祥和的会盟气氛。

公子卬没了丝毫防备,到了日子,便带着少量随从,"来而不往非礼也",带上酒食,去和卫鞅相会。公子卬看到卫鞅的随从只有寥寥几人,并且没有带武器,心中便彻底不再怀疑。那就谈谈过去的情谊,会盟狂喝吧。

酒过三巡，菜过五味，公子卬已经喝得差不多了，他的随从也东倒西歪。卫鞅看时机已到，目视左右，左右心领神会，便在山顶放炮，一声炮响，山下的人冲了上来。公子卬问卫鞅："好朋友，这是怎么回事儿？"卫鞅说："我只骗你这一次，希望你能原谅我。"

公子卬被押上囚车，另行处置。而他的随从们被全部释放，带着原来的车仗返回魏军驻地。卫鞅对这些随从说得很清楚："你们只说：'公子卬大将军赴会归来，请开门。'这么做了，就有重赏。谁要是用眼神跟守城的魏军交流，或是大呼小叫，一把刀立刻会顶在你的后腰上，附近也全是弓箭手，箭头立刻会落在你的脑袋上。你们如果怕死，就不要轻举妄动，你们需要做的就是让城门打开。"就这样，魏军被骗开了城门，卫鞅带着秦军长驱直入，魏军大败。

> 魏惠王恐，使使献河西之地于秦以和。因去安邑，徙都大梁。乃叹曰："吾恨不用公叔之言！"

魏惠王害怕了，把河西非常富饶的土地献给秦国，求和。离开安邑，迁都大梁。这时候魏惠王想到了公叔痤在多年前跟他说的话，长叹一声："我好恨，没有杀了卫鞅！"

> 秦封卫鞅商於十五邑。号曰商君。

秦国在卫鞅变法之后，以军功为最高。王公贵族如果不得军功，也不能有赏赐。业绩管理，做得非常到位。对于卫鞅本人，秦孝公也遵守崇尚军功的原则，给了他十五个县，他因封地而得号叫"商君"。自此，卫鞅、公孙鞅不在了，商鞅正式出现了。

3. 论总体管理效率，诚信比使诈强

商鞅是一个战略素养极高的人，从战略笃定性、战略眼光上来说是可以封神的。他非常准确地判断了"何处竞争"，以秦国当时的实力，用变法培养的战力，第一仗就该和魏国打。

这一仗胜利之后，会直接影响秦国之后的远交近攻，如果各个击破，就能成就帝王之业。

如果你是商鞅，在跟公子卬两军对垒之际，会不会骗公子卬，使诈、用阴谋诡计制胜？

商鞅骨子里还是一个政客，是一个管理国家的人，带兵打仗不是他的最强项，我想他内心也是很慌乱的，何况这是他的第一场大仗，不得不胜的大仗。虽然商鞅内心很笃定秦国能赢，但是战场风云突变，任何一个小的事件都有可能决定战争的走向。战争是残酷的，使个诈就能取得战果，减少伤亡，为什么不呢？

但是我确定，即使我在那个时候坐在商鞅的位置，我也不会使诈。

并不是说我有多高尚，而是从成事的角度来看，商鞅对于公子卬的做法属于"失德""缺德"的范畴。

从人性恶的角度去管理世界可能效率很高，但是人性里更有善、信的一面。一旦使诈取得了巨大的成功，那很可能意味着：

第一，你就不会不再使诈了，使诈很有可能成为一种习惯。

第二，天下皆知你使诈并成功之后，特别是你的体系之内，大家会把使诈、失信当成值得推崇的事情。这种文化、理念一旦形成，对于成事会产生巨大的影响，你要花很多时间去确定你的某个同事、某个下属说的事情是不是真的。一旦这个现象出现，组织效率会变得特别低，就会失去积极向上的战斗力，离走下坡路也不远了。

从中长期来看，我坚信诚信比不诚信的总体效率要高，创造的价

值要大,哪怕结果是类似的。

我想这种权谋、这种尔虞我诈形成的文化和习惯,也在很大程度上提示了、决定了,秦二世之后,就没有秦国了。

所以,"德"和"失德"都是有个度的,有个中庸之点。至于这个点在哪儿,大家心里有杆秤,历史上也有很多的案例可以借鉴。最后慨叹一下,当你站在历史的关键点、人生的关键点,一些看上去容易的事情,其实并不容易。

赵良说商鞅：
做人要积德，做事要有度

读书是极好的事，但是积德比读书还重要。

商鞅伐魏的第一战取得了伟大的胜利，商鞅变法帮助秦国奠定了霸业的基础，但是最大的荣誉呼啸而至之时，也是最大的风险呼啸而至之时。

"恃力者亡"，靠着强力强权、强打强推的人、机构、企业长久不了。商鞅就是因为太依靠强力、暴力而死的。商鞅曾意识到自己会有这一天吗？很难说，但他手下一个叫赵良的人意识到了，还曾鼓起勇气劝了商鞅，但是商鞅没有听。

大祸将至，风雨欲来，怎么才能预感到劈你的雷就在路上，而且还能做出相关的防范？

1. 宁可不如人，也要有德有度

"做人留一线，日后好相见"，要积德。

光靠你膀子圆、胳膊粗、腿跑得快、踹人厉害，你很可能会引祸上身。在历史上，如果我们不看宏观规律，只从局部看，会发现不同人会有不同的想法。你可以有你的观点，我可以有我的观点，但是万事要有个"度"。

我自己的三观是要去求福德、要善良、要诚信，要做"百年老店"，即使在一时一地不如人，有些可得的利益没有得到也没关系，要求稳定，在进行中长期缓慢积累，方可长治久安。

秦孝公薨，子惠文王立。公子虔之徒告商君欲反，发吏捕之。商君亡之魏；魏人不受，复内之秦。商君乃与其徒之商於，发兵北击郑。秦人攻商君，杀之，车裂以徇，尽灭其家。

秦孝公，那个重用商鞅的秦孝公死了，他的孩子惠文王当了秦王。

已经有无数的事例证明，狠人、特别能干的人，如果能有跟他"情投意合"的领导出现，就能产生奇迹，成就大功业。但是这些大的功业在成就的过程中，一定会动了很多人的"奶酪"，也会让不少人不舒服、眼红。所以，一旦领导"挂"了，这个特别能干的人基本上也就完了。

如果你是商鞅，重用你、赏识你的秦孝公死了，你应该怎么办？赶快走。果然，秦孝公死后，那个被商鞅割去了鼻子的公子虔就开始带领他手下的人去告商鞅谋反，派人去抓他。

商鞅这时候想跑到魏国去，但没有成功。商鞅两三年前刚欺骗了公子印，打了魏国军队，跟魏国结下了仇。魏国人说，送你一个字："滚！"这也从侧面说明了商鞅在那个时候可能也没有其他好的地方去，魏国挡住了秦国去别处的要道，而且魏国和秦国也真的势不两立。不管怎么样，魏人决定不接受商鞅，商鞅臊眉耷眼地又回到了秦国。

于是商鞅就回到自己的封地，纠集自己的人，发兵往北去打郑国，希望能给自己打出一片天地来。商鞅是战略高手，但不是能征善战的人。秦国的军队来进攻商鞅，结局就是商鞅输了，被五马分尸了，并且他的整个家族都被杀了。

在秦孝公时期，商鞅掌大权，为什么自己不弄点军队？通过商鞅变法，所有的人都被编制成了组织，所有人都有责任互相检举谁干了坏事。所以，谁跟商鞅另立军队都会被举报，不举报就是同罪。从这个角度来看，商鞅是搬起石头砸了自己的脚。

2. 靠德行成事，靠暴力自取灭亡

在商鞅死之前，《资治通鉴》记录了这样一段故事：

初，商君相秦，用法严酷，尝临渭论囚，渭水尽赤。为相十年，人多怨之。

当初，商鞅在秦国做宰相的时候，用刑严酷，手很黑，通常在渭水旁边探讨谁该判什么刑，该怎么处置。可能是杀人太多，上刑太多，把渭水染红了，太惨了。商鞅就这样当了十年丞相，大家都很恨他。

赵良见商君，商君问曰："子观我治秦孰与五羖大夫贤？"赵良曰："千人之诺诺，不如一士之谔谔。仆请终日正言而无诛，可乎？"商君曰："诺。"赵良曰："五羖大夫，荆之鄙人也，穆公举之牛口之下而加之百姓之上，秦国莫敢望焉。相秦六七年而东伐郑，三置晋君，一救荆祸。其为相也，劳不坐乘，暑不张盖。行于国中，不从车乘，不操干戈。五羖大夫死，秦国男女流涕，童子不歌谣，舂者不相杵。"

赵良应该是商鞅的一个幕僚。他来见商鞅，商鞅就问："你觉得我治理秦国跟五羖大夫百里奚比，谁好？"

人就是贱，男人更贱，这些狠人、猛人、能力特别强的人也不例外。他们总想跟古今中外自己领域内最强的人去比。但正是这股劲儿让人类一步一步向前，也是这股劲儿让能人、猛人、有才的人冒了巨大的风险。

赵良也不傻，说："一千个人整天对你唯唯诺诺、点头哈腰，还不如一个人简单、坦诚、阳光地跟你说真话。我可以做这个说真话的人，但是希望你不杀我，可以吗？"商君说："好。"

赵良说："五羖大夫原来出身贫贱，在楚国就是一个社会底层人士。秦穆公把他从非常贫贱的位置提拔起来。他为什么叫'五羖大夫'？因为是秦穆公用五羖皮把他赎回来的，赎回来之后就让他做上大夫。秦穆公这种识人用人的能力实在是太强了。"

"在外交方面，五羖大夫在秦国当了六七年丞相，打过郑国，三次安顿了晋国的国君，也救了一次楚国。在内政方面，他作为相爷，哪怕再累也不坐车，骑马或'腿儿着'。很热的夏天，他也不打盖子，不打'遮阳伞'。在秦国境内往来，没有多少人、车辆跟在他身后，也没有人拿着刀枪剑戟在旁边保卫。"

"五羖大夫死了之后，秦国的男女都流泪。连不懂事的小孩都感到悲伤，不唱歌了。捣米的那些人也不唱小调了，就默默地干活。"

3. 失德过多，会让自己成为命运的俘虏

"今君之见也，因嬖人景监以为主；其从政也，凌轹公族，残伤

百姓。公子虔杜门不出已八年矣。君又杀祝欢而黥公孙贾。《诗》曰：'得人者兴，失人者崩。'此数者，非所以得人也。君之出也，后车载甲，多力而骈胁者为骖乘，持矛而操闟戟者旁车而趋。此一物不具，君固不出。《书》曰：'恃德者昌，恃力者亡。'此数者，非恃德也。君之危若朝露，而尚贪商於之富，宠秦国之政，畜百姓之怨。秦王一旦捐宾客而不立朝，秦国之所以收君者岂其微哉！"商君弗从。居五月而难作。

"商君您是跟了秦王宠信的佞臣景监，才达到了现在显赫的地位。您推行政改，欺负各种'二代'，伤害百姓，血流成河。被您割了鼻子的公子虔已经八年不出门了。您又杀了一个叫祝欢的，接着又黥了一代名臣公孙贾，在公孙贾脸上拿刀乱划，拿墨乱写。《诗经》说，有了人气，有了人脉，有了仁德，你可以兴；反之，你会失去人心，失去人们对你的爱戴，你离死也不远了。您做的这些事都不是得人心的。而且，您出门的时候车后边都带着重型兵器，好几个彪形大汉替您驾马开车，持着矛和戟在您身边护卫。《书》说：'靠德行的人成事，靠暴力的人不成事，甚至自取灭亡。'这些做法都属于缺德的事。您这个时候还在贪图自己的封地、富贵，还在把持着秦国的朝政，积蓄百姓的怨恨。一旦秦穆公'挂'了，不能挺您了，那收拾您的人不在少数。在我看来，劈您的雷就在路上了。"

商鞅没听赵良的，五个月后，商鞅被车裂了。即使商鞅听赵良的话，他能改变被车裂的结局吗？我想很难，有些大事一旦开始，三五年后就有了自己的节奏，人也变成了自己命运的俘虏。积阴德，读好书，事业长青。靠强力、靠强权得到的东西，失去得也会很快，失去的过程也会很惨，结局也会令人唏嘘。

当然，商鞅千古留名了。但是我能体会到他被车裂时的疼痛，还能听到骨肉分离时那些细碎的声音。

4. 凭本事以德服人，不要欺负人

以德服人慢，以缺德服人快。如果你是商鞅之类的不世之才、狠人、猛人，你会怎么选？一个是碌碌无为一辈子，在历史上留不下任何痕迹；另一个是打打杀杀，做狠人一辈子，可能会留下历史痕迹，但是也很有可能被车裂。

你可能会说，我们多数人没有这种困扰，即使想做狠人、能人，想打打杀杀，在青史留名，但留给我们的机会不多。虽然你不是大明星，但有可能是你那条街上最靓的仔，可能是你们公司、团队里最凶、最猛、最狠的人。"本一不二"，道理并不复杂，没有这么大的差异。

无论环境是大还是小，我劝你凭本事，以德服人。仰仗自己的德行和本事，不着急，不害怕，从容应对一切。

以缺德迅速服人的，在我的所见所闻所感中，最后的结局都不好。哪怕他们没有牢狱之灾，最后也是妻离子散，众叛亲离。手上靠缺德争来的权、钱、利，慢慢弱了没了，就会"树倒猢狲散"。

有没有以德服人却没有成功的例子？有的。但是这样的人至少内心有信念，至少自己活得还有个人样。

哪怕你顺风顺水，得风得雨，整个世界都是你的自助餐，也希望你不要为富不仁。不要吃那么多，留些给别人。做人留一线，日后好相见。说到底，还是那个字——"度"。

孟子见魏惠王：
"反内卷"第一人孟子

"何必曰利"，这是一个千古之问。为什么总是要讲利益，而不是讲仁义呢？

《资治通鉴》中有段著名的关于利益、仁义以及利益和仁义之间关系的对话，就是公元前336年在孟子和魏惠王之间展开的。司马光在这个故事中，表达了对于仁义与利益的历史观。

秦国和魏国打仗，商鞅作为秦军的主帅，用连哄带骗、不诚信的手段大获全胜，并让魏惠王割让了河西之地。此后，魏国和秦国之间就只隔着一条黄河了。魏国都城安邑就靠近黄河，魏惠王觉得在安邑待下去不安全，于是向东迁都到了大梁，也就是今天的河南省开封市。著名的"孟子见梁惠王"，实际见的就是迁都大梁之后的魏惠王，这是一场"历史性的会晤"。

1. 孟子谈仁义：道理很对，但对君王"没用"

邹人孟轲见魏惠王，王曰："叟，不远千里而来，亦有以利吾国乎？"

魏惠王对孟子说："老人家，您这么大岁数，不远千里而来，是不是给我带来了好消息？对我的国家有好处吗？"

孟子曰："君何必曰利，仁义而已矣！君曰何以利吾国，大夫曰何以利吾家，士庶人曰何以利吾身，上下交征利而国危矣。"

孟子说："惠王啊，您是一国的君主，何必说好处呢？我只是想来说说仁义这件事儿！您作为一国之君，问的是对您的国家有什么好处，那您的士大夫就会问，能给我家带来什么好处？普通老百姓会问，能对我个人有什么好处？如果上上下下讨论的都是对自己有什么好处，那您的国家就危险了。"

"未有仁而遗其亲者也，未有义而后其君者也。"王曰："善。"

"只谈利益、谈好处，大家就会相互争夺利益、好处，使整个国家处于一个非常危险的境地。但没有见过非常仁义的人，会丢下周围亲近的人，丢下他的国君不管，自己跑了的。"魏惠王说："说得对。"

孟子的话有对的一面，他非常犀利地指出，上下争利会造成国家的危险。因为国家面临内忧外患，很难进一步发展。一边是凶悍的齐国，另一边是更凶悍的秦国，魏国夹在中间，被秦国打得稀里哗啦，即使还有点儿力气，也没法再向东扩张。

换句话说，蛋糕就这么大，你拿的，就是别人拿不到的。作为君王，

125

你切走自己的利益,士大夫就会少一些;士大夫再切,老百姓就更少一些。所谓的"内卷"就是内部争斗,没有发展的前提下的"内卷",必定会造成各个层级以及层级内部的相互猜忌、倾轧、争夺,使彼此失去信任,失去孟子所谓的"仁"和"义"。一旦外部入侵,强敌敲门,这个国家就离亡国不远了。

说得没错,但是魏惠王不爱听。从某个角度来说,对魏惠王也没有什么大用,因为远水不解近渴。我有内忧外患,你现在说让我仁义,我来不及了呀!

2. 子思谈治国:先让人富裕,再讲远大理想

司马光没有直接评论孟子,但引用了一段孟子和他老师子思之间的对话:

初,孟子师子思,尝问牧民之道何先。子思曰:"先利之。"孟子曰:"君子所以教民者,亦仁义而已矣,何必利!"

孟子当时师从孔子的孙子子思,他问子思,管理老百姓最重要的是什么?子思是一个了不起的老师,只说了三个字——"先利之"。先让人民吃饱穿暖,那些远大的理想、道德以后再说。

孟子说,君子教导人民、教导老百姓,仁义就够了,您为什么要强调利、强调好处?好 Low,好油腻!

子思曰:"仁义固所以利之也。上不仁则下不得其所,上不义则下乐为诈也,此为不利大矣。"

子思认同仁义是长期的好处、长期的利益。如果君王和士大夫不仁义，那下边的人很难吃得饱、穿得暖。上边有不仁不义的政策，那下边就有不仁不义的对策。这会坏了整体的利益。

子思引用了《易经》的话：

"故《易》曰：'利者，义之和也。'又曰：'利用安身，以崇德也。'此皆利之大者也。"

利益，就是仁义的聚合。如果大家总体的利益变大，利益分配合理，那就是仁义的聚合，那这个社会就是一个仁义的社会。

《易经》上又说，如果老百姓能感到真实的好处越来越多，如果人民安居乐业，那这就是大利。而长久的、整体的大利，就是仁义。

西方有一句流行语："商业工作者、职业经理人最大的慈善就是把公司做好。"如果你是 CEO、董事长，你最大的慈善不是去救济非洲灾民，而是把企业做好，让企业挣钱，持续挣钱，持续多挣钱；让员工挣钱，持续挣钱，持续多挣钱，这就是仁义。当然，不能违法，不能违背道德。

3. 司马光评论：利益和仁义其实是一回事

司马光引用了孟子和魏惠王的谈话，也引用了孟子和子思的谈话，两个谈话的重点都是"利益和仁义"。

司马光在整个《资治通鉴》里表达自己意见的地方并不多。但是关于仁义和利益的讨论，司马光没忍住评论了。其实他内心有偏向，但是他没有直说,而是做了一个和事佬,和了一下稀泥。这也从侧面说明了利益和仁义之辩是很难的。

司马光是这么说的:

子思、孟子之言,一也。夫唯仁者为知仁义之为利,不仁者不知也。故孟子对梁王直以仁义而不及利者,所与言之人异故也。

子思和孟子聊利益、聊仁义,这是一方面。讲仁义最终就是讲利益,讲利益最终也是讲仁义,这两件事最终不矛盾,知道这件事的是仁者。但不仁义的人,他不知道利益和仁义两者没有根本矛盾,最终是统一的。你只能跟他讲利益,只能吓唬他——利益拿多了,劈你的雷就在路上了,你离死不远了!

司马光继续和稀泥说,并不是孟子不知道子思说的意思,而是孟子面对的是魏惠王。魏惠王不是可以谈利益和仁义对立统一的人,给他讲利益,他就陷到利益里边去了。所以,孟子一直强调仁义,想把魏惠王往仁义的路上拉。

绕来绕去的过程中,便能体会到司马光的苦心。

4. 管理者应如何应对激烈竞争

作为管理者,面对一个非常复杂激烈的竞争关系,应该怎么办?

我认为,孟子在利益和仁义的讨论上,虚得接近于不实用。孟子的沟通技巧也很有问题,魏惠王很难跟着孟子的思路往前走。而子思是个明白人,我赞成子思。先给老百姓以利益、好处,短期用先让老百姓富起来的思路,去避免风险,去解决矛盾;长期用制度来保证利益的分配,实现仁义的最终目标。

那么,孟子说的君王总在想对国家有什么好处,士大夫总在想对他们家族有什么好处,老百姓总在想对自己有什么好处,对不对?很难说。但这是古往今来一直存在的普遍现象,因为这是人性使然。说得极端一点儿,"人不为己,天诛地灭"。人性有相当大的趋利成分、利己成分。很多变革的举措,如果损害了多数既得利益者的利益,那就很有可能推行不下去。

那么,多数受压迫的人的利益从哪里来?抑制某些少数既得利益者的利益,想办法做增量。

第一点,存量管理——损有余而补不足。

蛋糕就那么大,如果有些人得到的太多,他就不得不拿出来给大家分。他肯定会不高兴,要反对,要做手脚。要相对合情合理地让他拿出来,并且让拿的过程相对平稳,是一个战略眼光指导下的战术活,需要深入思考。

第二点,增量管理——把蛋糕做大。

从增量上想办法,最有可能皆大欢喜。过去应得的,你得;现在我们想办法变革,让蛋糕变大,变大的蛋糕我们再好好分一下。让大家先能得到利、拿到好处,这才是一条正路。不管是黑猫还是白猫,能把蛋糕做大的猫就是好猫。

第三点,制度管理——有制度,才能平稳过渡。

"先利之"——世界历史上的重大变革,特别是中国历史上的重大变革之所以取得成功,就是用了这三个字。但是如果不考虑孟子说的长远的仁义,只是"先利之"这种短期的、暂时的、和稀泥式的解法肯定是不行的。从长远来看,讲仁义的公司,会比只讲好处、只讲分利的公司要美好很多。

苏秦合纵六国：
强弱联合很难，弱弱联合必败

其他国家看秦国慢慢强大之后，都做了什么呢？

这就不得不提战国中后期的"百家争鸣"中的纵横家。纵横家就是指操着"纵横之术"，来往于各个国家，试图说服各个国家进行各种排列组合、利益分配、利益勾结的人。按现在投资圈的说法，就是组局的。战国至秦汉之际，善于外交辩论的纵横家所使用的谋术统称为"纵横之术"。提到"纵横之术"，就不得不提起两个人：一个叫苏秦，一个叫张仪。

苏秦是洛阳人，他最先去游说的是秦国，想让秦国兼并六国、一统天下，但秦国没采纳。于是他转而去了燕国，去游说燕文公："你别担心秦国打你，因为秦国距离燕国实在太远了，打你不方便，但你要小心赵国打你。所以，最好的办法是燕国与赵国结为友邦。"燕文公觉得苏秦说得有道理，就听从了他的话。

苏秦接着又去游说赵国，他跟赵肃侯说："虽然赵国非常强大，但旁边的韩国和魏国不太行。秦国如果打这两个国家，他们肯定抵挡不住，这两个国家要是投降了，秦国下一个目标自然就是赵国了。现在秦国强大，如果单打独斗，六国都打不过秦国，但是六国要联合在一起就不一样了，不如咱们联合在一起吧。"赵肃侯一听，觉得很有道理，就让苏秦去游说六国联合这件事儿。

1. 与其"内卷"，不如做大

我不喜欢所谓的权谋和斗智斗勇。我有一个理念，就是世界足够大，大家把蛋糕做大，是最好的避免内部冲突的方式。

如果看历史，在"纵横之术"横行的时候，的确一边有高山，一边有大海，外延空间不大，但我觉得现在还好，应该能有更自由的空间去开拓、外延。关于"纵横之术"，基本都是一些权谋、人性之恶，都是"内卷"的方式，没有必要理解得那么透彻。我觉得人类，特别是现在的被技术武装的人类，可以有更多的大江大海去开拓，不见得非要固守一处。如果一个村只有一个寡妇，那寡妇烦，村里的其他人也烦。这就是我的态度，我们可以做得更强，可以有更开阔的视野。

"纵横之术"在最原始的时候是什么样子？

初，洛阳人苏秦说秦王以兼天下之术，秦王不用其言。

最初，洛阳人苏秦想说服秦王兼并天下。秦王说，算了，我自己足够强大了，我就一个一个地打吧。其实，"纵横之术"是战术层面的东西，不是战略层面的东西。没有"纵横之术"，秦国还是能够一统天下的，就一个一个去打，像玩大富豪一样，总能打到头，打到海的边缘，打到天的边缘。

苏秦乃去，说燕文公曰："燕之所以不犯寇被甲兵者，以赵之为蔽其南也。且秦之攻燕也，战于千里之外；赵之攻燕也，战于百里之内。夫不忧百里之患而重千里之外，计无过于此者。"

苏秦离开了秦国，转而去游说燕文公："为什么燕国没有被打呢？是因为离秦国太远了，有赵国帮忙挡着。秦国如果打你，要走一千里之远。但如果赵国想打你，春风十里不如你，走过十个'不如你'就到了。如果你总想着千里之外的威胁，不在意百里之外的威胁，那就犯了大错。希望大王和赵国结交，帮助赵国一块对抗秦国，这样燕国就没有忧患了。"

表面上没有什么漏洞，但巨大的问题就是赵国和燕国不是一个国，为什么能够同心同德呢？其实秦国非常明白，无论表面上关系多好，不是一个国家，就不会一条心。只要自己一家独大，那些人联合起来也是没有用的。

《资治通鉴》讲了很多"纵横之术"，我觉得都是战术层面的事儿，不是那么重要。战术是第二等的，战略是第一等的，要多考虑战略的事儿。战术的事儿，能让则让，不要太纠结。

到了战国晚期，"纵横之术"并不能救任何国家于危难之中，只能解短期的危险，但解救不了大局。大局、五年、十年，要看战略，不是战术。秦国已成，秦国必兴，以及之后秦国必亡是有道理的。

2. 权谋对于成事者最不重要

"纵横之术"看起来花哨，说起来热闹，讲起来有很多权谋故事，但是我不得不说，我看《资治通鉴》更多看的是兴衰轮回、是人性、是管理，我最看不上的、最不在意的反而是权谋这一部分。

对于权谋，善良的、正常的、修行成事的人需要了解，需要知道世上坏人是怎么想的、怎么做的，但是你不需要训练自己这么做。我坚持认为，权谋不可能持久。

"纵横之术"没有那么了不起。即使没有苏秦、张仪，没有"纵横之术"，秦国在战国末期也必定能一统江湖，必定能成就帝王之业。也就是说，说那么多话，行那么多路，见那么多人，组那么多局，从战略上讲属于没用。秦国一统六国这个结果不会因为"纵横之术"，不会因为几个张仪、苏秦而有任何一点改变。

3. 弱者联盟不堪一击

弱弱联合不堪一击。在一个自由竞争的市场里，有一家市场份额独大，超过了20%，甚至接近30%，那么这家如果不出昏招的话，几乎可以横扫天下，横扫市场。虽然听上去除了老大之外，另外的老二、老三、老四、老五联合起来，全世界的"弱鸡"联合起来，是一股比老大大得多的力量，市场份额也能占到60%、70%甚至80%，但是我非常坦诚地讲，这种联合几乎没有用，不堪一击。

你有可能会问为什么，因为人性，因为所谓的这种局、这种联盟是非常松散的。这是一种很容易被破坏的联盟关系，稍稍有点利益，稍稍有些风吹草动，就很容易被离间，彼此之间就产生怨恨。一强六弱，哪怕六弱加起来是一强的两倍甚至三倍，但一强仍然大概率会胜出。

这对我们在商业上的启示就是要做强自己，自强是最重要的。我曾经在一个大型企业集团工作，集团有很多不同业务，集团和利润中心都有个天然的想法，内部协同，一加一大于二，然而结果往往不尽如人意。

如果一个利润中心有极强的品牌，它无论是集团内部的协同，还是在市场上跟别人结盟，都是容易的。强，怎么都好办。弱，还能靠市场的力量，从某种程度上能刺激弱者慢慢变成强者；但如果为了协同而协同，让集团所谓的兄弟单位照顾"弱鸡"，这只"弱鸡"过得不舒服，照顾它的人也是一肚子不满。

由弱变强，要到市场上去试一试；强者恒强，那也请去市场上扬名立万。一旦在市场上验证了你的能力，再回到自己相对封闭的系统里，你的日子会好过很多。

强强联合永远是容易的，强弱联合永远是难的，弱弱联合多数情况下是会失败的。

4. 合作达不到预期才是人性

有些合并、联盟听上去很美，但是在多数情况下会遇上很多困难。90%的时候是一加一小于二的，是达不到预期效果的。

为什么看上去很美的事情，结果都不那么美？主要是没有想到人性有这么黑暗，有这么恶，有这么懒；信任是这么难以建立，这么容易被打破；利益是这么难以公平地划分；功是那么难以推，过是那么容易揽。似乎每个人都想得到。很少有人会说什么是公平合理，更少有人会说那我让吧。

你作为机构的一把手、CEO，让一两次可以，如果一直这么屃下去，不顾及内部的呼声甚至董事会的压力，你能干长吗？何况那些目光短浅、自我约束能力差的高管，在短期的、唾手可得的利益面前，怎么可能忍住不拿？

用常识就可以想到，面对秦国的虎狼之师，六国之间至少应该将枪口一致对外。他们消耗彼此实际就是在消耗自己，杀彼此的人就是杀自己的人。可是实际上，甚至在秦国吞并六国的过程中，六国还在你捅我、我捅你。这是为什么？狗改不了吃屎，人总是重复历史，人就是这个德行。

5. 关键时刻会说漂亮话很重要

会结构化地思考和表达，能在关键时刻简短地说漂亮话，非常重要。好多"纵横之术"很扯淡，但从战术的局部来看，的确苏秦、张仪之辈就是被很多君主、CEO信任，于是这些君主、CEO给他们资源，给他们权限，让他们去"翻手为云，覆手为雨"。

他们凭的是什么？他们也不是什么"二代"，也没有什么资源，凭的就是鼻子下面的一张嘴。

当然，我持保留意见。"听其言而观其行"，不能只因为一个人说了一席漂亮话，就把自己重要的业务单元、精兵强将、美好的资源交给他。至少不能一开始就交给他，他可以先做副手，你可以给他输得起的资源。

孟尝交友：
高明的管理不要求绝对的忠诚

《资治通鉴》就是司马光为了"资治"才写的"通鉴"，来集中讲"君君、臣臣、父父、子子"。除此之外，司马光偶尔也会讲一些不那么主流，但有一定影响力的人。

战国四公子之一的孟尝君一生有很多故事，有两个小故事有着人才管理的启示意义。第一个是孟尝君劝他爹散财养士的故事，财散人聚，博得美名。第二个是孟尝君被自己门客欺骗，知道后却并不生气，还让大家继续给他提意见的故事。

1. 人才储备的正确方向

靖郭君有子四十人，其贱妾之子曰文。文通傥饶智略，说靖郭君以散财养士。

孟尝君的父亲靖郭君有四十个儿子，不能算少。男性总喜欢拼各种各样的东西，名、钱、色等。我比较认可《人类简史》里基因角度的假说，人类所有的活动最根本的驱动力和目的，就是要让自身基因留存下去的概率最大化。所以，"靖郭君有子四十人"，基因留存下去的概率就是比别人高。四十人里有一个儿子叫田文，是他的"贱妾"所生。不仅是妾，还是"贱妾"，就是不招靖郭君宠爱的一个妾。

但这个田文风流倜傥、有智谋，他劝他爹说："留那么多钱干吗？生不带来，死不带去，还不如趁您现在身强力壮、还想干事的时候散财养士。财散人聚，把有能耐的人聚在我们周围，有了这些人，我们甚至还能生更多的财，然后再养更多的士，您的影响力就更大。"

田文这个提议挺好。因为一个"贱妾之子"，有三十九个亲兄弟，冒头的机会不大。你要别的，你爸不见得给你。但是你说散财养士，结交点朋友，干一些脏活、累活、琐碎活，那就不同了。靖郭君觉得合理，就让田文干。

靖郭君使文主家待宾客，宾客争誉其美，皆请靖郭君以文为嗣。靖郭君卒，文嗣为薛公，号曰孟尝君。

靖郭君就让田文去主持家里的招待工作。不要小看招待工作，这是重要的职能。对于一个公司来说，迎来送往，让相关的人开心，是重要的核心竞争力，特别是在我们的文化中。

迎来送往、散财养士这件事确实给田文带来了巨大的好处，宾客没人不夸田文干得好，这孩子将来主事一定能光宗耀祖。长此以往，靖郭君就真的将田文定为了接班人。靖郭君死了之后，田文顺利接班，这就是战国四公子里最有名的孟尝君。

孟尝君招致诸侯游士及有罪亡人，皆舍业厚遇之，存救其亲戚，食客常数千人，各自以为孟尝君亲己，由是孟尝君之名重天下。

孟尝君接替他父亲的职位以后，更是把他的招待本领发挥得淋漓尽致。在其他国家待不下去的人，在国家之间游走的人，甚至在其他国家犯了罪、上了"通缉榜"的人，孟尝君都招、都留、都善待，给房给车，给吃给穿，还救济他们的亲属。

食客常常有数千人，把数千人伺候舒服了不容易，但是孟尝君竟然做到了，这些人都认为孟尝君跟自己特别好。于是，天下人都知道齐国有孟尝君这样一个人。

那他到底好不好呢？值不值得效法呢？对我们的管理实践又有什么意义呢？

司马光是这么说的：

君子之养士，以为民也。《易》曰："圣人养贤，以及万民。"夫贤者，其德足以敦化正俗，其才足以顿纲振纪，其明足以烛微虑远，其强足以结仁固义；大则利天下，小则利一国。是以君子丰禄以富之，隆爵以尊之；养一人而及万人者，养贤之道也。

君子做人才储备是为了老百姓、为了国家、为了公司。《易经》说，圣人做人才储备，是为了老百姓。那些贤人，有德，能够让老百姓得到教化；有才，能够让管理更加完善；有智慧，能够设计战略；品性坚定，足以能够保证战略的实施，能打恶仗、打苦仗。

这样的贤人如果得到施展才华的机会，大，可以"利"天下；小，也至少可以"利"一个国家。如果你遇上这样的贤才，就给他好吃好喝的，给他官当，让他变得很尊贵。养这样一个人，获益的是万人。这才是养贤人之道，这才是做人才储备真正对的方向、真正对的做法。

今孟尝君之养士也，不恤智愚，不择臧否，盗其君之禄，以立私党，张虚誉，上以侮其君，下以蠹其民，是奸人之雄也，乌足尚哉！

可孟尝君养士，不管对方是不是贤人，不管他是傻还是聪明，只要有一点稀奇古怪的本事，甚至只要是慕他的名投奔过来的，他就给人一碗饭吃，给人一间房住，甚至还会给他一官半职。

孟尝君实际上是花齐王的钱，建自己的私党，弘扬自己的名声。往上看，是对国君的一种欺辱；往下看，是糊弄自己的百姓。他的所作所为，是个奸雄，并不是圣贤。

司马光的观点总结起来有两点：一、他养的不是贤人，是一些"鸡鸣狗盗之徒"。二、他养士不是为了国家，不是为了百姓，为的是自己的私名和私利。所以，司马光从本质上不认可孟尝君这路人。

我见过很多做投资的人，我欣赏的是能够看清命运和自己的人，也就是那些知道哪些是命定的、哪些是运定的、哪些成绩是能归给自己的人。

我曾经问过投资稳胜的一个老哥："您的诀窍是什么？"他认真地跟我说："冯唐，我并不是为了我的名声、为了我的私欲、为了我想安插什么人而投资，而是为了那些给我钱的人去挣钱。我把他们的心、他们的目的当成我最该考虑的。我秉持了一个公心，秉持商业的常识，再加上大势好、命好、运好，所以我基本没败过。"

2. 高明的管理者不要求下属百分之百忠诚

孟尝君是不是没有可取之处呢？不是。

孟尝君聘于楚，楚王遗之象床。登徒直送之，不欲行，谓孟尝君门人公孙戍曰："象床之直千金，苟伤之毫发，则卖妻子不足偿也。足下能使仆无行者，有先人之宝剑，愿献之。"

楚王送给孟尝君一张宝贵的象牙床，让登徒直负责护送。这一路具体也不知道有多远，万一磕磕碰碰，路上有强盗可怎么办？所以登徒直不想干这个事。他跟孟尝君的门人公孙戍说："象牙床如果稍微伤一点，那我把老婆孩子卖了也赔不起。我先人曾留下一把宝剑，上边配着玉、镶着钻，削铁如泥，您如果能让我不去干这趟差事，我愿意给您。"

公孙戍许诺，入见孟尝君曰："小国所以皆致相印于君者，以君能振达贫穷，存亡继绝，故莫不悦君之义，慕君之廉也。今始至楚而受象床，则未至之国将何以待君哉！"

公孙戍说，这事能办。孟尝君这三千人，干点正事不一定行，但是干些偏门的事，成一些怪事，还是挺擅长的。

公孙戍就去见孟尝君，说了一番漂亮话。他说："小国为什么把相印都交给您，让您管小国一国之政？因为小国知道您仁义，知道您能够救济贫困，能存亡继绝，快亡的国家您能救过来，发展稍稍有点缓的国家，您能让它发展起来。您是个义士、是个贤人，大家都认为您非常廉洁。我们刚到楚国，您就接受楚王的象牙床，那我们没有去的地方的国君要怎么对待您呢？您的名声又会怎样？"

孟尝君曰："善。"遂不受。公孙戍趋去，未至中闺，孟尝君召而反之，曰："子何足之高，志之扬也？"公孙戍以实对。

孟尝君说："说得真好。"然后他跟楚国说，这个礼我不能收。公孙戍欢快地走了，还没到中间的小门，孟尝君说："这家伙跑得太快、太欢乐，把他叫回来，我问问怎么回事。"孟尝君不是个傻人，知道事出反常必有妖。

公孙戍也是个性情中人，就很坦诚地说了到底怎么回事。

孟尝君乃书门版曰："有能扬文之名，止文之过，私得宝于外者，疾入谏！"

孟尝君没有怪罪公孙戍，而是在门板上写道："如果有人能够扬我的名、止我的过错、给我提建议，哪怕他是为了私利也没关系。"我只管事，不管动机。我只管对我的好处，不管你得的好处。

能够纳谏到孟尝君这种水平，其实是不容易的。绝大多数领导总觉得，下属要对我百分之百忠诚，他不能小偷小摸、小拿小占。不占便宜是违反人性的，违反人性就不能长久。

你让他不占便宜，最大的可能是他用另外的方式骗你。不仅不让你听到真实的声音，骗你的方式还可能是把你往沟里带，而不是公孙戍这种把你往高处、往好处、往善处带。

孟尝君可谓能用谏矣。苟其言之善也，虽怀诈谖之心，犹将用之，况尽忠无私以事其上乎！

司马光评价说，孟尝君善于纳谏，善于听别人给他的反馈意见。如果这个人说得好、说得对，即使他出发点可能是图一己私利，孟尝

141

君也会用他。更何况那些无私利、无私心，能够秉着一颗公心给孟尝君提建议的人。

司马光最后还引用了一句诗："采葑采菲，无以下体。"意思是，你采蔬菜，有时候它的根好吃，有时候根不好吃，不要因为根好或坏，而放弃了根之上好的部分。

3. 团队需要"鸡鸣狗盗之徒"

孟尝君养的一帮白吃白喝的士，多数是"鸡鸣狗盗之徒"。那在管理实践中，要不要用这类人？怎么用？

我的观点是：要用"鸡鸣狗盗之徒"，但是不能全用，有选择地、少量地用好。

在很多大机构制度不健全的时候，如果你想持续成大事，就得用一些"鸡鸣狗盗之徒"帮你处理一些鸡毛蒜皮的事，处理别人给你找的各种各样的麻烦。

即使在健全的商业环境里，有些人如果能让大家内部开心、欢天喜地地一块儿做事，那么他就有存在的价值。或者他不是实干型人才，只有想象力，能想象五年、十年后这个行业是什么样、该怎么做，这也是价值。

"鸡鸣狗盗之徒"在我眼里不是贬义词。一个公司人才的组成，主体应该是以业务为重，但是一定要有一些人，来让这个组织足够健康、足够丰富。

管理者用人不能有"洁癖"。不仅要包容不同的人，而且哪怕这些人身上有这样那样的毛病，也要能带动这个组织去包容他们。当然我不是指底线之下，而是指底线之上。

4. 用好"鸡鸣狗盗之徒"的三个关键

如何用"鸡鸣狗盗之徒"？

第一，定"鸡鸣狗盗"的底线。要明确哪些行为、哪些人、具备哪些行为的哪些人，是绝对不能接受的。职场"洁癖"是不应该的，但是"洁癖"之外，你要把自己的那根廉洁线定到哪儿，列出一些你们公司、小组、团队的五戒、十戒，定出底线来。

第二，底线之上要包容。"不拘一格降人才"，"鸡鸣狗盗之徒"用起来。要相对包容不一样的人才，而且评价这些人也不要用正常的关键业绩指标、计分卡等。对待非常之人，要用非常的评价方式。

第三，"鸡鸣狗盗之徒"不能太多。滑头、油腔滑调的人可以有一部分，敢做梦、畅想未来的人可以有一小撮，但不能是大多数。即使是要用他们，也要想好底线。重要的是，他们必须是内心善良的，至少是不害人的。

缪留谏韩王：
现代管理中如何"权力制衡"

如果你身边有很多有本事的人在给你灌输信息，你应该听谁的？你如何把自己的责任、工作分给下面的人？韩宣惠王的"权力制衡"的故事就涉及现代管理中任用下属的问题。

1. 分权的种种隐患

韩宣惠王欲两用公仲、公叔为政，问于缪留。对曰："不可。晋用六卿而国分；齐简公用陈成子及阚（kàn）止而见杀；魏用犀首、张仪而西河之外亡。"

韩宣惠王想把公仲、公叔同时摆在一把手的位置，治理这个国家。但他不确定这样好不好，所以就去问了他最尊重的人——缪留。缪留直接说，不行。其实所谓在位的、有智慧的、有能力的人，说话不会绕圈子。

缪留说，晋国用了六个大臣，国家分崩离析了；齐简公用了两个人，结果自己被杀了；魏国用了犀首、张仪，结果河西之地就归了秦国。无论是晋国、齐国还是魏国，无论是古代还是现代，无论是近还是远，只要把一把手的位置分给几个人，结局只有一个——巨大的损失。

"今君两用之，其多力者内树党，其寡力者藉外权。群臣有内树党以骄主，有外为交以削地，君之国危矣。"

您今天把一把手的位置给两个人，能力更大的那个人就会在内部结党营私，培养自己的势力，希望压倒另一方；而能力小的那个人会觉得打起来好累，也可能打不过，就会在外边找帮手。所以，您下边的群臣就会出现这种情况——有人在内广树党羽、结党营私，不把您看在眼里；有人在外牺牲我国利益去讨其他国家的欢心，甚至把我们的土地让给人家。如果面临这样的内忧外患，您的国家基本上就处于很危险的状态了。

2. 管理者分权的矛盾

权力制衡是管理中常见又难办的问题。分权可能有以下几个重要的原因：

首先是信任问题。作为权力的一把手，他会有一些担心：我把权力交给一个人，如果这个人对我没有诚信，他做不好怎么办？他带着团队，控制着国家，他跟我之间单凭他的一张嘴，我怎么放得了心？在复杂的人性面前，信任是相当脆弱的。

其次是风险问题。权力的一把手会担心，如果把大权只给一个人，这个人有个三长两短，万一有几步走偏了，或者被哪个男的或女的拐跑了，那么国家怎么办？组织怎么办？公司怎么办？

如果这个人是完美的——身强力壮，不可能"挂"了，而且思虑周到，一切做得都很好，那问题又来了，我作为一把手干什么呢？我只是每天听这个人汇报、聊天吗？如果一切运转正常，这个人觉得每天跟我沟通就是例行公事，没有任何价值创造可言，那怎么办？

所以，任何一把手想要分权给多个人、不分给一个人，都是正常的想法。

为什么战国时期不考虑分权？

第一个考量是管理复杂程度。在战国时期，国家小、公司小，管理难度不大，管理复杂度不高。国君把主要的经营管理权力下放给一个CEO，也就是下放给一个丞相就可以了。

第二个考量是效率大于平衡、大于变动。战国时期把效率放在第一位，是因为在当时生存权高于一切。如果效率不高，可能就无法生存，国家可能会被灭了。如果一个君王把权力分给两个丞相，那两个丞相之间一定会有制衡，效率一定会低。效率低意味着，如果真打起来，反应和决策一定是慢的。但是国君如果把权力充分地下放给单独的一个人，那君权也在某种程度上受到了很大的削弱和限制。

这是战国时期的君主不得不面临的问题，也是不得不做的选择——选择生存大于一切，选择效率大于一切。

在现代的日常公司管理过程中，公司董事长面临的困境很像战国时候国君面临的困境。你要把权力下放给两个CEO，效率一定是低的，有可能因为低效而被其他竞争者干掉。如果冒着自己的权力被削弱的风险，把权力给一个CEO，那自己的信息就有被屏蔽、被扭曲的风险。

历史上，到了秦武王时期才第一次分左右丞相。尽管左右丞相仍然一个偏权重一点，一个偏权轻一点，但毕竟是分权了。分权了就有监督和互相斗争了，损失了行政效率，但增加了君权、王权。

3. 现代管理中如何选拔继任者

在现代环境里，你把权力给单独的一个人，会产生担心也是很正常的。那个人说一切正常，所有事情都在他的掌控之中，你去做自己的事情吧。但你回来一看，面目全非。你该怎么办？你该怎么对信任你的人交代？

所以，如何授权是一个从古至今都存在的问题。

我在做企业管理期间，发现 CEO 继任者计划是个大事。当时常用的传统方法是让三个人"跑马"，最后看三个人的业绩，以及上面相关的决策。很大程度上是董事会博弈、探讨、决策，在三个人之中选出一个，另外两个人走人，把权力交给剩下这个选定的人。

但在现代的管理环境下，三个人"跑马"可能没那么容易实现。因为人的出身、背景、知识结构越来越类似，跑的结果可能很相似。另外，让一个人留下，另外两个人走，这两个人换一个新环境，可能水土不服，不如把他们俩留下产生的价值大。

如果盘子足够大，董事会足够强，其实可以做另外一个选择，那就是三个联合 CEO。这样大家的确分权了，的确有一个人排名要稍稍靠前一些，三个人同时向董事长或者董事会汇报，牺牲一些效率，增加更多的人力负责更复杂的事务。

最后还有一种办法就是隔层控制。董事会选一个 CEO，不要选俩，不要设联合创始人、联合 CEO，因为会影响效率。但是给 CEO 配一个班子，这个班子向 CEO 汇报，不过 CEO 没有权力挑选他的班子，这样在某种程度上就形成了制衡。

那么，如果 CEO 不能自己组班子，该怎么做事？CEO 可以再隔一层去选他想用的人。管理班子之外，部门长一级的人 CEO 来确定，这样不是在一层之间形成制衡，而是靠不同管理层级之间形成制衡。这也是在现代企业管理中另外一种有效的方法。

周纪三

[公元前320年—公元前298年]

魏国新君：
用好自然之力顺势而为

冯唐讲《资治通鉴》，从三家分晋开始，在韩、赵、魏三国之中，魏国说得最多。从礼贤下士的开国君主魏文侯魏斯，到年少有为的守成之君魏武侯魏击，再到能力明显不足却也成功称王的魏惠王魏䓨，魏国的国运呈现出由盛转衰的态势。到了魏惠王的儿子——魏国的第四代国君魏襄王，治国能力还远远不如他，真是一代不如一代。

孟子觉得，魏襄王根本就不是当国君的材料，于是苦口婆心地教他极简的、自然的为君之道。孟子偏向于理想化，不太善于解决眼前的问题，也没有提出中长期改善的具体策略，但他至少苦口婆心地给魏襄王讲了如何当君王——崇信自然的力量。

1. 用好自然之力顺势而为

魏惠王薨，子襄王立。孟子入见而出，语人曰："望之不似人君，就之而不见所畏焉。卒然问曰：'天下恶乎定？'吾对曰：'定于一。'"

魏惠王"挂"了，他的儿子襄王接了他的王位。孟子进宫去见了魏襄王，然后出来了。

能见魏襄王，说明孔门的势力不小，孟子的能力不小。但他出来就跟别人讲见魏襄王时发生了什么，这个事有点蹊跷。可能是那个时候比较开明，没有太多所谓的机密，也可能是孟子有超强的表达欲。最有可能的是，孟子被魏襄王气蒙了，没见过这样还能当王的，当得这么烂！孟子心疼老百姓，被这么不堪的一个王管着，未来的日子有可能越来越惨。

所以，孟子用词用得很狠——"望之不似人君"，看上去一点儿不像当国王的料，我在他旁边待着，却看不到他的敬畏之心。一个不像人君的人，坐在了人君位置上，又什么都不怕，太吓人了！

魏襄王忽然问："管理天下的定理是什么？"孟子说："定在一件事上，定在一个意思上，定在一个关键点上。"

"'孰能一之？'对曰：'不嗜杀人者能一之。''孰能与之？'对曰：'天下莫不与也。王知夫苗乎？七八月之间旱，则苗槁矣。天油然作云，沛然下雨，则苗浡然兴之矣。其如是，孰能御之！'"

魏襄王又问："谁能做到那个'一'？"孟子说："不喜欢杀人的国君就能够做到那个'一'。"

魏襄王还是没明白，接着问："那谁能给他呢？"孟子接着说："天下没有不给你的。天下所有东西，时时刻刻都在提醒你这个'一'。大王您知道庄稼吗？七八月大旱，苗就枯了。天上忽然来了云，云忽然下了雨，就这么一点儿雨，已经快死了的禾苗、树苗，立刻吸收水分，苗壮成长。如果您听懂了我刚才那个比喻，按照这个'一'去做，谁又能跟您抗衡呢?"

孟子背后的话,就是要相信自然的力量,敬畏自然生长的力量,不要沉迷于干预,自然而然,天下大顺。自然有强大的治愈、增长能力。我相信,如果给万物足够的时间,给各种力量足够的时间,天地万物就会呈现某种有规律可循的状态。比如,有些高山就会耸起,有些猴子就变成猴王,有些创伤会被时间治愈,有些草木会自然丰茂。

这种兴衰成败会在大的时间跨度下,呈现出某种规律。司马光通过二百多卷的《资治通鉴》想做的或许也是这件事。

我笃信自然有强大的能量,有自己形成最优答案的巨大能力。太多的力量纠缠在一起,找到平衡,然后失衡,再找到平衡……但是在这个过程中,如果不顺势而为,那些自然而然的生长力量也会是摧毁的力量。管理自然、利用自然之力的最好方法就是四个字——"顺势而为"。

2. 顺境要不着急,逆境要不断行

冯唐的九字箴言"不着急、不害怕、不要脸",讲的就是顺境。在顺境里顺势而为,你就是站在风口上的人。

不着急,是对时间和过程的态度。给自己时间,给结果时间,让风慢慢吹起来,让势头慢慢带着我们走,让花慢慢开,让草慢慢长。

不害怕,是对结果的态度。我们尽力了,能不能定义为成功,这个不归我们管,但我们问心无愧。

不要脸,你越顺,挑你毛病的人就越多。而且人是很"贱"的,当别人夸自己,不一定就会往心里去;一旦听到别人挑自己毛病,就会记住。

"不着急、不害怕、不要脸",是对时间的态度,对结果的态度,对他人评价的态度。

在逆境里,要"看脚下、不断行、莫存顺逆"。

看脚下,是稳住自己,稳住局面,稳住自己的团队。

不断行,是不停地去做事。不见得能挣很多钱,不见得能成多少事,但是要不停地做事。哪怕在街上再练一遍屠龙技,哪怕在后院再打一卦,再盘算盘算未来的战略。但不要天天叫喊要屠龙,否则劈你的雷已经在路上了。

莫存顺逆,是很重要的心态。虽然我们都喜欢顺境,但是顺境、逆境都是自然,春、夏、秋、冬都是季节。这些都是工作的一部分,生活的一部分,生命的一部分。

不管你是成事修炼者,还是潜在的英雄,我都送你这顺境九字箴言和逆境十字箴言。

3. 如何做到顺势而为

如果你是一个好的领导者,在天地之间,你能改变的东西不少,那么对你的要求可能比对一般英雄的要求要高。

你要培养自己"看云识天气"的能力。

判断大势,是战略素养最大的表现。这种对大势的判断,决定了在关键节点上是走还是留,是做还是不做,是低调还是高调。根据大势采取行动,也不那么容易。因为人有强烈的路径依赖,对周围环境的依赖,对现实的依赖,以及有很强的侥幸心理。

如何培养对大势的判断能力?

第一,要学会观察蛛丝马迹,从事情未起之时知道未来要学会从小的地方看到大的地方,"见微知著"。多读书,多行路,多交好师父,多干事。更简单的方式就是多读史书,比如《资治通鉴》,你会发现自己对蛛丝马迹的敏感度、判断准确度提高了很多。

第二,有了判断之后,请你笃定。未来还没来,还需要一段时间,你要坚信自己的直觉,坚信自己的判断。

第三,要去现场,因为"现场有灵"。去现场看看,去见见这些人,跟他们喝一顿酒,打一桌麻将,掂量掂量这些人。人是有神性和动物性的,到了现场,你那神性以及动物的第六感,都可以在密集的信息、细节中帮到你。在去现场之前,不要着急形成自己的判断。去了现场,如果你的判断呼啸而至,那你要相信自己这种判断,并且要笃定、坚持。

第四,实在不行,还有"周易",还有"六爻",还有"八卦",打一卦。在一些充满不确定的环境里,面对超级不确定的复杂问题时,在现有的管理思路、工具、方法都不能帮到你的时候,就打一卦。人类从古至今存在的智慧,不是无稽之谈。

第五,要做好心情管理,你可以不屠龙,但是要磨剑。

成事人要学会心情管理。忽然做事的环境没有了,忽然能做的大事变小了,怎么办?即使不屠龙,也要调整好心情,去淡定地磨剑。

第六,要让团队成员听你、信你、跟随你。

你不仅要能照顾自己的心情,还要能够带好团队。你要用你的心情、乐观去感染他们,让团队在顺境中不得意、不张狂,在逆境中充满希望,迎接顺境的到来。未来还没来,对于未来的观点没有对错,只有信与不信。如果你没有足够的领袖魅力,就无法让他们相信你,无法让他们跟你走。

所以,做一个真正的王者很难。

孟子一看魏襄王就失望了,魏襄王没有王者气质,更可怕的是,没有敬畏之心,这是麻烦中的麻烦。

有智慧、有自信、能坚持，是最好的王；笨、不自信，但听取意见，是中等的王；笨、充满自信、不听意见，是差等的王；笨、不听意见、充满自信，还拧，撞到南墙还不回头，是差等中的差等的王，普通员工遇上这样的领导，就倒霉了。

普通员工，在局中能做的非常少，我只有一个建议，就是跟对人，跟对好的 CEO，跟对好的董事长，然后顺势而为。

张仪说魏王：
利用人性之善成事更长久

我不喜欢纵横家，主要有两点原因：一、我认为纵横家搬弄的是非、动的心思，都是战术层面的东西，很少能提到战略层面。二、这些东西从骨子里是不美好的，总是涉及人性的弱点和权谋。他们的所作所为不是把蛋糕做大，而是把别人的蛋糕拿到自己手里。这种权谋的东西，听听、了解一下就好了。

商界的确有尔虞我诈，但我真诚地希望尔虞我诈、打打杀杀是少数，是大浪中的小浪花，大家还是更多地去研发、创造美好的东西，把好的产品和服务，通过好的管理、好的生意模式、好的运营模式传递给市场和大众，市场给出足够的价格来回报。在这样的正向循环中，人类美好的产品和服务就会越来越多。

"纵横之术"如此不美好，但其实现在公司在对外结盟或内部政治中多多少少都有"纵横之术"的影子。借着魏襄王和张仪的经典话术和案例，我们可以了解到有这么一派人，有这种做事的方式，并在生活中、工作中提高警惕。

1. 战术往往利用人性的弱点

张仪说魏襄王曰:"梁地方不至千里,卒不过三十万,地四平,无名山大川之限,卒戍楚、韩、齐、赵之境,守亭、障者不过十万,梁之地势固战场也。"

张仪试图说服魏襄王,也就是魏惠王的儿子。他说:"魏国现在已经是一个残国、小国。地方不至千里,兵不过三十万,而且四方有敌人,这三十万士兵还要分散而驻。这个地方地势平坦、无险可据、无险可守,长得就像好多人要来打仗的地方,历来是兵家厮杀之地。"

"夫诸侯之约从,盟于洹水之上,结为兄弟以相坚也。今亲兄弟同父母,尚有争钱财相杀伤,而欲恃反覆苏秦之馀谋,其不可成亦明矣。"

"在苏秦的忽悠下,我们六国在洹水之旁,为了共同对抗强敌,大家结为兄弟。咱们彼此之间别打了,在各自边境上也少放一点兵,枪口一致对外,对付秦国。如果秦国欺负了谁,其他人一定都来帮。'牵一发而动全身',他动一根头发,我们就一起干他。听上去挺美,但您看看,同父同母的亲兄弟还会因为争钱财互相打杀呢,何况咱们这个六国联盟是被苏秦这个反复小人撮合弄成的,维持不下去几乎是必然的。"

六国联盟,从战略方向看,就是和人性相背离的,和人性相背离的就不能持久,或许个别人、个别事、个别时候可以,但是从中长期看没戏。

所以,张仪说魏襄王的时候,第一层意思是说,魏国这地儿不行;第二层意思是说,魏国这个地儿历来是兵家必打之地,我们因此结了盟，共同对抗秦国；第三层意思画风一转，一刀直刺这个联盟的软肋——这个联盟脆弱得就像一层纸。

"大王不事秦，秦下兵攻河外，据卷衍、酸枣，劫卫，取阳晋，则赵不南，赵不南则梁不北，梁不北则从道绝，从道绝则大王之国欲毋危不可得也。故愿大王审定计议，且赐骸骨。"

张仪还说了第四层意思，他做了个沙盘推演。张仪对魏襄王说："如果您不好好取得秦国的欢心，秦国真要出兵，三下五除二就能把您的国灭掉一半，您想不被彻底灭掉，可能性不大。"

张仪在说第五层意思的时候，并没有直接跟魏襄王说，您该去怎么做，而是说他要怎么做。因为国家弱小，又是古来兵家必打之地，再加上现在这个联盟不靠谱、反人性，秦国真要是打过来了，我们就完蛋了。所以，希望大王好好想想。然后他说："您慢慢想着，我就求不做这个官了，我回去养养残年，该干吗就干吗。"

魏王乃倍从约，而因仪以请成于秦。张仪归，复相秦。

魏襄王作为一个俗人，作为不是君王材料的君王，很容易从人性的角度被攻破。张仪一吓唬魏襄王，魏襄王就觉得这个判断、这个逻辑没毛病啊。人性就是弱，哪管什么契约精神，我先保命再说。我还不说自己保命，而是号称保国家。我自己没法去，那我就让张仪去，反正张仪跟秦国熟。我要跟秦国一块儿混，哪怕我低它一等，但至少能活啊。

就这样，六国的联盟被打散。张仪回到了秦国，重新当了秦国的国相。

2. 一脑当事，万难必解

苏秦、张仪是一个时代的人物。二人打过交道，不像孙膑和庞涓打交道那么悲惨，但是也充满了戏剧性。

张仪是比苏秦能量大很多的人物，成就的事情也符合成事学的主要原理。通过张仪的逸事、言行，能更好地体会持续成事的基本原理。

张仪完成学业之后，觉得自己寒窗苦读几年，终于到了大展宏图之时，就去游说诸侯。

他曾陪楚国的国相喝酒，席间楚相丢了一块玉璧，非常沮丧。楚相的门客当时就怀疑是张仪拿的，理由是张仪穷、品行恶劣——又穷又油腻的猥琐中年男，一定是他偷了国相的玉璧。张仪不认，就说，你找我也没有。但是大家还是不信，酒后大家一起把张仪拘捕起来，拷打了几百下。但是张仪始终没承认，因为他的确没做。大家又不好意思打死他，毕竟他是有学问的人，只好释放了张仪。

浑身被乱打了几百下，回去皮开肉绽。他老婆又气又恨又可怜他，说："唉，你还是不要去读书、去游说了。如果你不凑过去，那个板子也打不到你身上。"张仪没跟他妻子争辩，只是问了他妻子一个问题："你帮我看看，我的舌头还在吗？"他妻子笑着说："舌头还在。"张仪说："这就够了。"

只要我脑子还在，只要我舌头还在，我就能兴风作浪，我就能逐鹿中原。我这个舌头相当于三十万训练有素的大军。成事的修炼者需要有这种"一脑当事，万难必解"的勇气、信心和修为。

张仪的确靠这根舌头当了秦国的国相，然后他写信给楚国国相说，当初我陪着你喝酒，我明明没拿你的玉璧，你却差点打死我。现在我在秦国做跟你同阶层的国相，你要好好守住你的国家，因为我要来干你了。

3. 利用人性之善成事更持续、更长久

张仪之所以能够在秦国最后一统六国的过程中持续成事,根本原因就是利用了人性的弱点。

人性之恶,几乎人人有。人性之恶,利用起来可以有速效。利用人性的弱点远远快于利用人性的优点。因为人性弱点坚固、长久、持续,所以哪怕关系再近、感情再深、信任再强,这一切都可以从人性之恶的角度去破坏。成功案例比比皆是,真正守住不去从人性之恶发起攻击的寥寥无几。

既然人性之恶这么厉害,为什么我不提倡人性之恶呢?原因如下:

人性有善有恶。利用人性之善,也可以在中长期达到成事的目的,也可以成为很好的成事修行者。既然你沿着善可以走,沿着恶也可以走,那为什么不沿着善走?尽管它慢一点,但它持久、美好。同样是一生,既然能够美好地过,为什么要不美好地过呢?生活是这样,工作也是这样。

不如伐蜀：
在不够强大前，先拿增量

　　什么是战略？有具体的目标和方向吗？比如，要进"财富五百强"，销售额要达到一年多少亿元，是不是战略？我从一个战略专家的角度讲，这不是战略，这是"战略五步"中的第一步——设立愿景目标。

　　战略是一个系统、具体、能够落地的东西，而不只是一个口号，不只是一个远期的战略目标。

　　"不如伐蜀"这个故事可以帮助我们更深一层理解，为了实现战略目标，要在何处竞争、何时竞争、如何竞争，以及怎样算账，投入什么样的资源，最后有什么样的产出。

1. 做关键成功要素的自我评估

　　巴、蜀相攻击，俱告急于秦。秦惠王欲伐蜀，以为道险狭难至，而韩又来侵，犹豫未能决。

巴、蜀这两块挨得挺近的地方，都在秦国的西南部。他们打急眼了，都跟秦国说，求你救救我。

秦惠王是想去打蜀国，占点便宜，但是他担心两点：第一，道路狭窄，非常不容易去；第二，怕韩国打过来了。所以，秦惠王面临两个选择，一个是伐蜀，另一个是打韩，他犹豫未决。

在何处竞争？何时竞争？要选择关键成功要素，进行自我评估。在管理上，在议事、定事的时候，有一个很关键的习惯，就是你不管遇到什么样的难题，都要把不同方案提出来，每个方案各有什么优缺点，列出来，然后大家讨论：这些优缺点是不是真的优缺点？是不是只是表面现象？深挖这些优缺点，根源是什么？有没有弘扬优点、补足缺点的方法？经过这么一番讨论之后，你最后定一个方案，然后去执行。

但在日常管理中，这个过程也会遇到很多问题。比如，方案有可能提不出来，或是提得不够周全，缺少洞见；优点、缺点，可能说不到点上，没有挖出它的根源；一言堂，大家不愿说出自己的意见，没有形成真的讨论；一把手没有决断力，会议相当于白开；大家因为内部的矛盾、内部的纠缠、内部的倾轧，而选了一个并不是最佳的方案，整个公司的价值可能因为这个管理决策而受到损害；定了的决策，执行了一两天后出现暂时的困难，就有人吵着说，我跟你们说嘛，在会上我说方案二好，你们不听我的，结果现在是个烂摊子，等等。

如果你真能在自己的机构、公司避免这些不好的陷阱，在每一次关键议题决策会上都能像秦惠王和张仪、司马错探讨伐蜀这件事一样高效、简单、坦诚、阳光，那你的机构、公司离了不起已经非常近了。

2. 做好领导，让下属把话说完

司马错请伐蜀。张仪曰："不如伐韩。"

司马错说，伐蜀，选 A 方案。张仪说，伐韩，选 B 方案。这个时候，秦惠王说："请闻其说。"秦惠王这点做得就非常好，他虽然心里定了，心里已经有明显的偏向了，但还是能说出"请闻其说"。

作为领导，这种心胸是必须有的。如果你下属掌握的具体情况比你多，在某些方面的才能甚至比你强，哪怕他说的可能很可笑，哪怕你已经非常笃定自己心里想的东西，也还是要鼓励他说话。如果你没这个耐心听他说话，你的公司就会存在风险。

张仪说：

"亲魏，善楚，下兵三川，攻新城、宜阳，以临二周之郊，据九鼎，按图籍，挟天子以令于天下，天下莫敢不听，此王业也。"

张仪的表达能力，天下无敌。张仪说："秦国现在跟魏国关系很好，我们派人跟楚国说好，做好朋友，然后让秦兵下三川，攻新城、宜阳，这样我们就打到了周王畿的近郊，我们拿到九鼎，就可以'挟天子以令天下'。"

张仪开门见山地说了自己的战略主张、战略导向：一、我有实力；二、我远交近攻；三、我如果拿到核心资产——九鼎、天子，一步到位，马上就能实现我们的王业，称王称霸的大业。

"臣闻争名者于朝，争利者于市。今三川、周室，天下之朝市也，而王不争焉，顾争于戎翟，去王业远矣。"

接着，张仪又补充了一句："我听说要争名逐利就要到核心区，去朝廷上争名，去集市上争利。你如果想逐鹿，你就去中原，生死看淡，不服就干。现在三川、周室是天下的朝廷，是天下的市场，你不去争，而反过来去看那些犄角旮旯，你离王业太远了，离一统天下太远了。"

司马错直接摆出了自己的态度，说，这是不对的。

司马错曰："不然。臣闻欲富国者务广其地，欲强兵者务富其民，欲王者务博其德；三资者备而王随之矣。"

司马错说："我听说想要国富，就必须地广；想要强兵，就必须富裕；想要统一天下，就要有很多人感恩戴德，愿意跟你走。"在《资治通鉴》里大家读到的"德"，不是"道德"的"德"，而是一整套成事者应该具备的素质。

所以，司马错一开口也说了三点：一、你要富国；二、你要强兵；三、你要能够有民心所向。做到这三者，你的霸业、王业便随之而来。

"今王地小民贫，故臣愿先从事于易。"

他接着说："我们现在地方小，老百姓又穷，国家不富裕，兵也没法特别强，所以我认为，应该先干一些容易的、让我们的根基更强的事。"

在管理上也一样。在你开发新品、开发新市场之前，在你实施巨大的战略举措、称王称霸之前，你要先掂量掂量自己的家底。问自己一句话，凭什么我能赢？很多人出现误区、踩雷、掉进坑里，都是高估了自己，基础不牢。那怎么叫基础牢？如果你没有80%的胜算，就不要打这个仗。这 80%的胜算来自你实力超过他的一倍,你能算出来,这仗你赢了,先胜而后战。

3. 在不够强大前,先拿增量

"夫蜀,西僻之国而戎翟之长也,有桀、纣之乱;以秦攻之,譬如使豺狼逐群羊;得其地足以广国,取其财足以富民,缮兵不伤众而彼已服焉。"

蜀国是西边的偏远小国,它的君王状态很差,老百姓也很恨他。现在我们去打它,就像用豺狼驱赶群羊一样,一击即胜。我们拿到他们的地、取得他们的国、取得他们的财,可以满足我们自己战争的需要,满足我们自己抚恤人民的需要。同时伤害不大,我们没死多少人,就能让它服我们,就能让它的土地、钱财、人民为我们所用。

"拔一国而天下不以为暴,利尽四海而天下不以为贪,是我一举而名实附也,而又有禁暴止乱之名。"

我攻下一国,而天底下没有人认为我是残暴的,因为他们自己的国王就很残暴,邻居跟邻居打成"血葫芦",我们只是去帮助平乱而已。我"拔下"这一国,获得巨大的利益,而天下不会认为我太贪婪。因为反正我得的跟六国没关系,是个增量。这个词很重要——"增量"。

在你还没有绝对强大之前,最好不要跟其他竞争对手狂争存量,他们会往死了干你的。在你的竞争对手还没明白的时候,利用你的竞争优势,直接拿到新的增量。转回头,你再跟你的竞争对手去拼存量市场，这样竞争相对较小，获利相对较大。

司马错又进一步说了张仪伐韩方案的不足：

"今攻韩，劫天子，恶名也，而未必利也；又有不义之名，而攻天下所不欲，危矣。"

现在你打韩国，把天子劫走，会招致恶名，中原其他五国一定会骂死你，而且你未必能打赢——这是关键的关键。你不一定能打赢，你又有不仁不义的名声，而且去攻天下不想你去攻的地方，你冒的风险太大了，这个风险跟回报不成比例。

"臣请论其故：周，天下之宗室也。齐，韩之与国也。周自知失九鼎，韩自知亡三川，将二国并力合谋，以因乎齐、赵而求解乎楚、魏，以鼎与楚，以地与魏，王弗能止也。此臣之所谓危也。不如伐蜀完。"

司马错接着说，周国，是天下名义上的老大。齐国，是韩国的同盟国。假如周国知道自己要失去九鼎，韩国知道自己要失去三川这块地方，它们两国不仅会拼命合力往死里干我们，而且会求助于齐、赵、楚、魏。周天子就把九鼎献给楚王，韩国国君就把韩国的地献给魏国，秦王您没法阻止，对不对？他们把鼎送了，把地送了，大家联合起来一块干我们，我们没有胜算。这就是我认为我们危险的地方，不如伐蜀这件事更靠谱、更扎实、更踏实。

王从错计，起兵伐蜀；十月取之。贬蜀王，更号为侯；而使陈庄相蜀。

秦惠王最终听了司马错的，决定伐蜀。这么强大的秦国，十个月才打下蜀国。当时讲伐蜀的时候，司马错是这么说的——就像豺狼驱赶羊群，羊躲狼一样，蜀国应该很快完蛋。即使这样，还打了十个月。那个时候如果秦去打周室和韩国，其他五国联合起来帮助周室和韩国抗击秦国，秦国还真不一定能赢。秦国十个月打下了蜀国，把蜀王贬为侯，而派了陈庄去"相蜀"，作为蜀国的国相。

蜀既属秦，秦以益强，富厚，轻诸侯。

在秦国拿下蜀国之后，秦国日益强盛，又富，家底又厚，再也看不起其他任何诸侯了。

这就是"不如伐蜀"的故事。在商鞅变法之后，伐蜀一战以及对蜀地之后的管理和掠夺，进一步增强了秦国的家底。这两件事为秦国一统六国奠定了最重要的基础。

燕王哙让子之：
只能有一个最终决策者

我们历史上唯一一个真正意义的禅让，是燕王哙让贤给他的臣子子之。

在战国末年，商鞅变法之后，特别是秦国完成伐蜀之后，秦国越来越强，苏秦、张仪之徒利用人性的弱点组各种局、破各种局，远交近攻，打得不亦乐乎。在这一过程中，其他国家在试图自强自保。相对弱小、偏远的燕国，发生了一件古往今来独一份的大事——禅让。古往今来有很多禅让的传说，也有很多禅让的表演。围绕着禅让，太多的历史故事可以讲，太多的人性管理的案例可以剖析。

1. 子承父业，难在智慧传承

苏秦既死，秦弟代、厉亦以游说显于诸侯。

苏秦死在齐国，苏秦的弟弟苏代、苏厉利用游说这种事在诸侯之间很吃得开，在六国里相当玩得转。

我有一个秘而不宣的体会，现在违反祖训说出来。"龙生龙，凤生凤，老鼠生的孩子会打洞"，基因虽然在一定程度上可以遗传某些人类特征，但是有些东西还是很难遗传的。因为基因无法像电脑文件一样复制、粘贴，阴阳交合，怀胎十月，才可以把另外一个"二货"生出来。

子承父业是非常正常的事。第一，有一定的遗传血脉，儿子继承父亲的基因；第二，儿子后天耳濡目染，看他爹怎么做，难免比别人要学得快一些，比别人对这一行懂得多一些；第三，父亲在这一行当做得久了，上游、下游、前前后后的人脉、资源相对较多，儿子可以坐享其成。

但问题是，在子承父业普遍存在的行业中，"忽悠"居多，"油腻"居多，实打实的真本事少。哪些行业？一些凭手艺吃饭、标准较主观的行业。比如餐饮，大厨的儿子还是大厨；又如工匠，他爸磨刀，他也磨刀。因为好吃不好吃、刀好不好，评判起来实在太主观了，所以也挺好混的。

还有就是钱生钱，做生意。爸爸挣了一笔钱留给孩子，孩子继续经营。即使中等智慧的人、中等才气的人，只要稍稍守成，也能以钱生钱。富人挣钱永远比穷人容易。

哪些行业很难呢？比如数学、物理学、化学、医学、管理等特别需要真才实学、真智慧、手上有真功夫的行业。所以，智慧很难遗传。

苏秦的弟弟苏代、苏厉，和苏秦一样，也靠舌头吃开口饭，在各国游说，"显于诸侯"。说明说客这个行当，纵横家这个行当，比较虚头巴脑，是一个好混的行业。

2. 让贤是为了获得更大贤名

燕相子之与苏代婚，欲得燕权。苏代使于齐而还，燕王哙问曰："齐王其霸乎？"对曰："不能。"王曰："何故？"对曰："不信其臣。"于是燕王专任子之。

燕国的丞相子之和苏代联姻了，燕相子之希望拿到燕国的实权、国权、王权。因为他已经是燕相，已经是一国的国相，再往上一步就是王。苏代也不是等闲之辈，他有苏秦罩着，而且有苏秦部分的基因，毕竟他们是亲兄弟。

苏代从齐国回来，燕王哙就问苏代："齐王啥样？有霸王相吗？"苏代说："他不行，称不了霸王。"燕王问："什么原因？"苏代回答："他不信任臣子。"燕王一听就明白了，我想称霸、想生存，就要做得比齐王还好，不能像他那样不信任他的臣子。子之，我授权给你，你放手去干。

鹿毛寿谓燕王曰："人之谓尧贤者，以其能让天下也。今王以国让子之，是王与尧同名也。"燕王因属国于子之，子之大重。

有一个叫鹿毛寿的人出现了。鹿毛寿跟子之、苏代啥关系，我不确定，但是他们像是一伙的。鹿毛寿进一步跟燕王说："您知道吗，大家之所以说尧是个贤人，是因为他不仅能信任下属，而且把天下都让给了下属。那是一种反人性的心胸，是一种你泼一盆水，水不往地上流，而是往天上直飞的心胸。如果您能够把国家让给子之，那您的名声就跟尧一样大，您就跟尧一样贤德、一样被歌颂、一样光耀日月。"

或曰:"禹荐益而以启人为吏,及老而以启为不足任天下,传之于益。启与交党攻益,夺之,天下谓禹名传天下于益而实令启自取之。今王言属国于子之而吏无非太子人者,是名属子之而实太子用事也。"王因收印绶,自三百石(dàn)吏已上而效之子之。

鹿毛寿做了一个精当有力的类比,您现在和禹做的事情是类似的,虽说把国家给子之,但是主要的官吏、关键岗位都是太子的党羽。名义上是把国家禅让给子之,但其实是太子在主事。

传说是尧禅让给舜,舜禅让给禹。禹打算禅让给益,而不是传给自己儿子启。

他虽然把益推为继承人,但是让儿子身边的人当大官。到老了,禹觉得启没法担任天下的职责,越来越笃定,要把天下传给益。之后就发生了"一山难容二虎"的局面,启就和位高权重的属下结党,一起去打益,把益的权力夺过来了。禹名义上禅让天下给益,但其实是让他自己的儿子启自取。

好可爱的燕王哙!燕王哙就把国家真的让给子之了:你贤,我让给你,我变得更贤,我是更大的贤人。燕王哙先是给子之重权,然后又把国家给子之,接着把子之周围关键岗位的任命权又给了子之,三百石以上的官都交给子之去定、去考评、去任用、去升或降。这是一步一步递进的。

子之南面行王事,而哙老,不听政,顾为臣,国事皆决于子之。

子之面南背北,开始当王,而燕王哙已经老了,朝廷上议军队、治理、农业、吏政等各种大事,全不听了。他主动把自己摆在臣子的位置,国家大事,一切的一切都让子之去定。

心这么大,从把大权交给子之,到把国家交给子之,甚至把所有的人事权、重要的官吏任免权都交给子之,自己心甘情愿一退了之。这个世界能因为有燕王哙这么可爱、心这么大的人变好吗?

3. 一山二虎,两虎俱亡

古往今来唯一一次真正意义上的禅让,是如何结尾的?

燕子之为王三年,国内大乱。将军市被与太子平谋攻子之。

子之上位,拿到了国家的全权,甚至太子的权势也都被他爸顺手干掉了。即使这样,国家还是大乱。将军市被和太子平一起谋划着去打子之。

齐王令人谓太子曰:"寡人闻太子将饬君臣之义,明父子之位,寡人之国唯太子所以令之。"太子因要党聚众,使市被攻子之,不克。市被反攻太子。构难数月,死者数万人,百姓恫恐。齐王令章子将五都之兵,因北地之众以伐燕。燕士卒不战,城门不闭。齐人取子之,醢之,遂杀燕王哙。

齐王把话说得很漂亮。他跟太子说:"我听到你将整顿君臣的名分,确定父子的位置,'君君、臣臣、父父、子子',你要明这个大义,我的国家、军队任你召唤。"

在燕国内部,有个愿意和他一起作乱的将军;在燕国外部,有个大国国君愿意帮他。内有帮手,外有救兵,国家必然要乱。太子纠集党羽,带着将军去攻打子之，没打赢，将军又反过来打太子，这样打打杀杀几个月，死伤数万人，百姓吓坏了。

齐国一看，就让章子带着北部的骑兵进入燕国。但燕国士卒拒绝打仗，把城门大开，让齐国军队进来。齐国军队没有遇到抵抗，就杀掉了子之，还把他醢了——剁成了肉酱。燕王哙也没什么好下场，被杀掉了。

一山容不下二虎，两只老虎最后都死了。

4. 违背人性的事情难以为继

春秋以前多数的历史，没有明确文字记载，对于具体发生了什么，政治、社会、经济是怎么运转的，只能基于一些考古实物、考古发现去推断。

尧开开心心地让位给舜，舜开开心心地让位给禹，唯贤是举很有可能是编的。因为这跟人性是相违背的。人性中的传宗接代，好东西的传承，是以血缘为媒介的。如果你身边有人犯事了，你赶过去想帮忙，派出所干警首先问的就是"你是谁呀""你是他什么人"。如果你是他妈、他爸，那得谈谈；如果你说是他朋友，玩儿去，不跟你谈。全世界都是一样的，血浓于水，还是家里的孩子亲。禅让不是一个正常的符合人性的行为。

历史上还有好多禅让。比如王莽，又如司马家最后当了皇上，也是上边禅让给他们的。但是，刀架在脖子上，毒药在碗里，他们能不让吗？禅让成了朝代更替的一出戏，无非是少死点人。一方太弱，另一方太强，强的一方顺势而为，上位了；弱的、占着最高位的人借坡下驴，躲到一边去。他如果聪明，就会表现出无限的软弱，但如果他有一点争权的意思，就会惹来杀身之祸。

所以，在历史上，真正的禅让就发生在燕王哙的身上。一次看上去很美好的让贤壮举，最后成就了一场闹剧。

5. 管理只能有一个决策者

这个历史故事对我们做管理有什么启示？

首先，你的核心团队跟着你披荆斩棘、费尽心机拿到今天的成就，把你捧到现在的位置，你却说张三、李四或王五的才能比你强，要把一切让给他，那你把核心团队置于何处？把他们一个个的小利益集团置之何地？大家只有不满、不甘和绝不允许。

其次，你禅让给谁？给一个特别贤能的人。从人才的角度出发，贤能怎么判定呢？没有一套测评体系和工具，可以百分之百地评定一个人到底有多大潜力能成为一把手。"一命二运三风水，四积阴德五读书"，一个人的能力、潜力并不是绝对的决定因素，并不意味着你就是这块好料，最后就能成为一代明君。

所以，未来充满不确定性，管理充满不确定性。在一个机构里，你需要一个主心骨，需要一个最终的决策人。

如果没有这样的决策人或决策机制，那整个机构的效率会非常低，总体创造的价值会非常少。一个复杂的事情必须最后有一个决策者来定。没办法，只能有一个，这就是人类的本性，也可以说这是人类的悲哀。

张仪欺楚：
贪是人性，不贪是理性

弱者占不到便宜，在你弱的时候，给你的便宜都是某种侥幸，是带着危险的，更有可能是别人给你挖下的坑。

咱们借着《资治通鉴》来分析一下人性，了解在做管理时如何在兴衰、权谋里体会、管理人性，甚至利用人性。

1. 弱者占到的便宜，是别人挖的坑

张仪利用人性之恶，让魏襄王放弃了六国联盟，使其趋于分崩瓦解。张仪做得成功的地方，就是利用了人性之恶。而我们从后世管理的角度看，需要吸取的最大经验教训就是避免人性之恶被利用。

如果我们做 CEO，要抵制住运用人性之恶的诱惑。如果我们是小人物，就要学习如何避免我们的人性之恶被利用。

秦王欲伐齐，患齐、楚之从亲，乃使张仪至楚，说楚王曰："大

王诚能听臣，闭关绝约于齐，臣请献商於之地六百里，使秦女得为大王箕帚之妾，秦、楚嫁女娶妇，长为兄弟之国。"

秦国想打齐国，但是害怕齐国跟楚国联合，那样的话就相当于秦国要在两个战场，同时面临两个国家的敌军。秦国掂量了一下，觉得两线作战还是一个很头疼的事，无论是从兵力、后方补给，还是从舆论来说，压力都太大。

这个时候张仪出来了。在战国后期秦统一六国的阶段，张仪的作用甚至大于任何一个秦国的将军。张仪就去了楚国，试图说服楚王。我又一次佩服张仪说话简洁有力。张仪说："大王，您如果能听我的，和齐国绝交，那我把秦国商於六百里的好地送给您。另外，咱们亲上加亲，我让秦王把闺女嫁给您，让她拿着簸箕、扫帚帮您打扫庭院，给您端茶倒水。我们之间有'商业往来'，又有'亲上加亲'的情谊，我们可以永远做兄弟之国。"

送上门的钱、权、色，还有比这更美的事吗？

楚王说而许之。群臣皆贺，陈轸独吊。王怒曰："寡人不兴师而得六百里地，何吊也？"对曰："不然。以臣观之，商於之地不可得而齐、秦合，齐、秦合则患必至矣。"王曰："有说乎？"

楚王连问都没问周围的大臣，直接开心地答应了。太棒了，咱就干！大臣们也都很开心，他们也不用上阵厮杀、组织调运粮草了。大家都认为天上掉馅饼了，但这时候一个叫陈轸的人说，真倒霉呀！

楚王大怒："我不动一枪一卒，就可以得到六百里的土地，你臊眉耷眼的干吗呀？"陈轸说："依我看，咱们拿不到商於的六百里地，而且秦国会和齐国结成联盟，他们结盟之后，那我们的灾难也就不

177

远了。"

楚王说:"你为什么这么判断?"楚王这点儿还行,愿意听不同意见。

2. 上当受骗的标志:贪婪且自信

对曰:"夫秦之所以重楚者,以其有齐也。今闭关绝约于齐则楚孤,秦奚贪夫孤国而与之商於之地六百里!张仪至秦,必负王。是王北绝齐交,西生患于秦也,两国之兵必俱至。"

陈轸说:"秦国之所以重视楚国,是因为您背后有齐国。如果听张仪的,跟齐国绝交,那楚国就是孤国一个,大王您就是寡人一个,秦国不可能为了讨好一个孤国,送商於六百里好地。张仪一回到秦国必然毁约,必然背叛您。到时候您北边断绝了跟齐国的交情,西边生出了秦国的祸患,那很有可能就刀兵相见了。"

但是陈轸下边给楚王支的这个招,实在不是什么好招——

"为王计者,不若阴合而阳绝于齐,使人随张仪,苟与吾地,绝齐未晚也。"

陈轸说:"我给您出个计策,您明面上跟齐国断交,让人跟着张仪回秦国,如果张仪真给了我们六百里土地,我们再跟齐国绝交也不晚。"

实在是不大气,这种建议不要给,听了也不要做。在战略上该自己得的,那就张牙舞爪地去争;在战略上不该自己得的,我们不要,在战术上安排好就行,有理、有力、有节。

王曰:"愿陈子闭口,毋复言,以待寡人得地!"乃以相印授张仪,厚赐之。遂闭关绝约于齐,使一将军随张仪至秦。

楚王说:"陈同学请把嘴闭上,别再说了,等我把地拿回来!"楚王既贪婪,又充满了信心。楚王授予了张仪相印,并赠送了很多好东西。之后跟齐国断交,并派一个将军随着张仪去了秦国。

按我妈的话说,这个人傻到被人卖了二百块钱,还一毛一毛地帮人数呢。

3. 实力是用谋的前提

张仪详堕车,不朝三月。楚王闻之,曰:"仪以寡人绝齐未甚邪?"乃使勇士宋遗借宋之符,北骂齐王。齐王大怒,折节以事秦,齐、秦之交合。

回到秦国之后,张仪假装从车上掉下来了,三个月不上朝,耍赖不见人。楚王心生怀疑,难道秦国知道我跟齐国表面上断交了,实际上却没有?我要做得更决绝一点,明快决断是明君的表现!于是,楚王找了个勇士去骂齐国,齐王大怒,所以和秦国修好。

"古今第一口条"张仪确实了不起!知道什么时候说话、说什么话,更知道什么时候不说话。

张仪乃朝,见楚使者曰:"子何不受地?从某至某,广袤六里。"

使者怒，还报楚王。楚王大怒，欲发兵而攻秦。陈轸曰："轸可发口言乎？攻之不如因赂之以一名都，与之并力而攻齐，是我亡地于秦，取偿于齐也。今王已绝于齐而责欺于秦，是吾合齐、秦之交而来天下之兵也，国必大伤矣！"

这个时候张仪出来上朝了，他本来就没摔，只是在等机会。张仪见了楚国使者说："您怎么还不拿地回去？有广袤的六里地，挺好。"使者生气地回来跟楚王说被骗了，是六里，不是六百里。楚王大怒，想发兵打秦国。

陈轸又出现了，说："我能说说吗？这时候打秦国，不如贿赂秦国，给它一个大城，跟它继续交好，合力去攻打齐国，我们在秦国失去的六百里土地，可以从齐国那里补回来。现在大王您跟齐国已经恩断义绝，如果您再责备秦国，说它背信弃义，那您是把这两边往一起推。秦国、齐国如果合在一起攻打咱们，那相当于全天下的兵都来了，国力必定会大伤。"

楚王不听，使屈匄帅师伐秦。秦亦发兵使庶长章击之。（三年）春，秦师及楚战于丹阳，楚师大败；斩甲士八万，虏屈匄及列侯、执珪七十余人，遂取汉中郡。楚王悉发国内兵以复袭秦，战于蓝田，楚师大败。韩、魏闻楚之困，南袭楚，至邓。楚人闻之，乃引兵归，割两城以请平于秦。

楚王不听，让大将军屈匄率领着楚国的军队去讨伐秦国。而秦国也发兵迎战。楚国大败，死了八万士兵，秦军把楚军主帅和部下都给抓走了，秦国拿到了汉中郡。楚王恼羞成怒，把全国的兵都召集起来去打秦国，又打败了。

张仪利用人性之恶来挑拨是非、获得利益，他的基础是秦国很能打、很强大。权谋是浮在水面上的一片纸而已，说沉就沉。即使你善用权谋，没有实力也是瞎掰。有了实力，水面上这片纸才可能掀起惊涛骇浪。

4. 靠得住的还是本事

弱国要戒贪，成事要戒贪。对此，我有三点建议：

第一点，贪在人性中根深蒂固，贪就容易上当受骗。事物都标好了价码，任何好事都意味着有一定的牺牲，本一不二。

第二点，成功者比普通人更要小心。"绝怜高处多风雨，莫到琼楼最上层"，当你站在山顶，会发现几乎所有的路都是下坡路，山脚下的微风都变成了飓风。你要做好管理者，就要多想想你身处的风险，少想你过去赖以成功的情商、智商、能力。

第三点，当某些好事突然出现，你的第一反应应该是警惕。不贪就不会上当，意识到风险，再加上谨慎，可能你就能在风口浪尖上多待一阵儿。

我们在平常的生活、工作、管理中，常常看到躁动的人在追求捷径和唾手可得的机会。其实，最靠得住的还是自己本事的提升。

千金买骨：
性价比最高的口碑营销

战国时期，七国竞争致使出现合纵连横的各种局面。除秦国之外，各国都面临着巨大的生存压力。燕昭王继位后，深知靠自己治理国家是不行的，他决定广纳真正的好人才。这便有了著名的"千金买骨"的故事。从现代管理角度，我们该怎么应用？

1. 燕昭王"千金买骨"：千古第一揽才胜略

燕人共立太子平，是为昭王。昭王于破燕之后即位。吊死问孤，与百姓同甘苦，卑身厚币以招贤者。

齐国进攻燕国，杀掉了子之，也杀掉了燕王哙。燕人四顾，发现最合适的继承人还是燕王哙的儿子太子平。昭王即位之后，倍感败国后的耻辱与危机，他决定做个好君王，跟百姓同甘共苦，并且准备放下身段以重金招募贤者。

谓郭隗曰:"齐因孤之国乱而袭破燕,孤极知燕小力少,不足以报;然诚得贤士与共国,以雪先王之耻,孤之愿也。先生视可者,得身事之!"

太子平对郭隗说:"齐国趁我们燕国内乱把我们打败了。我知道现在燕国很小,实力不足,以当前的力量没法报仇。但是我希望有能人跟我一块治理国家,以雪先王之耻,这是我的愿望。如果先生遇上觉得能用、可用的人,我愿意好好待他。"

郭隗曰:"古之人君有以千金使涓人求千里马者,马已死,买其首五百金而返。君大怒,涓人曰:'死马且买之,况生者乎!马今至矣。'不期年,千里之马至者三。今王必欲致士,先从隗始,况贤于隗者,岂远千里哉!"

这时候郭隗讲了一个故事,虽然这个故事八成是他编的。讲故事、讲笑话、问问题,是很好的交流方式。

郭隗说:"古代有个君王,让手下用一千金去买千里马,但是马死了,手下花了五百金买了一个马头回来。君王非常生气。但这个手下是个有智慧的人,他淡定地说:'死的千里马我们都出高价买,更何况活的!放心吧,活的千里马今年自己就会找过来了。'果然,不到一年就有三匹千里马来了。"

郭隗就沿着比喻回答了燕昭王的问题:"如果您真想招贤纳士,就先从我开始。您对像我这样的人都很好,更何况比我好很多的贤者,他们肯定会不远千里来见您的。"

燕昭王和郭隗是相互信任的。从燕昭王的角度,他能信任郭隗的推荐,其实就是信任郭隗的能力和郭隗的人品,说明郭隗也不是等闲之辈。从郭隗的角度，我先推荐我自己，看看您是真心还是假意。若是真心，口耳相传，贤人自然不召而来。这是诚信的作用，示范的力量。

于是昭王为隗改筑宫而师事之。于是士争趣燕：乐毅自魏往，剧辛自赵往。昭王以乐毅为亚卿，任以国政。

燕昭王真的听了郭隗的建议。他给郭隗盖了豪华的房子，把他当作老师一样尊重，精心供养。很多贤人知道后，都争着到燕国去了。乐毅从魏国去了，剧辛从赵国去了。昭王后来把乐毅任为亚卿，把国政交给他了。

2."千金买骨"背后实际是广告效应

"千金买千里马"看上去很容易，但实际很难实现。一种可能是世上没有"千里马"，另一种可能是"千里马"不信你真的给千金。无论怎么样，"千金买千里马"确实很难成功。对此，一般有两种办法：

第一种办法是，继续等。我什么都不做，就把一千金放这里，谁信，谁愿意来，我一看是"千里马"，那就给千金。这种做法很常见，但是不足之处就是：其一，消耗时间；其二，"千里马"可能还是不敢认你这个千金。

第二种办法是，五百金买个死马头。看似迂回、神经病、有诸多漏洞，但其实在很大程度上解决了"千金买不到千里马"的两个重大难点。

首先，它解决了信任问题，表示了诚意。我用五百金换一个死马头，金子会说话，你不得不相信我。其次，解决了传播问题，加速了寻找过程。我花五百金买个死马头这种类似神经病的事件，具有很强的新闻效应，有千里马的人知道了,就会很快跑过来了。

"千金买骨"事件的两重效应——建立诚信、形成示范,很快速地引发了广告效应,产生了品牌效益,实际上就是我们后世定义的"广告效应"。

3."千金买骨"的破局之用

第一,"千金买骨"是一个破局之术。如果没有极度想破局的野心和压力,没必要用"千金买骨"的招数。

第二,"千金买骨"的前提是要有千金——真有资源、真有钱,要多到能够让相关人士眼前一亮,并且你要有这个魄力,去花很多钱、资源买一个某种意义上的"破东西"。

第三,你要抵抗住"噪声"。抵抗住别人说你精神病,坚定地给自己时间。甚至买第二个、第三个"破东西",买朝着你的既定方向走的那类东西。

如果你能做到上述三点,你很有可能会破局,能把不世出的人才招到你的麾下,很有可能会创出不一样的功业。

4.如何用好"千金买骨"的效应

举两个例子:

一个跟古董相关。中国人和日本人都很推崇茶盏,尤其是福建建窑出土的建盏。日本人最推崇的是"曜变天目",建盏的一种。古往今来只有日本有三只,中国一只都没有。随着日本茶文化的兴起,"曜变天目"建盏处于无上之地位。

我有一个好朋友，听说杭州某工地出了几个散碎的、釉色不寻常的建窑瓷片，他闻声而去，毫不犹豫地用惊人的大价钱买下了残片。之后陆续有不同的人送来那次施工现场散落各处的二十多个残片，他一一花高价买下。他用这出自中国杭州的二十多个残片，组成了半个残缺的"曜变天目"，填补了日本之外没有"曜变天目"的空白。

再后来，有人出相当于当时二十倍的价钱，想买他凑齐的这半个"曜变天目"建盏，但他拒绝了。

另一个例子，还是跟古董有关。

有人说想收点古董，问我该怎么收。我说："方便问一下您有钱吗？"他说："有。"我说："方便问一下您愿意在古董上花钱吗？"他说："我愿意。"我说："我给您指一条简单之路。参加一个大拍卖行的古董拍卖，比如佳士得、苏富比、邦瀚斯，您不管什么价，就把那次拍卖封面的重器买回来，这样就能产生'千金买骨'的效应。以后，很多拍卖公司、画廊、古董商就会主动去找您，'千里马'就会一批一批地到您家去了。"

这就是现代版"千金买骨"的故事。

张仪好忙：
职场上的进退之道

民国的时候，顾维钧说"弱国无外交"。但是强国外交也不见得那么好做，张仪是强国的外交家代表，也是唯一得善终的历史"名嘴"。

1. 强国外交，也靠耳旁风

秦惠王使人告楚怀王，请以武关之外易黔中地。楚王曰："不愿易地，愿得张仪而献黔中地。"

公元前 311 年，秦惠王让人告诉楚怀王，他愿意拿武关之外的地换黔中地。楚王说："我可以给你黔中之地，也不用你拿地做交换，但是你得把张仪给我。"

楚怀王对张仪骗他六百里土地的事耿耿于怀。坦率讲，不管你做到多高级别的管理者，都应该就事论事，让过去的事过去。沉没成本，纠缠无益。

张仪闻之，请行。王曰："楚将甘心于子，奈何行？"张仪曰："秦强楚弱，大王在，楚不宜敢取臣。且臣善其嬖臣靳尚，靳尚得事幸姬郑袖，袖之言，王无不听者。"遂往。

张仪功成名就，在那个时候完全可以不接话茬。但张仪说，没问题，大王您就别管了，交给我。秦惠王对张仪说："楚国恨你恨到骨髓，你为什么还要去呢？"其实秦惠王这么问，就表示没有断了用张仪换黔中这个念头。秦惠王还是想一统天下，还是想逐鹿中原。

张仪的回答，表现出了绝佳的外交才能。张仪说："秦国强、楚国弱，强国只要把利益安排好，并善用人性，就不会出错。我背后有强大的秦国，还有大王您，楚国就不敢真的把我怎么样。"这是张仪从"大处着眼"。在战术层面上，张仪说："我跟楚王身边的宠臣靳尚关系很好，靳尚跟楚王的宠妃郑袖关系很好，郑袖说的话，楚王是会全听的。"

人的耳根子多多少少是软的，耳旁风听多了也就偏向于信了，这点符合人性。越是决策者，身边越是存在诸多耳旁风，这些人难免会影响决策者的决策。所以，各位枕边风、耳旁风要小心。换个角度想，哪怕是深仇大恨，大家如果想解开，从枕边风、耳旁风开始着手，是个好方法。

张仪在两千三百年前就知道了这一点。他除了舌头厉害之外，还能够跟楚王以及其他王身边的宠臣相处得很好。因此，即使楚王恨张仪已经恨成那样，他还是去了楚国。

2. 古今男性三大弱点：金子、女子、孩子

张仪，战国后期第一谋士，古往今来第一外交家。他认定两点：第一点，强国外交好做，不怕涉险；第二点，打人性弱点。而古今男性的三大弱点是金子、女子、孩子。

第一，金子。钱在某种程度上来说是安全感，官大一级、力量多十倍、钱多十倍都能压死人。

第二，女子。毕竟在男性编码里，底层逻辑是如果想实现自身基因复制概率的最大化，没个女性是不行的。所以，女人在漫长的进化过程中，在男性编码上形成了巨大的影响力，几乎是命门。

第三，孩子。孩子如果不好，那也意味着这个男性的基因能够存续下去的概率会减小，所以如果孩子能好，对这个男性有巨大的诱惑力。

所以，金子、女子、孩子几乎是大多数男性三个巨大的命门。张仪就是利用男性的这三个命门，来帮助秦国一统天下的。

楚王囚，将杀之。靳尚谓郑袖曰："秦王甚爱张仪，将以上庸六县及美女赎之。王重地尊秦，秦女必贵而夫人斥矣。"

楚王毫无悬念地囚禁了张仪，准备杀他。与张仪深交的楚国宠臣靳尚，跟楚王最宠爱的妃子郑袖说："秦王不想让张仪死，将用上庸六县和秦国能够找到的最漂亮的姑娘来赎张仪。楚王爱地，又尊重和害怕秦国，那秦国来的美女一定尊贵，到时候夫人可能就要靠边站了。"靳尚说的话言简意赅，正到点上。

郑袖可以说是《资治通鉴》中第一个相对重要的女性。我一直强调，女性是高于男性的物种，但是在过去两三千年的历史中，那些人没有意识到这一点，所以很悲哀。

于是郑袖日夜泣于楚王曰："臣各为其主耳。今杀张仪，秦必大怒。妾请子母俱迁江南，毋为秦所鱼肉也！"王乃赦张仪而厚礼之。张仪因说楚王曰："夫为从者无以异于驱群羊而攻猛虎，不格明矣。今王不事秦，秦劫韩驱梁而攻楚，则楚危矣。"

于是郑袖天天在楚王面前哭，说："张仪没那么可恨，只是各为其主而已。您杀了张仪，秦国必然大怒，一定会打过来。如果您真想杀张仪，请您允许我带着孩子去长江以南，我们孤儿寡母躲一躲。"

郑袖看似简单的几句话，实则在告诉楚王，如果您杀了张仪：一、您自身安全会受到威胁；二、您的女人会受到威胁；三、您的儿子会受到威胁。

金子、女子、孩子都受到威胁。果不其然，楚王听了郑袖的劝，不但放掉了张仪，还给他厚礼。

张仪就跟楚王说："现在的秦国是只猛虎，您去跟六国结成联盟，就像是结盟群羊，去进攻猛虎。一群羊攻猛虎，肯定打不过呀。如果您不跟秦交好，那秦就会顺势而为，先灭了您。"最后，楚王不但没有杀他，而且又跟秦国结盟了。

3. 唯贤是用是管理的核心

张仪能得善终，是大家都没想到的。张仪从楚国回来，先后又去了韩国、齐国、赵国、燕国、魏国，连哄带骗地和这几个国家也结盟了。按说张仪立下了天大的功劳，接着就该钓鱼、养花、挂画、焚香、点茶，干这些闲事，但是天不遂人愿。

张仪归报，未至咸阳，秦惠王薨，子武王立。武王自为太子时，不说张仪；及即位，群臣多毁短之。诸侯闻仪与秦王有隙，皆畔衡，复合从。

张仪回来报告，还没到咸阳呢，秦惠王就死了。武王在当太子的时候就不喜欢张仪，武王周围的人觉察到武王并不喜欢张仪，就都说张仪坏话。

张仪跑了一大圈，从楚国到齐国、赵国，再到魏国、韩国、燕国，但这时候六国都知道秦武王不信任张仪，结果都毁了约定。

一朝天子一朝臣，如果有一个特别喜欢你的领导，是你的幸运。但当这个领导走了，你也该走了，别留恋。

"为王计者，东方有变，然后王可以多割得地也。臣闻齐王甚憎臣，臣之所在，齐必伐之。臣愿乞其不肖之身以之梁，齐必伐梁，齐、梁交兵而不能相去，王以其间伐韩，入三川，挟天子，案图籍，此王业也！"

张仪跟秦武王说："我为您筹划着想，我们的东边会有大变化。齐王非常恨我，我待在哪儿，齐王就会讨伐哪儿。我去魏国，齐王就会打魏国。您就趁此期间去打韩国，挟持周天子，把他的地图、户籍、九鼎都拿下，那时您就是天下的王。"

张仪是多聪明的人呀，他知道如果这个时候他不从秦武王的角度去考虑如何一统天下，而是说自己有多难、功劳有多大，秦武王一定不爽。对于张仪的这番话，秦武王不一定相信，但是留着张仪徒添烦恼。他顺势主动离开，挺好。所以，秦武王还是很高兴地放张仪走了。

在管理制度中，唯贤是用是核心。张仪是魏国人，回到魏国之后他依然受到了重用，当了相国。在此期间，齐国确实想要打魏国，但被张仪用计化解了。一年之后，张仪在相国任上平静地死去。一代名嘴，看清时势之后，顺势而为，知进退，得善终。这也可以说是一个时代的终结。

4. 成事的路上，好好照顾自己

张仪在战国末期促进秦国一统天下的过程中的确是超忙。在张仪的故事中，我想说三点：

第一点，忙是好事，说明大势不错，你能使出力气来，你有价值。因为有好多时候，即使你想忙，但是周围环境不让你忙，不配合你忙。

第二点，忙的时候，更要保重身体。善待自己的肉体，自己的肉体才可能帮你走得更远、更长。

平时要注意最重要的几个姿势。比如，伏案的姿势——看书、开会、写作、看文件等，尽量不伏案，保持平视，还有就是睡觉的姿势、吃饭的姿势、走路的姿势、跑步的姿势等。另外，隔一个小时起来转转。去添杯水，跟别人聊会儿天，等等。一个小时起来一次，五分钟后再回来，不会影响你的效率。长此以往，对你的身体是有好处的。

第三点，要有一个固定的运动项目。跑步也好，打球也好，当然你要热身。

如果你能做到以上三点，即使是在很忙的状态下，你的肉身也能用得久一点。

成事的路上，要照顾好自己，更要珍惜自己的时间。再忙，你也要有相对闲的时候。要把这些时间花在你真正想花的人身上，你的父母、你爱的人、你的下一代,或者是你最喜欢的朋友。

　　要珍惜你的时间,比对你的钱珍惜十倍。因为钱花出去后可以再赚,而时间花出去就再也没有了。

息壤之约：
用契约防范信任危机

在秦国逐渐称霸、一统天下的过程中，秦孝公、秦惠王、秦武王连续三代都勤劳、有能力、有胆识、有野心。随着秦国的国力越来越强，秦惠王在张仪的辅佐、秦兵的帮助下，打破了六国似乎很牢固的联盟。秦惠王死后，秦武王依旧希望称霸。他派甘茂去游说魏国，联合魏国攻打韩国，于是就有了著名的"息壤之约"。在今天的管理环境里，这样的立誓、盟约依然具有指导意义。

1. 建立信任，契约先行

秦王使甘茂约魏以伐韩，而令向寿辅行。甘茂令向寿还，谓王曰："魏听臣矣，然愿王勿伐！"

秦王让甘茂去游说已经被秦国打服了的魏国，联合攻打韩国，并派向寿和甘茂同行辅佐。甘茂把魏国说服后，让向寿回去跟秦武王说：

"魏国已经同意听我们的安排一块儿去伐韩，但我还是希望大王不要伐韩。"

古代通信极其不便，甚至可能连信鸽系统都没有，这让信任变得尤为重要。于是，甘茂用"曾母投杼"的故事向秦武王说明了自己的处境。

王迎甘茂于息壤而问其故。对曰："宜阳大县，其实郡也。今王倍数险，行千里，攻之难。鲁人有与曾参同姓名者杀人，人告其母，其母织自若也。及三人告之，其母投杼（zhù）下机，逾墙而走。臣之贤不若曾参，王之信臣又不如其母，疑臣者非特三人，臣恐大王之投杼也。"

秦王亲自在息壤迎接甘茂，当面问甘茂的想法。甘茂说得很坦诚，他说："宜阳听上去是县，但实际上是郡，是个大地方，而且韩国在此深耕多年，今天如果您冒着多重风险，要行千里路去打，攻下很难。"

接着，甘茂举了一个例子。《资治通鉴》里的明君、名臣、名将举例子的能力都很强。甘茂说："曾参是孔子的弟子，鲁国有个跟曾参同姓名的人杀人了，有人对曾参的母亲说，您儿子杀人了。曾母神态自若，压根不信。当连续三个人来说，曾老太太，您儿子杀人了，快跑啊，本来特别淡定的曾母就跳墙跑了。我的才气、贤能都不如曾参，大王对我的信任也不如曾母对曾参的信任，在朝廷里恨我、怀疑我的人，又岂止三个？我怕大王到时候会跟曾参母亲一样，在我去打韩国的时候，轻信了说我坏话的人。"

秦武王听明白了。

王曰："寡人弗听也，请与子盟！"乃盟于息壤。秋，甘茂、庶长封帅师伐宜阳。

甘茂攻宜阳，五月而不拔。樗里子、公孙奭果争之。秦王召甘茂，欲罢兵。甘茂曰："息壤在彼。"王曰："有之。"因大悉起兵以佐甘茂，斩首六万，遂拔宜阳。韩公仲侈入谢于秦以请平。

秦王说："我不会听他们的，我愿意和你立盟约、签合同。"于是，他们在息壤立了盟约。之后，甘茂、庶长封帅师伐宜阳。

甘茂艰难地攻打宜阳，五个月也没打下来，死伤无数。樗里子、公孙奭和秦武王说，甘茂不行，打不下来。这时候，秦王就把甘茂召回来了，心想算了，不打了吧。甘茂说："我们在息壤定下的盟约就在那儿。"秦武王说："是有这么回事。"于是秦武王继续派兵辅佐甘茂，终于把宜阳打下来了。韩国的国相公仲侈入谢于秦，希望能讲和别打了。就这样，在魏国之后，韩国也基本和秦国站在一边了。

2. 维护脆弱的信任

信任太难，因为它非常难建立，但非常好破坏。无论是朋友、情人还是上下级，建立信任都是非常难的一件事。

首先，大家的基因不一样，由先天基因造成的长相、脾气、秉性就不一样。再加上后天的原生家庭、教育背景、生活习惯、人生阅历不一样，最终形成的个人三观、做事风格、爱好也会产生差异。而人类经常把一些不同当成不能信任的原因，尤其是在涉及利益、责任的环境里。

其次，一个猜疑、几句闲话、一两件容易产生误解的事，就有可能让某种非常难得的信任瞬间瓦解。就好像一只玉碗，经过创造、保护、打磨、上釉、刻字，变得洁白无瑕，只是一不小心的失手，"咣当"

掉地上就碎了。

我想起在华润的时候，经常四五个人吃顿饭，不用使劲嚷嚷，不用费力谋划，大家把事聊聊，把要做的事分分工，吃完饭就散了。再过两三个月，彼此一定能拿出相关的成果。那种互相信任、对各自的能力认可、对彼此的三观认同的感觉非常美好。如果那样的人有几十个，那样的气氛有一二十年，很多了不起的商业奇迹就会被创造出来。

秦国走这几十年大运，离不开这十分难得的信任。秦孝公、秦惠王、秦武王这连续几代的国王都有理想、有能力，并且和几十个下属情投意合，又经过长期打磨，对彼此之间的习惯、战术、战法都很认同，成大业是必然的事。

3. 成事的路上要多感恩

甘茂和秦武王"息壤之约"的故事讲了做事的方式、建立信任的方式，以及信任出现重大危机之后的补救方式。

建立信任需要承担的相关风险太大，"将在外，君命有所不受"，甘茂带着一个国家将近三分之一的精壮男子去打另外一个国家，在这个过程中，甘茂如果背叛，秦武王不仅要承担惨重的损失，还要接受选错人的羞辱。

其实在现代商业社会，像甘茂与秦武王这样的信任困境仍然非常常见。你把一个利润中心交给一个CEO——首席执行官和他的团队，冒的风险也是巨大的。人家在一线拿着这些资源、用着这些人，你在集团还有好多利润中心要看，还有好多其他事情要做，不可能天天看着他。

再举一个现实的打仗的例子。

"魏文侯令乐羊将而攻中山，三年而拔之。反而论功，文侯示之谤书一箧。乐羊再拜稽首曰：'此非臣之功，君之力也！'今臣，羁旅之臣也，樗里子、公孙奭挟韩而议之，王必听之，是王欺魏王而臣受公仲侈之怨也。"

魏文侯让乐羊带着兵去打中山国，三年才打下来。回来论功时，乐羊觉得自己的功很大，文侯的确肯定了乐羊的功劳，但同时也给他拿出一箩筐谤书，全是说他坏话的。乐羊看后，再次拜魏文侯说："打下中山不是我的功劳，是国君您的功劳。"

魏文侯的信任成就了乐羊，就像魏文侯对乐羊说的："乐羊你只需要安心打仗就好，我除了要担心你，还要帮你擦各种屁股，消除各种噪声，好让你安心打仗。"

华润老讲一个词叫"推功揽过"，把功劳推给别人，把过错揽给自己。在魏文侯和乐羊攻中山的故事里，得到荣光的是乐羊，但是如果没有魏文侯行吗？更深一层讲，有可能没有魏文侯不行，但是把乐羊换成别人，没准行。

当你拥有健康、拥有好的空气、好的水、拥有好的经商环境时，你会感觉能成事、能持续多成事都是自己的功劳和苦劳；当健康没有了，好的空气、好的水没有了，好的大势、经商环境没有了，你还是那匹马，但不好意思，你成不了事。所以，大家在成事的过程中，要多感恩帮我们支撑起这个环境的人、物和时代。

4. 麦肯锡信任公式

信任因为难能，所以可贵。麦肯锡的信任公式直击建立信任的核心。

信任 =（可信度 × 可靠度 × 可亲度）÷ 自私度。

第一个，可信度（Capability）。如果你是一个将军，能不能攻城略地打胜仗？如果你是一个谋士，能不能神机妙算，决胜于千里之外？也就是说，你是不是这一方面的专家，到底能不能成事？

第二个，可靠度（Reliability）。即使是专家，如果他三天打鱼，两天晒网，答应的事不做，答应的交付日期不遵守，能打胜仗的时候不打胜仗，能打大胜仗的时候只打小胜仗，也不行。所以，靠谱是第二个方面。

第三个，可亲度（Intimacy）。大家有可亲度，才更容易有可信度。我要知道你是怎么想的，你家里大致是一个什么气氛，你的三观怎么样。我跟你熟就更容易相信你，咱们三天吃一次饭，一周喝一顿酒，我俩甚至有可能比亲生兄弟姐妹还亲，这是人类基因导致的。

可信度、可靠度、可亲度这三个加分项是相乘关系，都直指信任。

但同时要小心自我导向（Self Orientation）。如果你在整个做事的过程中一直只想着自己，把好事都留给了自己，坏事、风险都留给了别人，那别人能信任你吗？长此以往，信任是建立不起来的。也就是说，你把自己放在越靠后的位置，把别人的利益搁得越靠前，别人越容易信任你。

5. 签订契约，避免信任危机

一方面，沿着麦肯锡的信任公式——提升可信度、提升可靠度、提升可亲度、降低自我，信任就会增加、保持；另一方面，就是借鉴甘茂和秦武王的"息壤之约"——签订合同。

我做商业这么多年，觉得很多时候分明是一个信任基础很差的经商环境，但偏偏有好多人特别爱假潇洒——我的话你还不信吗？签什么合同，不弄那些有的没的，咱们就用君子协议。

如果当时秦武王和甘茂是君子协议，没有订立"息壤之约"，那么在秦武王听到周围有人说甘茂坏话的时候，当初答应甘茂的事儿就黄了。

最好把丑话说在前头，答应的事情落在纸面上，责、权、利和相对的奖惩列得清清楚楚。有了契约，就能推进信任。大家都按照合同、契约去办事，我们慢慢就会迎来一个契约社会，迎来一个有信任基础的、效率高的社会。

胡服骑射：
如何应对新事物的进入

在战国末年，不只秦国在一代一代地出好国王、名将、名臣，其他国家也没闲着，也在努力富国强兵，试图能够绝地反击。在巨大的压力之下，其他六国也发生了相当多可歌可泣的故事。发生在赵国的"胡服骑射"故事，是《资治通鉴》里记载的最早的"西学东渐"，也是中国历史上最早的"西学东渐"。

西域的战术来到中原，一个新的东西进入历史悠久的地方，是否会水土不服？水土不服如何解决？它对我们现在的管理仍然具有相当大的借鉴意义，尤其是在我们面对新东西，尤其是新的好东西的时候。

1. 赵武灵王：临危受命的"神童天花板"

赵武灵王的父亲——赵肃侯在世的时候连年征战，几乎战无不胜，是不可一世的北方霸主。但是在公元前326年，赵肃侯逝世，十四岁的赵武灵王继位。跟赵国邻近的那些所谓的友好邻邦——秦、楚、燕、齐、魏五国各派一万精兵前来照应，说是吊唁，其实是来看看能捞到什么好处。年幼的赵武灵王刚刚即位，就面临着曾经强大的赵国被五只恶狼灭国的危险。

但赵武灵王在即位之初就显示出了雄才大略。他在托孤重臣肥义的帮助下，先是让赵国全境戒严、全民皆兵，代郡、太原郡、上党郡、邯郸的赵军全都进入一级戒备状态，随时准备战斗。然后游说韩国、宋国、越国、北方的游牧民族，说我如果被灭国了，对各位不是好事，希望各位能帮我就帮我，不能帮我，至少不要再打我，否则我会拼死一战。

在各国大军压境之际，赵武灵王发令，五国使者只能带着吊唁之物入境，军队不能进入赵国国境。五国使者来到赵国之后，看到赵国精锐军队严阵以待，纷纷打消了攻赵的念头，吊唁之后匆匆离去了。五国联军退去之后，赵武灵王开始着力恢复邦交，与魏、韩两国重新结好，该喝酒喝酒，该唱歌唱歌，该分析利益分析利益。赵肃侯在天之灵应该是骄傲的，在自己死后，十四岁的儿子面临如此严峻的考验，却能临危不乱、有勇有谋。

2. 冷兵器时代，人和马都有 KPI

赵武灵王北略中山之地，至房子，遂至代，北至无穷，西至河，登黄华之上。与肥义谋胡服骑射以教百姓，曰："愚者所笑，贤者察焉。虽驱世以笑我，胡地、中山，吾必有之！"遂胡服。

赵武灵王去北边的中山国，又到了北边的荒漠——所谓的无穷，也可能是到了现在的俄罗斯境内——又到了黄河，登上黄河旁边的一座山。

赵武灵王就跟他身边的托孤重臣肥义商量，用"胡服骑射"这个办法来教老百姓。别穿袍子了，索性穿个裤子，骑马射箭，那速度、能量、距离会增加一个量级。

而且赵武灵王没有像其他王一样，跟别人讨论这件事，而是简单、坦诚地说："傻子在笑，明白人在看。这事我定了，我们就学胡人怎么穿衣服、骑马、射箭，加上汉人的规模、我们定居的习惯，日后必将成为天下非常大的一股力量。虽然现在整个世界都在笑话我，但是北方胡人的天下、北方的中山国，我一定会拥有。"

胡服骑射是那时候的先进战术，赵武灵王胡服骑射之后，才是中国骑兵的开始。中国或许很早以前就开始用马，商代的时候就开始用战车，但真的把战车放开，让人骑到马上边，看上去是进步了一小步，其实是战争史上的一大步。

骑兵在后边好几百年甚至千年的发展中，都一直在细化、在精进。

首先是马，不仅要快，而且要能持久。从打仗的角度，应该选什么样的马？根据不同的战争，应该怎样给马定不同的"指标"？怎么发掘、怎么繁育、怎么培训？等等。

其次就是骑。什么样的人怎么骑？怎么训练人和马之间的关系，能够人马合一？怎么让更多人能够人马合一？怎么能让他们有最大的战斗力？

再次，就是武器。在马背上，人应该使用什么样的武器？这种武器应该长什么样子？设定了武器的标准之后，应该怎么生产？

展开就是无数的细节。看似是一场简单的变革，其实推行起来困难重重。

3. 管理大忌：一个机构多个决策者

经过胡服骑射之后，新的战略、新的军事技能确实让赵国变得更强大了。赵国超越了狭隘的民族观念和时代局限性，学习了新的战争技术和理念。"西学东渐"让赵国在赵武灵王的统治下复兴了一段时间，并且如他所想，中山的土地归他了，漠北胡人的土地也归他了。

赵主父封其长子章于代，号曰安阳君。

这个时候，赵武灵王已经把他的王位让给了他最喜欢的一个妃子的儿子，他自号"主父"。他认为，在儿子还小的时候，在别人不见得听他的话的时候，把王位传给儿子，是沿着血亲的某种变相的禅让。

而他本人喜欢到处跑，身着胡服、带着部队和亲近的随从，到各处去打仗。甚至还跑到了秦国，见到了秦王本人。等他跑出秦国国境，秦王才意识到那是赵武灵王，真的吓了一跳。

但主父赵武灵王结局很惨，他是饿死的。因为他犯了管理上的大忌，他让一个国家有了三个管理中心——他自己、他大儿子、他最爱的妃子吴娃的儿子。

吴娃死后，他对吴娃的儿子的爱也少了很多，又想起他原来的大儿子，觉得也不错。这样一来，一个国家就有了三个权力中心，手下的人不得不挑一个。所以，赵武灵王不能下狠心，那相关的人就不得不打打杀杀，来形成最后的平衡。

平衡的结果，就是大儿子公子章被打败了，他往主父这边逃跑，主父打开城门把大儿子接了进来，其他人就势，或者说是不得不围攻了主父。大儿子被打死了，围攻的人合计说，如果放主父出来，那我们就死定了，所以，就干脆不让主父出来了，并且把主父身边的人也都赶走了。一代明君,只能一直靠打鸟为生。三个月后,附近的鸟再也不去主父所在的沙丘宫了,主父就这样饿死了。

赵武灵王胡服骑射,完成了他当初的理想。但是后期心不够狠,违反了最基本的管理原则。在一个机构、一个时期,只能有一个决策者,其他人必须闪开。

周纪四

[公元前297年—公元前273年]

齐王之死：
危急时刻，不出昏招就是胜利

古人也是人，古人也会犯很多错误，所以才有《资治通鉴》。看古人的错误，是为了吸取教训，争取我们在今天的管理实践中少犯这些错误。

在公元前288年到公元前284年之间，有一位自己把自己作死的王，叫齐湣王。齐湣王是齐国田氏的第六代君主，在他即位之初，齐国还是战国七雄中实力较强的两国之一。一强是秦国，另外一强就是齐国，秦国在西边，齐国在东边。

齐湣王伐宋取得初胜，便开始极度膨胀，行事骄暴。他向南打楚国，向西打赵、魏、韩三国，还想吞并周室，自己立自己为天子，凡是劝他的人都被他干死了。自作孽，不可恕，公元前285年，燕昭王派人联络诸侯，让乐毅统一指挥燕、秦、赵、魏、韩五路大军攻打齐国。齐湣王兵败，最终把自己作死了。齐湣王作死了自己是一回事，但是作为王，他丢掉了齐国七十多座城池，因为他牺牲的老百姓和财物不计其数，所以给他的谥号叫齐湣王。

1. 危急时刻，不出昏招就是胜利

在强秦面前，其他六国的多数国王呈现越来越傻的状态。不知道是被吓傻了，还是在巨大的生存压力下动作变形了。我个人倾向于后者。一个拥有足够大国家的国王，如果做好自己的事情，修好自己的德行，外人其实是很难彻底消灭你的。但是在巨大的生存压力下，多数人做不到用中长期视角看问题，做不到不出昏招。与此相反，个别君王被自己的妄想冲昏头脑，开始频出昏招，为秦国一统天下做出了"卓越的贡献"。其实齐湣王最开始没有那么昏，这里有一个很有意思的前奏。

秦王称西帝，遣使立齐王为东帝，欲约与共伐赵。

在公元前288年冬天，秦王自称是西边的帝王——西帝，派遣使节到齐国去说，咱俩连横，你就是东帝，我就是西帝，但是你是我立的，所以你比我低半级，我们一块儿去打赵国。

齐王曰："秦使魏冉致帝，子以为何如？"对曰："愿王受之而勿称也。秦称之，天下安之，王乃称之，无后也。秦称之，天下恶之，王因勿称，以收天下，此大资也。且伐赵孰与伐桀宋利？今王不如释帝以收天下之望，发兵以伐桀宋，宋举则楚、赵、梁、卫皆惧矣。是我以名尊秦而令天下憎之，所谓以卑为尊也。"齐王从之，称帝二日而复归之。十二月，吕礼自齐入秦。秦王亦去帝，复称王。

齐王问苏代："秦派魏冉来跟我说让我当东帝，你觉得如何？"苏代是典型的纵横家，帮齐王想各种谋略。苏代是这么劝齐王的："您可以先接受，但是别着急称帝。秦国称帝，如果反对的声音不大，您再称帝,晚点儿没关系。如果秦国称帝,天下一块儿讨厌他,您就此不要再提这茬儿了,这样天下认为您非常有德行,这会为您加很多分。您去打赵国,赵国太大,太难打,不如先把宋国收拾了。宋国的国王号称'桀宋',非常昏庸,您干掉他,就可以收获天下的好名声,同时获得宋国的土地。拿下宋国之后,周围这些国家都会怕您。这样您既自己放低身段,又灭了宋。有了宋国的土地,其他人又敬重你又怕你,这叫放低身段变得更加尊贵。"齐湣王听从了苏代的建议,称帝两日就收回去了。过了一阵儿,秦王也不敢称帝了,接着自称秦王。

这个时期,齐湣王在苏代的游说下,还能保持一点点人间清醒,但往后的故事又发生了逆转。

2. 齐湣王与宋康王:摊子大的更能"作"

宋有雀生鸇于城之陬。史占之曰:"吉。小而生巨,必霸天下。"宋康王喜,起兵灭滕,伐薛,东败齐,取五城,南败楚,取地三百里,西败魏军,与齐、魏为敌国,乃愈自信其霸。

宋国的一只小麻雀在城墙角落生了一只鹰。掌管巫术的史官说:"小鸟生了一只比它大很多的鸟,这是吉兆啊,说明宋国虽小,却要称霸天下啊。"宋康王就是"桀宋",他立刻特别开心。他相信自己是君权神授,于是桀宋开始了四方征战,结果发现收割得十分顺利。

欲霸之亟成,故射天笞地,斩社稷而焚灭之,以示威服鬼神。为长夜之饮于室中,室中人呼万岁,则堂上之人应之,堂下之人又应之,门外之人又应之,以至于国中,无敢不呼万岁者。天下之人谓之"桀宋"。

宋康王迫不及待地想称霸，于是就开始干各种灭天、灭地、灭一切的事情。为了表明鬼和神我都不怕，我要威震天下！从他喝酒的屋子到堂中、堂下，再到门外，甚至到城外，到处都有人在喊"万岁，万岁，万万岁"。这是我在《资治通鉴》里第一次看到全天下人、全国人喊"万岁"的记录。天下人说，这个"货"就是跟夏桀一样的昏君。

齐湣王起兵伐之，民散，城不守。宋王奔魏，死于温。
齐湣王既灭宋而骄，乃南侵楚，西侵三晋，欲并二周，为天子。

齐湣王看了这般情形，就起兵讨伐宋康王。宋国的城门、城墙、城池没人守，老百姓撤了。宋康王想跑到魏国去，结果死在了温城。

齐湣王灭了宋，自己也变得特别骄傲。齐湣王做的事比桀宋做得还夸张。打楚国，又打赵、魏、韩，还想把周朝灭了，自己不仅要当东帝，还要称天子，比秦国还牛，比秦王还牛。谁劝他，他就要杀谁，杀了几个大臣之后，就没有人劝他了。最后，他也没有当上天子。

早期的胜利，有时候不见得是件好事，就好像你小学拿全班第一，不见得是件好事，你可能过早用尽了自己的潜力，也可能会造成你对自己的评价脱离了你自己的实际水平。

3. 乐毅伐齐：以小博大的经典案例

"多行不义必自毙"，齐国、齐湣王并不是没有仇人，其中一个仇人就是"千金买骨"的燕昭王。

燕昭王日夜抚循其人，益以富实，乃与乐毅谋伐齐。乐毅曰："齐，霸国之余业也，地大人众，未易独攻也。王必欲伐之，莫如约赵及楚、魏。"于是使乐毅约赵，别使使者连楚、魏，且令赵嚪秦以伐齐之利。诸侯害齐王之骄暴，皆争合谋与燕伐齐。

燕昭王等了好长时间了，在等欺负过燕国的、杀死他爸的齐国出现破绽。现在终于等到了，燕昭王就让乐毅去想办法伐齐国。

乐毅是这么分析的："齐国是霸业的余存，地大人众。如果您真想打它，那就联合赵国、楚国、魏国一块干。"

于是，燕昭王让乐毅约了赵国，然后让别的使者去约了楚国、魏国，接着通过赵国让秦国也知道了伐齐挺好，大家都讨厌齐王的骄傲暴虐，都要和燕国一块儿干他。

4. 什么时候该用快招、险招

乐毅并将秦、魏、韩、赵之兵以伐齐。

五国联合伐齐，乐毅在率领五国军队打败齐师之后，面临两种选择，一种是见好就收，另一种是长驱直入。乐毅选择了"身率燕师"，长驱直入。有一个"千金买骨"之后来投奔燕昭王的人，叫剧辛，剧辛不同意乐毅的做法，提出了不同的见解。

"齐大而燕小，赖诸侯之助以破其军，宜及时攻取其边城以自益，此长久之利也。今过而不攻，以深入为名，无损于齐，无益于燕而结深怨，后必悔之。"

剧辛说:"齐国大燕国小,我们靠着诸侯助力才打败了齐国,我们这时候应该及时拿边城,拿到我们打下的这些城市,这是燕国长久的利益。今天我们长驱直入,过城市也不打,这样对齐国没有损失,对燕国也没有增加好处,之后我们一定会后悔的。"

这是一番很好的讨论,在多数情况下,作为一个战略专家,我很有可能会"站"剧辛。但是乐毅说了一番话,我觉得我会"站"乐毅。

"齐王伐功矜能,谋不逮下,废黜贤良,信任诌谀,政令戾虐,百姓怨怼。今军皆破亡,若因而乘之,其民必叛,祸乱内作,则齐可图也。若不遂乘之,待彼悔前之非,改过恤下而抚其民,则难虑也。"

乐毅说:"本来这件事剧辛判断得没错,但是我们要看我们现在处于什么样的形势,最关键的就是我们的对手、我们对手的一把手是一个什么样的人,根据这些,我们来定我们的策略。说白了,齐湣王是个'傻子',趁着他这么骄暴不得人心,他周围的人、他的百姓都不会跟着他干,我们长驱直入,可以让齐国分崩瓦解。如果不这么做,有可能会贻误战机。等齐湣王缓过劲儿来,或者齐湣王被其他人换掉,齐湣王自己或者新上来的人如果能够悔改过去的错误,安抚他的百姓、他的官吏,我们就惨了。毕竟齐国那么大,我们这么小,到那个时候,我们就是被动挨打了。我们越快,看上去越险,反而是越安全的。"

遂进军深入。齐人果大乱失度,湣王出走。乐毅入临淄,取宝物、祭器,输之于燕。燕王亲至济上劳军,行赏飨士;封乐毅为昌国君。

乐毅孤军深入,果然齐国人就乱了。从根本上,齐国人心就是散的,没有人会拼力保齐湣王。齐湣王出走,乐毅入了齐国的都城临淄,取走了宝物、祭器，都拉回了燕国。燕王很开心，封他为昌国君。

5. 齐王之死：有些东西，有不如无

齐国大败后，齐湣王被迫出逃到卫国。卫国是个小国，卫国国君把自己的宫殿让给他住，自己的车让给他坐，向他称臣，但齐湣王却不知道感恩，认为自己君权天授，气得卫国人就把他赶走了。

后来，齐湣王又逃到邹国、鲁国，依然是一副盛气凌人的样子。邹国、鲁国索性一关城门，说，您这么大的王，我们这么小的国容不下。

最后，齐湣王逃到莒地，让之前并没有参与过伐齐的楚国将军淖齿救他。淖齿是一个性情中人，也是个明白人，他打心眼里瞧不起齐湣王这种"二货"昏君，骂了齐湣王一顿之后，就把他处死了。

荀子在他自己的书里是这么说的：

"国者，天下之利势也。得道以持之，则大安也，大荣也，积美之源也。不得道以持之，则大危也，大累也，有之不如无之；及其綦也，索为匹夫，不可得也。齐湣、宋献是也。"

一个国家，一个有着上千亿甚至上万亿资产的大公司，它是一个重器。如果你是有道之人，你拥有它是件好事，是巨大的荣耀，你可以通过它产生很多美好；但如果你没这个德行，德不配位，你拥有了就是很大的危险和累赘。有，还不如没有。

所以，如果你不是能够乘风飞翔的人，不是有定力的人，让你站在风口浪尖上你也难受。好多人羡慕霸道总裁、位高权重之人，但是位高权重不见得轻松。你如果德不配位，建议你借坡下驴，找一个机

会早点撤。

　　小富即安，小名即爽，不要真的背一个自己背不动的包袱，挺累的，而且还有可能招来杀身之祸。有一天风险会大到你要倒霉，想做一个平常人都做不到。类似的例子眼前就有，一个是齐湣王，另一个就是宋康王。

负荆请罪：
管理好自己的好胜心

在这么一个荒凉的世界里，如果你真的能找到一个人跟你同心，产生的力量大到能够战无不胜，那么从另外一个角度，这也证明两人同心是多么难的一件事。每个人都是一个小宇宙，一个小宇宙系统能够和另一个小宇宙系统无缝对接，本身就是一个小概率事件。所以，如果实现，产生的能量是巨大的。

我们借廉颇、蔺相如"将相和"的故事，来讲讲二人同心是怎么实现的。但各位不要痴心妄想，不要想着自己能跟世界上的任何一个人，或是你喜欢或喜欢你的人，轻易达到二人同心的状态，放弃幻想，认清现实。

1. 渑池之会：将相不和的导火索

秦白起败赵军，斩首二万，取代光狼城。

秦国在商鞅变法之后，又历经了几代非常强的国王，变得非常强大，国家也运转高效。在这种状态下，有几个战神出现了。商鞅变法最重要的就是"先军"，重视军功。这种长期的"先军主义"培养出的战神，其中就包括著名的白起。

赵国其实是一个非常能打的国家，而秦国比赵国还能打。在白起的带领下，斩首两万，之后还会斩首更多。在那个时候，两万不是小数目了。

秦王使使者告赵王，愿为好会于河外渑池。赵王欲毋行，廉颇、蔺相如计曰："王不行，示赵弱且怯也。"

打胜了之后，秦王故意放低姿态，让使者对赵王说，咱们和好吧，在渑池相会。这个事就很费思量，赵王不想去：我打输了，他请我吃饭，这饭怎么吃？我毕竟是个王，还不如不去。

蔺相如、廉颇两人一文一武，他们合计之后对赵王说："您不去就是示弱，对秦国来说，赵国示弱就意味着赵国应该很好打。"换一个角度说，去和不去并不是给秦王看的，而是给赵国的人民看的。赵王也明白了，如果这次怂了，赵国人的心气就完了。

赵王还是一个明事理的、愿意听意见的人。在那个乱世，他还是有勇气的。廉颇、蔺相如也不是孬种。蔺相如跟着赵王去赴约了。廉颇在后面准备军队，甚至更进一步，更决绝。

"王行，度道里会遇之礼毕，还不过三十日；三十日不还，则请立太子以绝秦望。"王许之。

廉颇目送着赵王和蔺相如离开，在边境上跟赵王说："您和秦王在渑池相会,该聊聊,该喝喝,该谈判就谈判,该发生冲突就发生,但我想过三十日总能谈完回来了。如果过三十日还没有任何消息,您还没回来,我就把太子立为赵王,断绝秦国一切莫名其妙的想法,秦国也不能拿您来要挟赵国。"

廉颇这话说得挺狠,但其实廉颇也是以国为怀,没有太为自己着想,是条汉子。赵王也就同意了,在这点上,赵王也是条汉子。春秋战国出了很多有血性、有风骨的汉子。

会于渑池。王与赵王饮,酒酣,秦王请赵王鼓瑟,赵王鼓之。蔺相如复请秦王击缶,秦王不肯。相如曰:"五步之内,臣请得以颈血溅大王矣!"左右欲刃相如,相如张目叱之,左右皆靡。王不怿,为一击缶。罢酒,秦终不能有加于赵;赵人亦盛为之备,秦不敢动。

秦王跟赵王在渑池喝酒,秦王让赵王弹奏一曲,赵王弹了。来而不往非礼也,蔺相如请秦王也弹奏一曲,秦王不肯。蔺相如说:"在五步之内,我可以拿我脖子的血'滋'你一脸,让你血光满身。"

秦王左右也都有拿刀带刃的高手,没等秦王招呼,就想拿刀剁了蔺相如。蔺相如不是一个光用嘴办事的人,他还有眼睛。这眼睛厉害到什么程度?蔺相如用眼睛瞪周围这些想拿刀砍了他的人,竟然把他们都瞪得不敢砍他了。秦王就敲了一下瓦器,非常不开心,不想喝酒了。秦国终究没能让赵国软下去,秦国的军队也没敢轻举妄动。

2. 负荆请罪:将相同心的开始

赵王归国,以蔺相如为上卿,位在廉颇之右。廉颇曰:"我为赵将,有攻城野战之功。蔺相如素贱人，徒以口舌而位居我上，吾羞，不忍为之下！"宣言曰："我见相如，必辱之！"

赵王归国，认为蔺相如陪他出生入死，立了大功，就给蔺相如升官加爵为上卿，排在廉颇之上。

廉颇说得很坦荡："我在赵国做将军，有攻城略地、杀伐占取、开疆拓土之功。蔺相如只凭口舌，陪赵王出生入死一次，就位居我之上。我的脸没地儿搁了，我忍不了在他之下。"然后他就放下狠话说，"我如果见到蔺相如，就一定羞辱他。"

相如闻之，不肯与会；每朝，常称病，不欲争列。出而望见，辄引车避匿。其舍人皆以为耻。相如曰："子视廉将军孰与秦王？"曰："不若。"相如曰："夫以秦王之威而相如廷叱之，辱其群臣；相如虽驽，独畏廉将军哉！顾吾念之，强秦所以不敢加兵于赵者，徒以吾两人在也。今两虎共斗，其势不俱生。吾所以为此者，先国家之急而后私仇也！"廉颇闻之，肉袒负荆至门谢罪，遂为刎颈之交。

蔺相如不是一个怕事的人，但是听到廉颇这么说，就说我躲，我不跟你碰面。每次上朝，如果他知道廉颇去，就称病不去，该争的时候争，不该争的时候退，甚至出门的时候，看到廉颇的车马从道路上过，蔺相如掉转车头就走，找地儿就躲，非常隐忍。

蔺相如的团队都认为好羞辱。蔺相如说："你们觉得廉颇将军和秦王谁更凶、谁更猛、谁更厉害？"蔺相如的团队也不傻，说："廉将军不如秦王。"蔺相如说："我能当着秦王的面，在秦国的地方骂他，并且让他周围的群臣、保镖蒙受屈辱，保着赵王面子完整地回到赵国，难道我会怕廉颇将军吗？我只是觉得强大的秦国之所以不敢入侵赵国，是因为有廉将军和我两个人在。如果我们俩打起来，秦国就没有什么惧怕的了，朝夕之间就会入侵赵国。我这么做，是以国家为先，而不是以自己一时意气为先。"

这番话传到了廉颇将军耳朵里，廉颇羞愧不已，脱光了上衣，背上荆条，到蔺相如的门口谢罪。两个人一文一武都很有格局，最后成为"刎颈之交"，也使得赵国相当一段时间安好。

3. 业绩不向辛苦低头

廉颇已经做得不错了。但更难得的是蔺相如的态度，是他能管理好自己的好胜心。

首先，他有文人之勇。虽然文人骑马、打仗比不过武将，但是关键时刻能够出头，五步之内我跟你拼了。没有千军万马，没有锣鼓声声，我还能挺身而起，拿脖子对着刀剑，这种人有时候比多数武将还厉害。

其次，他能管理好自己的好胜心。这是蔺相如了不起的地方。赵王认可蔺相如的功劳，给蔺相如的好胜之心以奖励，让他位极人臣。但是蔺相如能够知进退，能够推功揽过、继续让人，这太难了。

最后，赵王在一定意义上做了更难的事，就是业绩不向辛苦低头。赵王知道廉颇将军很辛苦，但是赵王还是更欣赏蔺相如在关键时候挺身而出，把更高的位置、更大的奖励给蔺相如。蔺相如该得，但是赵王敢给，所以更不容易。

4. 用好自己的好胜心

"将相和"让我想到"同侪压力"。大家在同一起跑线上，反而容易给彼此更大的压力。有些比我们大十岁以上的人，他们如果多得点、多占点，我们会认，因为他们先行一步嘛。如果说比我们小十岁以上的人，他们多得点、多占点，或许我们也能理解，因为他们的知识结构比我们先进，从小有更好的条件。最怕的就是比我们上下差五岁之内的人，大家都生长在类似的环境里，在一个类似的起跑线上，一起冲出去，但过了一阵发现他们中有些人比我们强、有些人比我们差，这件事就有点儿难办。

好胜是件好事，因为它是人类前进的最普遍、最大的动力之一。但对自己、对他人来说，好胜也是一件破坏力巨大的事。无论是管理自己还是管理团队，如何安放一颗好胜之心，发挥它的能量，减少它的损耗，减少它的破坏，这是几乎每一个能干的人、每个强悍的团队都要面对的问题。沿着"将相和"的故事，我讲讲我的一些想法。

第一，作为竞争者，要做到不过分、不失态。

不过分——在好胜心之下，你可以表达自己的愿望，可以在法律、国情、家法允许的范围之内，尽量去争，但是不能过分。你不能没有底线地去争，手段不能下作，不能破坏规矩。

不失态——输了要输得起，赢了也不要太得意。不要像廉颇那样放出狠话说，我见你一次，就让你不堪一次，这是失态。即使有万般委屈，作为个人，也不要失态。

第二，作为领导者，要争取"一碗水端平"。

作为领导，要全力争取创造足够的机会，争取"一碗水端平"。如果不能，就要多做做思想调节工作。讲清楚你为什么在这个时间点把这个机会给了这两个人，没有给其他人。或者用时间换空间，用时间换和平。即使你在某一个特定的时间点只能给一个人机会，你也要告诉剩下的人别着急，还有机会，而且这一天的到来会比他想象的要快。

第三，追求好胜的结果，不如追求好胜的心态。

好胜是一种心态。不要因为自己没有得到一些结果而沮丧，而是要多想想自己做了什么。先问耕耘，先求长出了什么，再求卖出什么样的好价钱。水到渠成总比德不配位要强太多，多做点，多成点，少得点，虽然你的好胜心有可能被抑制，但是你的福报会增加很多。

好胜之心的管理是我们经常会遇见的问题，管理自己的好胜之心、面对他人的好胜之心都不是容易的事。人总是在重复历史，我们要从历史看管理，向古人学习管理智慧。

乐毅攻齐：
管理君臣关系的四个关键

君臣关系落在管理上，揭示了一个非常重要的职场关系，就是你和你顶头上司的关系；是你和一个能够决定你很多事情，跟你非常近，但是又比你整整高一级的人之间的关系；是一种能够给你创造很多条件，也可以给你产生很多麻烦的关系。

1. 君臣关系的危机：信任太难

因为齐湣王作死，导致齐国被乐毅统率的五国联军围攻，七十多座城池都沦陷了。古老的齐国只有莒城、即墨两城没有沦陷。乐毅在即墨扎营，一耗就是三年。三年不算短，特别是在风起云涌的战国。三年拿不下两座孤城，燕国内部就有人开始对燕昭王说乐毅的坏话了。然而，燕昭王和乐毅对君臣关系的处理堪称古今的典范。

初，燕人攻安平，临淄市掾田单在安平，使其宗人皆以铁笼傅车轊。

及城溃，人争门而出，皆以辖折车败，为燕所擒；独田单宗人以铁笼得免，遂奔即墨。是时齐地皆属燕，独莒、即墨未下，乐毅及并右军、前军以围莒，左军、后军围即墨。即墨大夫出战而死。

燕人攻打安平，安平城里有一个被围的小官叫田单。田单有"急智"，在城已经临近被击溃的时候，田单让族人拿铁包住车轴再冲出去。就因为他做的这一点，他的族人才能够在兵荒马乱中冲出重围，幸免于难。之后，田单就带着族人到了即墨。此时，整个齐国除了莒城和即墨，已经全都被乐毅占领了。随即乐毅兵分两路，围困了这两座城池。大军压境，但即墨的大夫出去打仗已经死了。

即墨人曰："安平之战，田单宗人以铁笼得全，是多智习兵。"因共立以为将以拒燕。乐毅围二邑，期年不克，及令解围，各去城九里而为垒，令曰："城中民出者勿获，困者赈之，使即旧业，以镇新民。"三年而犹未下。

即墨人在紧急关头发现田单非常有智慧，于是就把他从连长提升成军长，带他们去对抗燕军。乐毅围困这两个城市，第二年也没有攻克，反而放松了包围，在离城九里安营扎寨，下令说："城里溜达出来的人不用去抓，让他们去吧；如果出来的人又病又饿，就稍稍帮帮他们，让他们去就业。"从这点来看，乐毅相当于开了个口子，不斩尽杀绝。就这样过了三年，城还没有被攻破。

或谗之于燕昭王曰："乐毅智谋过人，伐齐，呼吸之间克七十余城，今不下者两城耳，非其力不能拔，所以三年不攻者，欲久仗兵威以服齐人，南面而王耳。今齐人已服，所以未发者，以其妻子在燕故也。

且齐多美女，又将忘其妻子。愿王图之！"

乐毅围城三年没攻下来，就有人开始对燕昭王说闲话了："乐毅智谋过人，在呼吸之间几乎就把齐国七十多座城灭了。现在只有两座城迟迟没被灭，并不是他能力不够，而是他希望以德服人。一个用兵之人开始以德服人，他是想收买人心。齐人现在已经被乐毅所带领的燕国军队打服了，乐毅之所以没有揭竿而起、称王称帝，很大的原因就是燕国的士兵、将领的妻子和孩子还在燕国，他们不敢动。但是齐国自古也出美女，他们很快就会忘记在燕国的老婆和孩子，到了那个时候，他们不反才怪。王啊，您赶快行动吧！"

君臣关系不好处，信任非常难以建立，却非常容易破坏，就是因为周围有坏人哪。

昭王于是置酒大会，引言者而让之曰："先王举国以礼贤者，非贪土地以遗子孙也。遭所传德薄，不能堪命，国人不顺。齐为无道，乘孤国之乱以害先王。寡人统位，痛之入骨，故广延群臣，外招宾客，以求报仇；其有成功者，尚欲与之同共燕国。今乐君亲为寡人破齐，夷其宗庙，报塞先仇，齐国固乐君所有，非燕之所得也。乐君若能有齐，与燕并为列国，结欢同好，以抗诸侯之难，燕国之福，寡人之愿也。汝何敢言若此！"乃斩之。赐乐毅妻以后服，赐其子以公子之服；辂（lù）车乘马，后属百两，遣国相奉而致之乐毅，立乐毅为齐王。乐毅惶恐不受，拜书，以死自誓。由是齐人服其义，诸侯畏其信，莫敢复有谋者。

燕昭王开了个大酒会，把这个说乐毅闲话的人拎了过来，当着所有人的面说："我先王是真心尝试过禅让的人，就是想把国家让给贤人，我们不是贪图把土地给子孙的人。可惜当初先王没有把国家传对人，让国家和人民都遭受了磨难。齐国趁着我们燕国之乱害了先王，我继位之后，对此恨之入骨，所以我内举不避亲，外举不避仇。我希望能够有贤人帮我报了这个仇，我愿意跟他一块做燕王。今天乐毅将军能够帮助我攻破齐国，把他们宗庙拆了，把仇报了，我非常开心。齐国本来就是他打下来的，本来就该归乐毅所有，不是我的。如果乐毅当了齐国的国王，我们是两个兄弟国家，一同抗击其他诸侯，这是燕国的福分，也是我的福分。你为什么敢这么挑拨离间？"燕昭王做得很狠、很到位，把挑拨离间的这个人当着大家的面数落了一顿之后杀了。随后赐予乐毅的老婆王后的衣服，给他的儿子公子的衣服，派国相去齐国，跟乐毅说立他为齐王。乐毅对着国书下跪说，如果非要他当齐王，他就自杀。

君臣关系在这个阶段，在燕昭王和乐毅之间，就这样完美地、干净利落地管理好了。周围人都佩服乐毅和燕昭王，佩服他们的进退之道，什么时候该演，什么时候该演什么，演得都挺好。诸侯也害怕这种牢固信任的君臣关系，所以没有敢再折腾的了，也没有敢再挑拨离间的了。燕昭王在燕国，乐毅在齐国，就这样相安无事地待了下来。

2. 君臣关系失和：失败的根本原因

事情总不可能一直那么美好，就像事情不会总那么坏一样。燕昭王和乐毅近乎完美的君臣关系很快发生了变化，因为燕昭王死了。

顷之，昭王薨，惠王立。惠王自为太子时，尝不快于乐毅。田单闻之，乃纵反间于燕，宣言曰："齐王已死，城之不拔者二耳。乐毅与燕新王有隙，畏诛而不敢归，以伐齐为名，实欲连兵南面王齐。齐人未附，故且缓攻即墨以待其事。齐人所惧，唯恐他将之来，即墨残矣。"燕王固已疑乐毅，得齐反间，乃使骑劫代将而召乐毅。乐毅知王不善代之，遂奔赵。燕将士由是愤惋不和。

燕昭王死了，燕惠王继位。惠王当太子的时候，就跟乐毅不对付，田单听说后，就用了最原始、最有效的方式——反间计、说坏话。

其实田单说的这番话，跟燕昭王听到的离间的那些话类似。田单说："齐王已经死了，整个齐国只有两个城没被占。乐毅跟新燕王不对付，他不敢回燕国，所以他希望能够灭掉齐国，在齐国称王。因为齐人心还不在乐毅这边，所以乐毅才没有往死了去打莒城和即墨，但是也快了。一旦去打，即墨基本上没有任何希望了，齐国马上完蛋。"

人最容易听进去他想听进去的话。燕惠王听到田单的说法，管它是不是反间计，反正是他想听的东西。燕王本来就已经怀疑乐毅，再加上反间计，他就借坡下驴，派出一个人来取代乐毅，替乐毅收拾最后两座还没有打下的齐国的城池。

乐毅自知回去没有好事，就跑到赵国去了。燕将士知道自己的将军被这样反间了，非常生气、惋惜。就这样留给了田单反击、破局的机会。

田单令城中人，食必祭其先祖于庭，飞鸟皆翔舞而下城中。燕人怪之，田单因宣言曰："当有神师下教我。"有一卒曰："臣可以为师乎？"因反走。田单起引还，坐东乡，师事之。卒曰："臣欺君。"田单曰："子勿言也！"因师之。每出约束，必称神师。乃宣言曰："吾唯惧燕军之劓所得齐卒，置之前行，即墨败矣！"燕人闻之，如其言。城中见降者尽劓，皆怒，坚守，唯恐见得。单又纵反间，言："吾惧燕人掘吾城外冢墓，可为寒心！"燕军尽掘冢墓，烧死人。齐人从城上望见，皆涕泣，共欲出战，怒自十倍。田单知士卒之可用，乃身操版、锸，与士卒分功；妻妾编于行伍之间；尽散饮食飨士。令甲卒皆伏，使老、弱、女子乘城，遣使约降于燕；燕军皆呼万岁。田单又收民金得千镒，令即墨富豪遗燕将，曰："即降，愿无虏掠吾族家！"燕将大喜，许之。燕军益懈。

田单开始谋求破局，做了这样四点：

第一点，给众人洗脑。在自己人中找出一个神棍，封为"神师"，向所有人宣布"我得了神助"。看上去这种做法很愚蠢，但"有如神助"这件事历来就管用，他就是被选择的，他就是被神眷顾的。

第二点，激发己方斗志。田单用反间计让燕人把捉到的齐国士兵鼻子都割了，说只要把齐国士兵的鼻子割了搁到阵前，齐国军队就不能打了，即墨就会失守。另外，齐人最看重祖坟，田单还是用反间计让燕人把城外齐国人的坟都挖了，把死人都烧了。齐国军队一看，太过分了，一定要跟燕人死战到底。

第三点，全民皆兵。田单把所有人都编进军队。无论男女老少，无论强弱，大家都去打燕人。

第四点，让敌人膨胀、骄慢。田单在即墨收了千两黄金，让富豪交给燕国的大将说，一旦我们投降了，请你不要奸杀我的族人，燕军的大将收了钱并答应了。

燕军经历过这样几件事儿之后，心里已经很懈怠了，觉得拿下即墨指日可待。

田单乃收城中，得牛千余，为绛缯衣，画以五采龙文，束兵刃于其角，而灌脂束苇于其尾，烧其端，凿城数十穴，夜纵牛，壮士五千随其后。牛尾热，怒而奔燕军。燕军大惊，视牛皆龙文，所触尽死伤。而城中鼓噪从之，老弱皆击铜器为声，声动天地。燕军大骇，败走。齐人杀骑劫，追亡逐北，所过城邑皆叛燕，复为齐。田单兵日益多，乘胜，燕日败亡，走至河上，而齐七十余城皆复焉。乃迎襄王于莒；入临淄，封田单为安平君。

即墨城里的人非常想杀出去，想报仇，想求生存。燕军非常懈怠，只等着瓜熟蒂落，收编即墨，大秤分金，烧杀抢掠。之后田单布了一个火牛阵，在城墙凿数十个缺口，在一千头牛的牛角上装上刀，把尾巴涂上油脂点燃了，放牛出去。牛角带刀，见人撞人、见狗杀狗，五千壮士随牛而去，燕军大败。七十余城很快就被光复了。田单的兵日益增多，乘胜恢复了齐国全部的领土，而田单自己也被封为了安平君。

战术劣于战略，战略先于战术。战术里的关键点，比如说关键团队、关键人、关键关系，又远远重要于战略里边的一些细节。君臣关系真是一个很难的关系呀，如果燕国君臣关系一直处于一个良好的状态，哪怕是处于一种可以被接受的状态，齐国就复国无望，田单的什么火牛阵、火猪阵、火狗阵都没什么用。

3. 君臣关系的保全之道：功成身退才是大智慧

赵王封乐毅于观津，尊宠之，以警动于燕、齐。燕惠王乃使人让乐毅，且谢之曰："将军过听，以与寡人有隙，遂捐燕归赵。将军自为计则可矣，而亦何以报先王之所以遇将军之意乎？"

赵王知道乐毅能干，重用他、尊重他，以警示燕国和齐国。这个时候，燕惠王还在怨乐毅。燕惠王骂乐毅："你会错我的意了，心里跟我有了矛盾，所以离开燕国而归顺了赵国。虽然你为自己考虑说得过去，但是你这么做，对得起尸骨未寒的燕昭王吗？"

乐毅报书曰："昔伍子胥说听于阖闾而吴远迹至郢；夫差弗是也，赐之鸱夷而浮之江。吴王不寤先论之可以立功，故沈子胥而不悔；子胥不蚤见主之不同量，是以至于入江而不化。夫免身立功以明先王之迹，臣之上计也。离毁辱之诽谤，堕先王之名，臣之所大恐也。临不测之罪，以幸为利，义之所不敢出也。臣闻古之君子，交绝不出恶声，忠臣去国，不洁其名。臣虽不佞，数奉教于君子矣。唯君王之留意焉！"

乐毅人在赵国，已经没有太多担心和害怕了，难得也愿意，也有能力讲实话，就写了封信让人给燕王带去。乐毅说："过去伍子胥和阖闾君臣关系好，他们俩齐心协力让吴国的军队深入楚国，大败楚国。后来换了另外一个君主——吴王夫差，他们的君臣关系处理得极差，吴王夫差不懂，如果能好好用伍子胥的话，吴国会变得很强大，所以他把伍子胥杀了，沉江了也不后悔。而伍子胥尽管非常聪明能干，但是他却没有看到君臣关系中起决定作用的一方——君已经变了，君变了臣还不跑，结果就是被杀，浮尸江上。

"对于我乐毅来说，能够立功全身，让大家都知道燕昭王是个了不起的王，这是我最大的梦想。而我遭受莫名其妙的凌辱，特别是您以及您周围那些佞臣的诽谤，让燕昭王的名声受到诋毁，这是我最大的恐惧。如果我面对那些将要出现的不测之祸，还心怀侥幸，贪图利益，那是没有智慧的做法，就是伍子胥的下场了。"

之后乐毅说："我听说古代的君子绝交后不说彼此的坏话，忠臣离开他的国家，也不把好名声添在自己身上。我虽然不是什么能干的人，但是听过那么多君子的教诲，我也会这么去做。'唯君王之留意焉'，希望燕惠王您也注意一下。"这话说得软中带硬，肉里有刺儿，难得的是燕惠王竟然听进去了。

于是燕王复以乐毅子闲为昌国君,而乐毅往来复通燕,卒于赵,号曰望诸君。

于是,燕惠王让乐毅的儿子又当了官,而乐毅又可以畅通无阻地往来于燕国。最后乐毅是在赵国死去的,赵国给了他一个名号叫"望诸君"。

古往今来,英雄少,得善终的英雄更少。君臣关系这道难题,乐毅是典型的解题高手。而伍子胥等人差就差在这一题上,终致不得好死。希望我们都能处理好君臣关系,知进更知退。

4. 管理君臣关系的四个关键

君臣关系有可能是这个世界上作用最大又最难管理的一种关系。乐毅是能管理好这种关系的臣子典范,燕昭王则是在这方面做得好的君王典范,关于管理君臣关系,我想说四点:

第一,信任很难。天生两个很强的人——君、臣,相互产生信任,各自摆正自己的位置,太难了。

第二,要做模范经理人。君臣关系没有绝对的对错。无论是君还是臣,都要做模范经理人。首先,要体面,君子绝交,不出恶言。其次,模范经理人手不要太黑,做事不要太过分。就像在乐毅背叛燕国、加入赵国之后,燕惠王也没有杀乐毅的儿子和老爹。

第三,要利用好媒体,管理好舆情。是非审之于己,成败听之于术,毁誉听之于人。写篇小作文,把自己为什么这么做说清楚。当然,如果不需要说最好了。

第四，一定要记住功成身退。功成身退，一个非常重要的标志，就是跟你君臣关系特别融洽的那个人是不是走了。一旦他走了，如果你足够智慧、足够决绝，也应该走。

如果决定退，就要退得坚决果断，不要给周围的坏人留下任何插嘴的机会。哪怕最喜欢你的君王还在，但是你已经跟不上公司的发展了，自己也要聪明一点，找一个合适的机会和方式退出去。

进不容易，攻城略地、杀伐占取、开疆拓土非常难。但更难的是刀枪入库、马放南山，是金盆洗手、泛舟五湖。很多时候有个好下场、好结局比有个好开头、有个精彩的中场要难很多很多。

齐王疑田单：
底层逻辑还是利益冲突

君臣关系的难题，古今有之。"伴君如伴虎"，放在现代管理的状态下、现在管理的语境里，就是伴董事长、伴 CEO 都像"伴虎"。所谓的"虎"就是一个机构中最能决定你生死存亡的那个人。

田单和齐襄王的故事，就很好地诠释了"伴君如伴虎"的难，以及如何破这样难的局，君该如何做君，臣该如何做臣。

1. 齐王"揽功"，巧妙解决猜忌

田单相齐，过淄水，有老人涉淄而寒，出水不能行。田单解其裘而衣之。襄王恶之，曰："田单之施于人，将以取我国乎！不早图，恐后之变也。"

田单当了齐国的国相。有一次，看到有老人蹚着水过淄河，出了水之后冻僵了，走不动道，田单就把身上穿的貂皮大衣解下来给这个老人。

我觉得田单做得非常好。虽然任何人不能救所有的人，哪怕他再有钱，再有能力，可能也救不了天下所有人，但是不妨碍他救眼前人。眼前有人冻僵了，你脱下衣服给人家；眼前有人饿了，你把碗里的饭分一半甚至全给人家，这是人该做的事情。田单就是这么做的，脱下自己的貂皮大衣给他穿上，送他了。

两千年前没有羽绒服，甚至没有很厚的毛衣，貂皮大衣就是最好的东西。救眼前人，给眼前人一件衣服，给眼前人一口吃的，这叫善良，这叫仗义。但是田单不仅是田单，他还是齐国的国相。他这么做，有人看着就不开心了。谁不开心？齐王。

齐襄王自言自语道："田单这么给百姓做好事，他是不是想要我的齐国？想要我这个位置？想取我而代之？如果我不早点处理，之后有可能就很难了。"

左右顾无人，岩下有贯珠者，襄王呼而问之曰："汝闻吾言乎？"对曰："闻之。"王曰："汝以为何如？"对曰："王不如因以为己善。王嘉单之善，下令曰：'寡人忧民之饥也，单收而食之。寡人忧民之寒也，单解裘而衣之。寡人忧劳百姓，而单亦忧之，称寡人之意。'单有是善而王嘉之，单之善亦王之善也！"王曰："善。"乃赐单牛酒。

齐襄王左右看都没人，但是殿阶下边有个穿珠子的。齐襄王知道这个穿珠子的人应该听到自己对田单的不满了，但是齐襄王还是问他："你听到我说什么了吗？"穿珠子的人说："听到了。"齐襄王接着问："你觉得怎么样？"这说明齐襄王不是一般的庸君、昏君，还是有能力、有心胸的。

他没有说被人听到了，就招呼人把他杀了，也没有一句话不说掉头就走，而是多问了一句。这是一个穿珠子的，似乎没有什么学问见识，但是齐襄王依旧多问了一句"你觉得怎么样"。

穿珠子的人说得非常好，他说："您不如把田单做的好事当成自己做的好事。您使劲儿地夸田单，就说：'我担心老百姓没吃的，田单就给了吃的。我担心老百姓没衣服穿，田单就解下自己的貂皮大衣给他们。我忧心百姓，田单也忧心百姓。田单非常令我满意，我非常欣赏他。'田单做得好，而大王您夸他，田单的优点也就是大王的优点。"齐襄王说："好。"赐给田单牛肉和酒。你听这词，"牛酒"，简洁又有气势。

作为一把手，作为领导，你是战略制定者，你的手下做得好，是他执行得好。你把这话撂在大众面前，说到底还是你的功劳更大一些。

后数日，贯珠者复见王曰："王朝日宜召田单而揖之于庭，口劳之。乃布令求百姓之饥寒者，收谷之。"乃使人听于间里，闻大夫之相与语者曰："田单之爱人，嗟，乃王之教也！"

齐襄王给了田单"牛酒"，穿珠子的人觉得还不够，又跟齐襄王说："您要在一个上朝的大日子，当着大家的面给他鞠躬，在大庭广众之下夸他。然后您就宣布命令，有吃不饱、穿不暖的，我来让他吃饱穿暖。从国家的角度，从齐国的角度，从您齐襄王的角度去宣布这个命令，田单做的事儿是您让他做的。您在田单做事的基础上，把它变成一个政策，那田单所做的一切就都是您的功劳。"齐襄王做了这一番事情之后，再让手下听听民众的说法，发现大家说："田单之所以爱百姓，是齐襄王让他这么做的，是齐襄王教得好。"

作为一把手，有时候需要推功揽过，也可以适当揽功，用一种非常舒服的方式把手下的功劳揽到自己身上。伴君难啊，齐襄王原本都有要杀田单的心了，在穿珠人的教诲之下，用一种非常舒服的方式把功劳揽到了自己身上，谁都没有伤害。

2. 田单以退为进，化解"伴虎"危机

之前田单因为他自己的行为让齐襄王多心了，后来田单又因为他任命的人做的事情，被齐襄王周围的"小人"添油加醋，这使得齐襄王和田单又一次产生了微妙的关系。

田单推荐了一个人给齐襄王用。如果这个人不行，是个孬种，田单会怎么样？还好田单推荐的这个人是把好手，故事最后发生了逆转。

田单任貂勃于王。王有所幸臣九人，欲伤安平君，相与语于王曰："燕之伐齐之时，楚王使将军将万人而佐齐。今国已定而社稷已安矣，何不使使者谢于楚王？"王曰："左右孰可？"九人之属曰："貂勃可。"

田单把一个叫貂勃的人推荐给了齐襄王。齐襄王周围有九个他特别喜欢的人。当王的、当老大的、当 CEO 的、当董事长的，身边总有几个陪他吃喝玩乐的人，他见着这些人就开心。这些人主要的生存方式就是围绕着一把手团团乱转。

齐襄王也不例外。齐襄王身边有九个这样的人，这九个人都想杀田单，因为他们觉得田单是个厉害角色，可能会威胁到自己，需要干掉他。

他们跟齐襄王是这么说的："燕国伐齐的时候，楚王让将军带了一万人来帮齐国，现在齐国安定了，您应该找使者去谢楚王。"齐襄王就问："让谁去好？"这九个人就说貂勃可以去。

这九个人为什么让貂勃去？因为不做事不出事儿，做事就有可能出事儿。让貂勃去出使一个大国，万一他说话做事有不妥的地方，就都是把柄。可以通过这些把柄整治貂勃，通过弄貂勃就可以危及安平君田单，是这么一个逻辑。

貂勃使楚，楚王受而觞之，数月不反。九人之属相与语于王曰："夫一人之身而牵留万乘者，岂不以据势也哉！且安平君之与王也，君臣无异而上下无别。且其志欲为不善，内抚百姓，外怀戎翟，礼天下之贤士，其志欲有为也，愿王之察之！"异日，王曰："召相单而来！"田单免冠、徒跣、肉袒而进，退而请死罪，五日而王曰："子无罪于寡人。子为子之臣礼，吾为吾之王礼而已矣。"

貂勃到了楚国，楚王觉得貂勃不错，总是拉他喝酒，一喝喝了几个月，不让貂勃回去。

这九个人就开始在齐襄王耳边唠叨："貂勃在楚国这种大国受到这么好的待遇，一定是因为他在齐国有人，这人肯定就是田单。而田单跟大王您虽是君臣关系，有上下之分，但其实和您没啥区别。田单其实就是在预谋坏事，他对内收买人心，对外勾结蛮族，招贤纳士、笼络人才，他想要的就是您这个位置啊。您一定要仔细想想，好好观察、提防他。"

过了几天，齐襄王把田单叫去了。田单也知道没什么好事，他以退为进，把帽子摘了，把鞋脱了，赤裸着上身去见齐襄王。田单是立过大功的人，他也明白伴君之难。田单就跟齐襄王说："您杀了我算了。"

齐襄王盘算了五天，最后还是觉得自己不能太过分，撂下一句话："你对于我来说没啥罪。你只是做了臣子该做的，我只是做了王该做的。"

从某种程度上,可以说齐襄王在这个阶段容了田单。

3. 维持君臣关系,要有远见、明事理

貂勃从楚来,王赐之酒。酒酣,王曰:"召相单而来!"貂勃避席稽首曰:"王上者孰与周文王?"王曰:"吾不若也。"貂勃曰:"然,臣固知王不若也。下者孰与齐桓公?"王曰:"吾不若也。"貂勃曰:"然,臣固知王不若也。然则周文王得吕尚以为太公,齐桓公得管夷吾以为仲父,今王得安平君而独曰'单',安得此亡国之言乎!且自天地之辟,民人之始,为人臣之功者,谁有厚于安平君者哉?王不能守王之社稷,燕人兴师而袭齐,王走而之城阳之山中,安平君以惴惴即墨三里之城,五里之郭,敝卒七千人,禽其司马而反千里之齐,安平君之功也。当是之时,舍城阳而自王,天下莫之能止。然而计之于道,归之于义,以为不可,故栈道木阁而迎王与后于城阳山中,王乃得反,子临百姓。今国已定,民已安矣,王乃曰'单',婴儿之计不为此也。王亟杀此九子者以谢安平君;不然,国其危矣!"

貂勃从楚国回来,齐襄王请他喝酒。

这里我违背祖训教给大家一个诀窍,有些话你不太容易说出口,你怕别人接受起来难,你先把自己喝高了再跟他们去说。酒后做困难的交流。

酒喝嗨了,齐襄王就把田单召来了。貂勃知道自己是谁推荐的,还认田单作为自己的导师。这个时候他挺身而出,问齐襄王:"您和周文王比,谁强?"齐襄王说:"我不如周文王。"貂勃说:"我也觉得您不如。再往下比,您和齐桓公比,谁强?"齐襄王说:"我也

不如齐桓公。"貂勃说："我知道您也比不了齐桓公。然而周文王把吕尚尊为'太公'，齐桓公把管仲称为'仲父'，现在您得到了安平君，却只称他一声'单'，您怎么能说这些亡国的话呢？"

貂勃接着说了说安平君田单的功劳："自开天辟地以来，没有人臣的功劳比田单更高了。当年燕国打过来，齐国几乎灭国了，您跑了，是田单守着一个小破城，带了七千残兵败将打败了燕国，收复了失地。在当时，田单完全可以不管您，自己去当王。可是他想来想去，于道义上觉得不能这样，所以他把您迎回来了，把国家还给了您。现在国家已经安定了，您看不上他了，直接叫他'单'，这是小孩都不会去做的事。您把周围这九个说田单坏话的人杀了，以安田单的心吧，否则国家就危险了。"

貂勃是一个非常会沟通的人，他也知道留着这九个人，田单一定没有好日子过，他就帮他的恩人田单把这话说出去。他还从齐襄王的角度，帮他想好了充分的理由，为什么要杀他的酒搭子、最能讨他欢心的九个宠臣。因为他不杀这九个人，他的国家就危险了。神奇的是，齐襄王竟然听了。

乃杀九子而逐其家，益封安平君以夜邑万户。

齐襄王真的杀掉了这九个宠臣，并且又给田单多封了一万户，不容易啊。

齐襄王虽然有他的小心眼，但这种小心眼是很平常的，他同样有足够的远见，足够明事理，能够维持一个相对好的君臣关系。"伴君如伴虎"，但是齐襄王这个"虎"相对来讲还是明事理的，否则的话，田单、貂勃都不会有好下场。

4. 君臣关系的底层逻辑：利益冲突

对于难处的君臣关系，有以下几点我想说：

第一，彼此不信任太正常。无论你是当君还是当臣，无论你是CEO、董事长还是VP，一定要想到不信任是常态。你是董事长，不要以为下属对你言听计从，你就可以信任他们；反过来也一样，你是下属，哪怕董事长对你言听计从、夸赞有加，你也不要以为他有多信任你。这点请各位切记、切记。

第二，不信任是因为有利益冲突。"伴君如伴虎"是有它的底层逻辑的，那就是巨大的利益冲突。君臣关系、上下级关系随时可能因为外部的变化、内部的争夺而产生翻天覆地的变化。有些君王放松了警惕就被臣子取代了，有些臣子功高盖主就被君王干掉了，这样的例子比比皆是。

第三，权术不能乱用，要善用。如何管理君臣关系？你是君，你该怎么做？你是臣，应该怎么做？

从当君王的角度，从当董事长、CEO的角度，一个简单的原则就是夸，使劲夸，往死里夸，当众夸。夸你最能干的下属，夸你感觉有可能功高震主的这个人，而且要记住当众夸，把他的功劳变成自己的功劳；至少让外人觉得你们俩是一起的，你们俩是同心的，他的功劳实际上就是你的功劳，你的战略就是被他去执行的。

虽然这是权术，但不属于我讨厌的那种权术。以上驭下，你不要杀他，不要贬他。杀能干的人，贬能干的人，对于整个组织是不好的，对于资源的运用是不利的。

管理下属，当众狠夸，"一对一"私骂。骂人要私下骂，至少第一次、第二次不要当众骂，除非你有别的想法。如果你能忍住不骂，你不骂也管事，那当然更好。

最后的最后,我不得不说,名臣易得,明君难得,历史中所有的名臣上边其实都有一个明君。狗改不了吃屎,人总是重复历史,其实人应该借鉴历史。

田单伐狄：
持续成事，要保持"饥饿"

看一个团队能不能成事，一要看他们有没有做这事的能力，二要看有没有做这事的动力，三要看这组人做这个事有没有被许可。多数成功的团队，他们的能力往往不差，也有足够的支持，而他们不成事的根本问题往往是失去了动力。

田单和齐襄王在经历了一些跌宕起伏的危机后，消除了隔阂，建立了一些信任基础。之后，田单要带兵去打"北方的狼族"——狄族。在他打之前，有一个叫鲁仲连的谋士断定他打不赢，而战况不幸被鲁仲连言中。田单连忙去请教鲁仲连原因，鲁仲连的回答也引出了一个管理议题——成功者如何保持"饥饿"？如何持续地成功？

1. 能听负面的声音，是大智慧

田单将攻狄，往见鲁仲连。鲁仲连曰："将军攻狄，不能下也。"田单曰："臣以即墨破亡余卒破万乘之燕，复齐之墟，今攻狄而不下，何也？"上车弗谢而去，遂攻狄。三月不克。

田单要打狄族，去之前先去找了鲁仲连。本来田单是想听到鲁仲连的祝福和夸奖的，但是鲁仲连却跟他说了很严肃的话。鲁仲连直接说："你打不下狄族。"田单非常生气，说："我在即墨用残兵败将几千人就打败了燕国五国联军，恢复了齐国的疆土。今天，我有整个齐国的支持，去打狄还打不下来，这怎么可能？"田单说完之后，上车就走了。

通常在现实生活中，特别是你位高权重的时候，多数人会说你愿意听的话。提醒各位要珍惜说你不爱听的话的人，很有可能那就是你的恩人，你一定要捺住性子多问一句。

聪明、智慧并不只是意味着你能想清楚、说明白，还意味着你有听的能力，你能敞开心胸，能让别人开口。特别是你在位高权重的时候，听到你尊重的人对你发出负面的声音，在你觉得可笑、拂袖而去之前，请默数十个数，然后用一个平静的心态多问一个问题——你为什么这么觉得？在这个信息泛滥的时代，人太容易忽略一些重要的信息，如果能听进去一些负面的声音，你就比一般人有智慧。

齐襄王愿意听一个穿珠子的人的话，用"揽功"化解对田单的猜忌。而鲁仲连身份比贯珠者要高出很多，只是身为齐相的田单却拂袖而去。从这个角度来说，田单气度不如齐王。如果他能认真地听一听，或许好多条人命不用丧失了。

2. 成事的最大阻碍，是没有决心

果不其然，田单打了三个月，狄族还是没有攻下。

齐小儿谣曰："大冠若箕，修剑挂颐，攻狄不能下，垒枯骨成丘。"

这时候，齐国的小孩就开始传唱儿歌："戴着一个挺大的帽子，仗着一个挺长的剑，却打不下狄族，枯骨堆成山。"

田单乃惧，问鲁仲连曰："先生谓单不能下狄，请问其说。"鲁仲连曰："将军之在即墨，坐则织蒉，立则仗锸，为士卒倡曰：'无可往矣！宗庙亡矣！今日尚矣！归于何党矣！'当此之时，将军有死之心，士卒无生之气，闻君言莫不挥泣奋臂而欲战，此所以破燕也。当今将军东有夜邑之奉，西有淄上之娱，黄金横带而骋乎淄、渑之间，有生之乐，无死之心，所以不胜也。"

田单害怕了，他就问鲁仲连："您当时说我打不下狄族，请问您为什么这么说？"如果三个月前田单问上这么一句，他就有可能避免很多损失。管理的精髓，就是减少浪费，最大限度地利用资源。"田单问鲁仲连"就是很好的例子。

鲁仲连是这么回答的："您当时在即墨，在齐国快亡国的时候，您坐下来就织草器，是为了打仗，站起来就抡铁锹，是为了修工事。您对士卒们说：'我们无路可退了，只能背水一战！宗庙亡了，那就在死路里杀出一丝生机！'那个时候，您有必死的决心，其他的士卒也不抱活下去的希望，都擦着眼泪，想要去决一死战。这种'饥饿感'，这种决死之心和想打赢的欲望，都是您破燕国最重要的'武器'。

"您再看现在，东边有一万户人供奉您的生活，西边有唱歌、跳舞、喝酒、赏月的地方供您休憩，您带着黄金，骑着快马，在两条河之间要来要去。您只有活着的快乐，已经没有了必死之心，所以您胜不了。"

田单曰:"单之有心,先生志之矣。"明日,乃厉气循城,立于矢石之所,援枹鼓之;狄人乃下。

田单这回听进去了鲁仲连的话,他说:"我有这个心,谢谢您让我重新明确了我这颗心。"所以,他又激发了自己原来的那颗好胜之心、成事之心。第二天,田单开始转着城、敲着鼓,冒着枪林弹雨带领将士去攻打狄族了。就这样,狄族被打败了。田单战胜了自己的惰性,重新拥抱了自己的欲望,好胜之心又一次得到了满足。

3. 管理的核心,是保持"饥饿"

田单打胜仗的核心,是保持"背水一战"的决心。而管理的核心,是保持欲望、保持"饥饿"。

关于保持"饥饿",我有几点想说的:

首先,保持"饥饿"的前提是你曾经"吃饱"过,多次"吃饱"过,甚至"吃撑"过。也就是说,取得过一些成功。

其次,保持"饥饿",你才能保持成功。

在你刚开始做事、想成事的时候,你有野心、有梦想,但你有可能资源不够、能力不够。当你成就过一些事之后,你能力有提升,资源、品牌也变得好很多,这个时候挡在你和持续成事之间的"巨石"往往就是你失去了成事的动力。那些所谓的世俗的成功,对你没有那么大吸引力了。你带着云淡风轻之心,你没有"必死之意",怎么再跟那些充满"饥饿感"的、两眼都闪着贼光、表情凶狠的少年人去拼?一代成功者、成事者被后浪拍到了沙滩上,轮回就是这么产生的。

4. 如何保持"饥饿"

第一，尊重自己的不满足。

尊重你自己天生的"精神病"倾向——自己不满足的倾向，自己偏执的倾向，甚至尊重你身边人的这种偏执——他们对于完美的渴望，对于更大事业的追求。

我很小的时候，就写下了"文字打败时间"。这产生自一个特别小的初心，就是我十七八岁的时候。希望再过四百年，还有一些十七八岁的男生，在他们青春期，也愿意读我写的文章。我后来觉得自己很可笑，但后来的后来，我觉得自己还是有点东西的。要尊重自己天生的"精神病"，包括尊重自己周围有点"精神病"倾向的人，这是帮助你保持"饥饿"的一种很好的方式。

第二，多立"大旗"。

在你觉得"吃饱"了之后，去立起一个更高大的旗子，立一个你经过努力才能达到的目标。

立旗子有很多好处，第一个是，旗都立起来了，你要达不到，别人可能会笑话你，这是你的动力。第二个是，立了旗之后，很多年轻人有可能会追随你而来，而跟你三观相近的、比你年岁大的人，有可能会放下身段来帮你。所以，"吃饱"以后，立更大的旗，树更高的目标，也是保持"饥饿"的好方法。

第三，有所贪，有所逼。

曾国藩说天下所成的事儿，一半是有所贪，另一半是有所逼。如果你想保持"饥饿"，请对一些你还没有达到的事情产生贪婪，去贪图更高山的风景，贪图更大的事功、更远的立德、影响力更大的立言，并且进到一个能有人逼迫你的环境，让别人特别是你上级能挑出你的毛病。

想起我当时在麦肯锡时,有段时间觉得"学习曲线"变平了。每天在做一些自己擅长的事,从周围的人身上能得到的新的滋养越来越少了。这时我的一个客户就说:"冯唐,您老坐在'副驾驶'的位置上,您开过'车'吗?您自己做过企业吗?"我被这几句话刺激到了,因为人家说得没毛病。于是,我把工资降了一半,去了客户那边重新开始。后来,我也带了上千人、上万人,也做成了很多事情。当时的领导又连续三次挤对我、刺激我,他说:"冯唐你做过投资吗?"我没做过,在他的"嘲讽"下,我慢慢开始学习做投资,在我做完了四五例还不错的投资之后,发现投资其实也不是一个超级复杂的事,我很感谢他逼我。这就是我想说的,通过有所贪、有所逼,产生"饥饿感",去保持"饥饿"。

第四,保持生活的低调,不过分享乐。

"咬得菜根,百事可做",不要把时间和精力花在过分的享乐之事上——哪怕你有时间和精力,比如买买买、吃喝等。要养成好习惯,把时间和精力花在成事、持续成事上。不是刻意追求穷,而是要保持一种窘迫感。如果你在生活享受上花钱太多,你会发现,你的很多心思都在这些享乐上。这是曾国藩说过的一种观点,我也同意,稍稍奢侈一点,可以接受,多奢侈一点,不能容忍。

乔布斯在他五十几岁生命结束之前,做的最有名的一次演讲叫"Stay hungry, Stay foolish"(保持饥饿,保持若愚)。这个演讲能持续地打动我。"Stay hungry, Stay foolish"这句话,也因为乔布斯的影响力和我自己的体悟,而有了更多的意义。

这就是我对如何保持"饥饿"的建议,一些自己的经验之谈,算是我作为一个被严格培训过的管理咨询顾问,给各位的另外一根"拐杖",希望你的心也有所触动。

黄歇说秦王：
制定战略要视阶段而定

一个公司、机构、团队的早期战略相对容易定。只需要考虑清楚两个事儿，一个是在这么多的所谓机会里，哪些是最有吸引力的？另一个是，哪些是你有能力、有潜力去拿到的机会？想清楚后，你基本上就能定自己该干什么了。但到了后期，你兵强马壮、资源丰富，想打谁打谁、想干什么干什么的时候，你的战略核心需要定的则是不做什么。

秦国早期战略比较简单——打身边心腹之患——赵、魏、韩。在秦国把魏国、赵国、韩国都打服了之后，秦国也到了似乎打谁都能打得过、想打谁就打谁的状态，反而出现了"何处竞争"这样一个重要议题。

做战略的人，通常会在一个既定的状态下先列出可选方案，比较一下，然后选出一个最佳方案，"先胜而后战"。看上去似乎很简单，但《资治通鉴》却说了一千三百六十二年之久。借着"远交近攻"的故事，我们来看公司强大之后，在何处竞争的问题。

1. 秦国强大后，却陷入战略困境

韩、魏既服于秦，秦王将使武安君与韩、魏伐楚，未行，而楚使者黄歇至，闻之，畏秦乘胜一举而灭楚也，乃上书曰："臣闻物至则反，冬、夏是也；致至则危，累棋是也。今大国之地，遍天下有其二垂，此从生民以来，万乘之地未尝有也。先王三世不忘接地于齐，以绝从亲之要。今王使盛桥守事于韩，盛桥以其地入秦，是王不用甲，不信威，而得百里之地，王可谓能矣！王又举甲而攻魏，杜大梁之门，举河内，拔燕、酸枣、虚、桃，入邢，魏之兵云翔而不敢救，王之功亦多矣！王休甲息众，二年而后复之，又并蒲、衍、首、垣以临仁、平丘、黄、济阳婴城而魏氏服。王又割濮磨之北，注齐、秦之要，绝楚、赵之脊，天下五合六聚而不敢救，王之威亦单矣！王若能保功守威，绌攻取之心，而肥仁义之地，使无后患，三王不足四，五伯不足六也！王若负人徒之众，仗兵革之强，乘毁魏之威，而欲以力臣天下之主，臣恐其有后患也。"

魏、韩都被秦国打服了，秦王让武安君带着魏、韩、秦三国联军一块去打楚国。秦王实际上把战略已经定了，下一步的"何处竞争"，就是去打楚国。军队还没有出发，楚国的使者黄歇就到了。黄歇也怕秦国带着韩、魏一下子就把楚国灭了，所以他赶紧反过来帮助秦王调整战略。

黄歇很会表达，上来就说物极必反。他说："季节到了特别冷的冬天，马上就会暖起来，到了特别热的夏天，也马上就会冷起来。做事也一样，你把棋越堆越高，风险就越来越大。棋垒到最高处，一有风吹草动就会坍塌。秦国现在的地——天下东、南、西、北，您有西、北两块，相当于天下之半，这是过去没有过的事。您一直打得挺猛、挺强、挺顺，都快要打到齐国去了。您歇了两年,把魏国打服了,接着又往四方去打,现在打谁谁怕,威望是天下第一。您打了一路胜仗,现在反而到了关键时刻。如果您借着兵强马壮、战无不胜,一门心思地这么打,我担心您可能有后患。如果您能放慢节奏,不用那么着急打,而是施以仁义,巩固阵地,消除后患,那您肯定是千古最了不起的王。"

你去说服对方的一把手,让他改变战略,让他反过来对你的公司有利,红口白牙,只凭一张嘴、一个脑子,这是很难的。黄歇给大家做了一个很好的示范。

2. 黄歇借古喻今,说服秦王远交近攻

"《诗》曰:'靡不有初,鲜克有终。'《易》曰:'狐涉水,濡其尾。'此言始之易,终之难也。"

黄歇接着引用了《诗经》的两句诗:"初始的胜利,很多人都有,但能笑到最后的不多。"然后黄歇又拎出《易经》上的话:"狐狸过河,虽然过去了,但尾巴湿了。"言下之意就是,两部经典都说了,取得初始胜利容易,但是能够善终难。黄歇说得没错,对秦王也是很好的教育。

除了引用《诗经》《易经》这样的大经典著作之外,黄歇为了劝服秦王,还举了几个真实的例子。

"昔吴之信越也,从而伐齐,既胜齐人于艾陵,还为越王禽于三江之浦。智氏之信韩、魏也,从而伐赵,攻晋阳城,胜有日矣,韩、魏叛之,杀智伯瑶于凿台之下。今王妒楚之不毁,而忘毁楚之强韩、

魏也，臣为王虑而不取也。夫楚国，援也；邻国，敌也。今王信韩、魏之善王，此正吴之信越也，臣恐韩、魏卑辞除患而实欲欺大国也。何则？王无重世之德于韩、魏而有累世之怨焉。夫韩、魏父子兄弟接踵而死于秦将十世矣，故韩、魏之不亡，秦社稷之忧也。"

"吴国信越国，于是带着越国一块去打齐国，赢了。但是回来后，吴国却被越国收拾了。"这是一个例子。

另一个例子是："智伯带着魏、韩去打赵国，结果魏、韩在打下赵国之前背叛了智伯，杀了智伯。所以，今天您觉得不打下楚国您不爽，但是您别忘了，韩、魏还是您潜在的强敌，我很替您担心。现在，楚国是您的帮手，邻国是您的敌人。邻国就是赵、魏、韩。今天大王您相信韩国、魏国跟您好，就像当初吴国信越国一样，我担心韩国、魏国现在是装尿，其实在谋划着怎么欺负您、欺负秦国。"

黄歇先是立了个旗子，做了一个判断，之后就开始说他的证据。他说了一个残酷的事实："大王，您对韩、魏没有任何恩德，而且还有长期的怨恨。韩国、魏国有接近十代人都死在秦国的刀剑之下。所以，韩、魏如果不亡国，不彻底并入秦国，那就是秦国的危害，秦国就要提防。"

"今王资之与攻楚，不亦过乎！且攻楚将恶出兵？王将借路于仇雠之韩、魏乎，兵出之日而王忧其不反也。王若不借路于仇雠之韩、魏，必攻随水右壤，此皆广川、大水、山林、溪谷，不食之地。是王有毁楚之名而无得地之实也。且王攻楚之日，四国必悉起兵而应王……此皆平原四达膏腴之地，如此，则天下之国莫强于齐、魏矣。臣为王虑，莫若善楚。"

"您现在带领他们、武装他们、资助他们去打楚国,岂不是有病?而且攻打楚国从哪里出兵?您要借道于韩国、魏国吗?如果您那么做,将士出发的那一天,希望您要意识到,他们可能就回不来了。如果您不借道韩、魏,那么您就要选择一些不毛之地,最后您虽然打了楚国,但实际上也没有什么实惠。也就是说,赵、魏、韩、齐很有可能在秦兵和楚兵打得不可开交、无法撤军的时候,出兵来攻打您。交战的地理位置对他们来说会非常有优势,如果齐、魏占了秦国已经占了的好土地,那齐、魏将变得很强大。"

"秦、楚合而为一以临韩,韩必敛手而朝,王施以东山之险,带以曲河之利,韩必为关内之侯。若是而王以十万戍郑,梁氏寒心,许、鄢陵婴城而上蔡、召陵不往来也,如此,魏亦关内侯矣。大王壹善楚而关内两万乘之主注地于齐,齐右壤可拱手而取也。王之地一经两海,要约天下,是燕、赵无齐、楚,齐、楚无燕、赵也。然后危动燕、赵,直摇齐、楚,此四国者不待痛而服矣。"

"秦国跟楚国合在一起,韩国就会认怂。等您拿下了韩国,用十万兵镇守韩国的国都,魏国也一定会变成您的小弟。然后,您就可以再跟齐国打打交道。很快在您拿下韩、魏之后,燕、赵和齐、楚就不再接壤了,齐、楚也没有燕、赵的通道了。燕、赵孤立了,齐、楚也孤立了,这四国您都不用打,他们就已经感觉到疼了。"

王从之,止武安君而谢韩、魏,使黄歇归,约亲于楚。

黄歇在上述的论述中,已经把秦国最后一扫六国、一统天下的战略说清楚了。秦王不是等闲之辈,立刻让武安君先不要打楚国了,告谢韩国、魏国说，抱歉，我们不打了。然后他让黄歇回去和楚国约亲，成为好兄弟。

这就是"远交近攻"的故事，一个要被打的国家派出了一个使者，去帮助敌国想清楚战略，从而保护了自己国家的故事。

3. 如何制定好的战略

什么是战略？战略就是一套完整的、系统的、有逻辑关系的"何处竞争、何时竞争、如何竞争"的命题。

曾国藩讲"大处着眼，小处着手"，讲的也是战略的定义。而有些人说的那些战略，其实只是口号、愿景，比如说"立足海外，放眼国内"等。判断一个团队的战略是不是到位、是不是完整，就要看你的团队、你的中层是不是很清楚在之后的三年、五年该干什么，为什么要这么干，不同的战略举措之间，它们的逻辑性是什么。

如何制定一个好的战略？在公司发展的不同阶段，战略的重点是不一样的。

战略早期，也就是公司刚刚开始创业阶段，战略重点是做什么，凭什么你来做。所以，最重要的是想清楚要干什么、能干什么，特别是要跟自己的能力和资源相匹配。

战略到了后期，也就是公司进入了某种成熟期、发展的快车道，甚至是收官的时候，战略重点虽然也是"何处竞争"，但更重要的是不做什么，以及何时做那些已经确定要做的事。

因为管理很重要的一个主题就是节省资源。即使是在快速增长的后期，即使是在收盘期，也要用尽量少的资源做成尽量多的事。要珍惜物力，要惜福，不要胡来。

从历史看管理，我们的落脚点是管理——管理自己、管理团队、管理事情。我们要从古人的愚蠢之处，或者少数古人的聪明之处，学习我们应该尽量避免的东西，从这个角度去学管理，去提升我们的智慧。

孔子有七十二门徒、三千弟子，唯独总是夸颜回，对于其他人很少夸。别人问孔子："颜回有什么优点值得您这么夸？"孔子说："颜回'不贰过'。"也就是说，同样的错误，颜回不会犯两次。

我们反复重复这些，也是希望自己能像颜回一样，做到"不贰过"，那样人类就会变成"超人类"，世界就会变得比现在不知道美好多少倍。

周纪五

[公元前 272 年—公元前 256 年]

范雎入秦：
战略笃定，人才能应对起伏

范雎，秦国历史上的一代名相。和前辈张仪一样，范雎在来到秦国之前，也有过屈辱的经历，几乎惨死在魏国。后来，机缘巧合，范雎见到了秦王。范雎通过高超的"纵横之术"，赢得了秦王的信任，又通过"远交近攻"之计，帮助秦王夺回实权。

在秦国一统六国这个相当长的过程内，大多数时候，都坚定地执行了"远交近攻"。当然，其中也有不少起伏。这种起伏，也从侧面显示战略笃定性的重要。

1. "能忍抗打"的纵横家

初，魏人范雎从中大夫须贾使于齐，齐襄王闻其辩口，私赐之金及牛、酒。须贾以为雎以国阴事告齐也，归而告其相魏齐。魏齐怒，笞击范雎，折胁，摺齿。

当初有一个魏国人叫范雎，他跟着中大夫须贾去齐国做使者。齐襄王很喜欢范雎，觉得他能把问题想清楚、说明白，于是私下给了他不少金银财宝、牛、酒。须贾就以为，范雎是把国家的秘密告诉了齐国，是个叛徒。于是，他回去告诉了魏国的国相魏齐。魏齐非常生气，丁零当啷地就开始打范雎，把肋骨给打断了，牙也打断了。

雎佯死，卷以箦，置厕中，使客醉者更溺之，以惩后，令无妄言者。范雎谓守者曰："能出我，我必有厚谢。"

范雎假装死了，别人就把他裹在竹席里，扔到厕所，还让喝醉了的客人去尿他。魏齐就是想用这种方式树个标杆，告诫大家别老红口白牙一碰就瞎说话，要以国为怀。范雎抓住最后一根稻草，跟看着他的人说："如果你能让我出去，我一定重谢你。"

这件事儿，一方面说明魏齐有点过了，你大可以干净利落地干掉范雎；另一方面说明范雎的确不是常人，竟然能想办法抓住最后一根救命稻草。

守者乃请弃箦中死人。魏齐醉，曰："可矣。"范雎得出。魏齐悔，复召求之。魏人郑安平遂操范雎亡匿，更姓名曰张禄。

看着范雎的人就汇报说，竹席里的人死了半天了，该尿的也尿了，咱给他扔了算了。魏国的国相魏齐那时候已经喝醉了，说："好！"就这样，范雎被守着他的人弄出去了。后来，魏齐后悔了，想重新召回来，但已经晚了。实际上，范雎没死，他被一个叫郑安平的带跑了。他更名叫张禄，隐姓埋名地等待机会。

看来，范雎还是有些社会关系的，甚至有些暗线，能在自己状态非常差的时候启动，在自己危急的时候帮到自己。

> 秦谒者王稽使于魏，范雎夜见王稽。稽潜载与俱归，荐之于王，王见之于离宫。

下边的事情发生了另一层反转。秦国派使者王稽到了魏国，范雎竟然知道了这件事，并且趁晚上去见了王稽。王稽被他说服，偷偷带着他回到了秦国。范雎找对了人，找对了时机，跟着王稽——秦王的使者，一起回到了秦国。王稽把范雎推荐给秦王，秦王就在离宫见了范雎。

2. 高明的表达话术

> 范雎佯为不知永巷而入其中，王来而宦者怒逐之，曰："王至！"范雎谬曰："秦安得王，秦独有太后、穰侯耳！"

范雎假装不知道待会儿要见秦王，故意在别宫里到处溜达。遇到了宦官，宦官立刻愤怒地驱赶他说："王就要到了，你赶快走！"范雎琢磨着，看来秦王离自己已经不远了。他就大声说："秦哪有王啊！秦只有太后和太后的亲戚穰侯！"他高声叫喊，就是故意想让秦王听到。

> 王微闻其言，乃屏左右，跽而请曰："先生何以幸教寡人？"对曰："唯唯。"如是者三。王曰："先生卒不幸教寡人邪？"

秦王隐隐约约听见了他的话，就让周围人都走开，然后认认真真地问范雎："先生,我是不是有幸可以得到您的教诲呢?"范雎说:"行吧。"秦王问了三遍,范雎都没有实说。秦王急了,说:"先生难道真的不愿告诉我点什么吗?"

范雎曰:"非敢然也!臣,羁旅之臣也,交疏于王,而所愿陈者皆匡君之事,处人骨肉之间,愿效愚忠而未知王之心也,此所以王三问而不敢对者也。臣知今日言之于前,明日伏诛于后,然臣不敢避也。且死者,人之所必不免也,苟可以少有补于秦而死,此臣之所大愿也。独恐臣死之后,天下杜口裹足,莫肯乡秦耳。"

范雎说:"我不敢说啊。我是个寄居人下的臣子,跟您也没啥交情,而我说的又都是要矫正您的大事,都是骨肉相关的事。我自己无所谓,但我不知道您的心里是怎样想的,所以您问了三次,我还是没敢说。我知道我如果现在说了,明天就被杀了,但是我不愿躲开这件事。人都会死的,如果我死能让秦国变得更好一点,我愿意。"

范雎真会说话,受过严格的纵横家的训练。先说自己不怕死,然后垫了一句话——你不能杀我,因为我说了真话;如果你杀了我,以后你就再也听不到别人跟你说真话了。

王跽曰:"先生,是何言也!今者寡人得见先生,是天以寡人溷先生而存先王之宗庙也。事无大小,上及太后,下至大臣,愿先生悉以教寡人,无疑寡人也!"

秦王坐直了,表示认真、谨慎、专注,他说:"先生,您这是说的什么话呀!今天我得见先生您,是我的荣幸,是老天让我能保存先王的宗庙社稷。无论事情大小,上到太后,下到大臣,希望先生知道啥、想说啥，就告诉我，不要怀疑我了。"

3. 精准识别好领导

范雎拜，王亦拜。范雎曰："以秦国之大，士卒之勇，以治诸侯，譬若走韩卢而搏蹇兔也。而闭关十五年，不敢窥兵于山东者，是穰侯为秦谋不忠，而大王之计亦有所失也。"

范雎拜王，王拜范雎。范雎上来就把结论放出来，说："秦国这么大，制度这么好，士卒这么能干，用这样的实力打诸侯，就像一只快狗去追一只瘸了脚的兔子。秦国十五年没有开战，不愿意与其他六国兵戎相见，是穰侯为秦国筹划得不忠诚，也是大王您的战略规划有问题。"

王跽曰："寡人愿闻失计！"

秦王说："我想听听我在战略上做错了什么。"

秦昭襄王在位近六十年，秦国在他的手上基本实现了统一大业。从他简简单单一句话"寡人愿闻失计"，就说明了很多东西。首先，他愿意认真听、认真问。其次，他选择先问，甚至只问"我做错了什么"。他没有因为安全感的缺失，而一上来就问，穰侯到底有哪些不忠的地方。

其实范雎在讲这番话的时候，是设了埋伏的。范雎在那关键时刻，也很想知道秦王到底是不是一个可辅佐的君王。而秦王没让他失望。

4. "远交近攻"，得一寸是一寸

然左右多窃听者，范雎未敢言内，先言外事，以观王之俯仰。

范雎也不傻，知道左右好多人竖着耳朵在听，他选择了先不说内部矛盾，而是讲外边的事。

在信任还没有建立之前，上来就挑拨内部的是非是要冒很大风险的。不如先去建立你的可信度、可靠度、可亲度，在信任建立之后，再去谋求内部的改革。先枪口对外，不要着急，这也是战略笃定性的一方面。

因进曰："夫穰侯越韩、魏而攻齐刚、寿，非计也。齐湣王南攻楚，破军杀将，再辟地千里，而齐尺寸之地无得焉者，岂不欲得地哉？形势不能有也。诸侯见齐之罢敝，起兵而伐齐，大破之，齐几于亡，以其伐楚而肥韩、魏也。今王不如远交而近攻，得寸则王之寸也，得尺亦王之尺也。今夫韩、魏，中国之处，而天下之枢也。王若用霸，必亲中国以为天下枢，以威楚、赵，楚强则附赵，赵强则附楚，楚、赵皆附，齐必惧矣，齐附则韩、魏因可虏也。"王曰："善。"乃以范雎为客卿，与谋兵事。

范雎说："穰侯越过魏国、韩国，直接去打齐国，这在战略上有问题。"

范雎把自己定位为战略大师，第一刀直接捅向穰侯，不是捅他的出发点有什么不忠，而是直接捅向他不忠所呈现的结果——他的战略舍近求远，有问题。

"举个类似的例子，齐湣王向南打楚国胜了，也开疆拓土千里了，但是地理位置、形势让他很难拿到这些地。诸侯看到齐国状态不好，起兵伐齐，齐国几乎灭亡。所以，齐国舍近求远打楚国，实际上是肥了韩国和魏国。

"如今大王不如远交近攻，虽然看上去没有几千里那么辉煌，但是您得一寸地是一寸地，得一尺地是一尺地。

"韩国、魏国是中心的中心，是天下的关键。如果您想成就霸业，就一定要占据中心，这样才能给楚国、赵国造成威慑。如果楚国强、赵国弱，那赵国就会跟秦国交好；如果赵国强、楚国弱，那楚国就会跟秦国交好；如果楚国、赵国都弱，都跟秦国交好，那齐国也会跟秦国交好；如果楚国、赵国、齐国都跟秦国交好，那韩国、魏国就一定是秦国的俘虏了，一定被秦国干掉了。"

这就是"远交近攻"的战略笃定性。所谓战略笃定性，就是弄明白哪些做，哪些不做，不要因为一时一地、一两年的得失进退而去改变。此后，秦昭襄王就让范雎做了顾问，让他在军事上出谋划策。这就是"远交近攻"正式形成的那一刻。

范雎说秦王：
自保又能达到目的的表达技巧

范雎刚从魏国到秦国的时候，可信度马马虎虎，毕竟范雎的思维和语言都足够明白、在理。但是可靠度不太行，可亲度更谈不上。再说自我导向，秦王虽然对范雎不顾生死说真话的印象不错，但是秦王也要持续听其言、观其行，才敢信。

在两人联手把"远交近攻"的对外战略执行了几年以后，秦王对范雎的信任大大提升了。也正是这个时候，范雎瞅准时机对秦王说起了"王道"。

1. 范雎借古喻今，靠"内卷"上位

秦拔魏邢丘。范雎日益亲，用事，因承间说王曰："臣居山东时，闻齐之有孟尝君，不闻有王；闻秦有太后、穰侯，不闻有王。夫擅国之谓王，能利害之谓王，制杀生之谓王。今太后擅行不顾，穰侯出使不报，华阳、泾阳击断无讳，高陵进退不请，四贵备而国不危者，未

之有也。为此四贵者下,乃所谓无王也。穰侯使者操王之重,决制于诸侯,剖符于天下,征敌伐国,莫敢不听;战胜攻取则利归于陶,战败则结怨于百姓而祸归于社稷。"

秦国继续攻城略地、开疆拓土,范雎的功劳越来越大,跟秦王也日益亲近,变成他的心腹。于是范雎就开始给秦王"扎小针儿",就是挑拨离间的意思。

范雎先举了两个例子,说:"秦王啊,我在魏国的时候,只听说过齐国有孟尝君,不知道有齐王。我也听过秦国的事儿,但只听说秦国有太后、穰侯,没听过秦王您。一国之王是拥有一国的权力的人,是能够决定利害的人,是掌握生杀大权、说一不二的一把手。"

接着,范雎说:"在秦国有四个权力很大的人:太后——秦王的母亲,穰侯——秦王的舅舅,还有华阳君、泾阳君,他们干点啥事,根本就不避讳您。高陵君来和去,也根本就不跟您汇报。长此以往,这个国家不出状况才奇怪呢。"

范雎是一个极其聪明的人。他"扎小针儿"先扎了这五个位高权重的人,然后单拎出来扎穰侯。范雎说:"穰侯手里握的是王权,他的使者可以跟诸侯平起平坐地谈事儿,可以跟诸侯约定。他可以代替您发号施令、征伐敌国,打胜了,利益就归到他的属地;打败了,怨气就都归到您这儿。"

"臣又闻之,木实繁者披其枝,披其枝者伤其心;大其都者危其国,尊其臣者卑其主。淖齿管齐,射王股,擢王筋,悬之于庙梁,宿昔而死。李兑管赵,囚主父于沙丘,百日而饿死。今臣观四贵之用事,此亦淖齿、李兑之类也。夫三代之所以亡国者,君专授政于臣,纵酒弋猎;其所授者妒贤疾能,御下蔽上以成其私,不为主计,而主不觉悟,故失其国。

今自有秩以上至诸大吏，下及王左右，无非相国之人者，见王独立于朝，臣窃为王恐，万世之后有秦国者，非王子孙也！"

范雎做了比喻，他说："果树长了太多果子，会伤到它的枝干。伤了枝干之后，会伤它的心。所以，一棵树不能有太多果子，一个国家不能有太多的声音，要'令出一处'。如果一个国家里有几个城市大得过分，对国家就是危害。如果一个国家里有几个臣子地位非常高，那对王权就是损害。"

然后，范雎给秦王扎了个猛针。他举了些例子，说："淖齿在齐国专权的时候，射王的屁股、抽王的筋，把王吊在庙梁上，王吊了一晚上才死的。""射王股，擢王筋，悬之于庙梁，宿昔而死"，虽然用的是白描手法，但非常有画面感。范雎接着说："李兑在管赵国的时候专权，把赵主父困在沙丘，让他饿了一百天而死。我看，您朝廷上这四个贵臣的做事方式其实跟淖齿、李兑没什么区别。"

"过去，在三代的时候之所以亡国，是因为君主过多地授权给他的臣子，而自己去喝酒、打猎、泡女人，不理朝政。这些所谓大臣嫉贤妒能、欺上瞒下，以谋私利。君王如果不觉悟，国家也就完了。现在咱们秦国有俸禄的，从小官到大臣，甚至您左右的人，都是穰侯的人。我范雎在旁边看到您在朝堂上孤独地站着、孤独地坐着，很替您担心，怕以后的秦国可能不是您的后代所能拥有的了。"

说到这儿，范雎不再说下去了。

王以为然，于是废太后，逐穰侯、高陵、华阳、泾阳君于关外，以范雎为丞相，封为应侯。

秦王听明白了，下手也非常快、非常狠，废掉了太后，把穰侯、高陵君、华阳君、泾阳君这四个人都逐到了关外。然后，让"扎小针儿"的范雎当了丞相，封为应侯。

2. 范雎报仇，十年不晚

范雎是个记仇的人，也是一个懂得感恩的人。

> 魏王使须贾聘于秦，应侯敝衣间步而往见之。须贾惊曰："范叔固无恙乎！"留坐饮食，取一绨袍赠之。遂为须贾御而至相府，曰："我为君先入通于相君。"须贾怪其久不出，问于门下，门下曰："无范叔。乡者吾相张君也。"须贾知见欺，乃膝行入谢罪。应侯坐，责让之，且曰："尔所以得不死者，以绨袍恋恋尚有故人之意耳！"乃大供具，请诸侯宾客；坐须贾于堂下，置莝、豆于前而马食之，使归告魏王曰："速斩魏齐头来！不然，且屠大梁！"

魏王让须贾到秦国去，应侯，也就是当年的范雎，穿件破衣服去看须贾。须贾惊了。他不知道范雎现在已经得意了，是穰侯之后最炙手可热的人。须贾说："范雎，您现在还好吗？"并且，让范雎一定要留下来，好吃好喝，还给范雎一个厚的绨袍。

然后，范雎就做须贾的车夫，带着须贾到了自己府上，继续表演说："我先进去通报一声。"须贾看范雎左不出来，右不出来，就问看门的："范雎怎么还没有出来？"看门的说："哪有什么范雎！刚才帮您驾车的，就是我们的丞相张君。"因为范雎已经更名为张禄，所以在秦国没有人知道他是范雎。

须贾知道他被范雎骗了，他跪着进了门里，跟范雎谢罪。范雎臭骂他，说："你死一万遍都应该，我能让你死得很惨，但我之所以不想杀你，是因为你给了我一件厚绨袍。你还算有点人情味。"

但是范雎也并不是就此算了。范雎大宴宾朋，把有头有脸的人都叫来了，让须贾在堂下坐，像喂马一样，给他吃点草和豆子，故意恶心他。他还让须贾回去告诉魏国的国王："把害我的那个叫魏齐的人的脑袋快点送过来，不然我就把魏国灭了，把你都城里的人杀光杀尽。"

须贾还，以告魏齐。魏齐奔赵，匿于平原君家。赵惠文王薨，子孝成王丹立；以平原君为相。

须贾回到魏国，告诉了魏齐，魏齐立刻跑到了赵国，在平原君家里藏了起来。赵惠文王死后，这个平原君做了新赵王的丞相。

3. 仇恨让因果衔接

司马光在《资治通鉴》中描述范雎报仇的情况时，给我很多触动。一方面，我感觉到解恨，复仇能让人心里产生某种满足感。另一方面，又觉得何必呢，他这种复仇，虽然我能感觉到解恨，但很有可能我是做不出来的。有位诗人曾说："我本来摸向腰间，可以掏出手枪，可是我还是掏出了一朵玫瑰。"别人做错了，能原谅就原谅，不碍大事的就放过，但是应侯范雎不是这样的人。历史上，人类是会记仇的，仇恨让因果衔接。

司马光在整个《资治通鉴》里把自己隐藏得挺好，他一般只用行文来表示自己的态度，但偶尔会用"臣光曰"来点评历史上的人和事儿。

臣光曰：穰侯援立昭王，除其灾害；荐白起为将，南取鄢、郢，东属地于齐，使天下诸侯稽首而事秦，秦益强大者，穰侯之功也。虽其专恣骄贪足以贾祸，亦未至尽如范雎之言。若雎者，亦非能为秦忠谋，直欲得穰侯之处，故摭其吭（háng）而夺之耳。遂使秦王绝母子之义，失舅甥之恩。要之，雎真倾危之士哉！

司马光是这么评价范雎的：穰侯是帮助昭王当上秦王的人，他帮助昭王除了一些祸害，并且推荐了战神白起为大将，拿了楚国的地，让东边跟齐接壤了。虽然穰侯"贪、嗔、痴"，但还没到范雎说的这么差的地步。秦之所以能做大做强，是穰侯的功劳。

而范雎也不是什么好东西，他只是想得到穰侯的位置。范雎让秦王废了太后，绝了母子之意，赶走穰侯，失了舅舅和外甥之间的恩。简单地说，他利用秦王的心理和秦王所处的状态，夺了穰侯的位置。范雎是一个拨弄是非、"内卷"上位的人。

触龙说赵太后：
有效沟通的五个原则

触龙说赵太后是一个著名的关于沟通艺术的故事。从成事学的角度来看，你光有一个正确答案是不够的，还需要沟通——把你的答案用一种合适的方式传递给你需要传递的人。沟通也是成事的一部分，是整个解决方案的一部分。有时候它跟这个正确答案一样重要。

1. 太后的难题：要国家，还是要儿子

秦伐赵，取三城。赵王新立，太后用事，求救于齐。齐人曰："必以长安君为质。"太后不可。

秦国攻打赵国，夺取了三座城。赵王刚刚被立，太后管事，向齐国求救，齐国说得斩钉截铁，让他们拿长安君——赵太后最喜欢的儿子当人质。太后不干，即使是为了国家也不干！

齐师不出，大臣强谏。太后明谓左右曰："复言长安君为质者，老妇必唾其面！"

齐国说，好吧，那我就不出兵了。赵国的大臣急了，放下各种狠话，纷纷"以头抢地"地说，你一定要把长安君送到齐国去！结果，越强谏，太后越逆反。太后非常明确地跟左右说，谁要再说让长安君去做人质，我就啐他！他要当我面说，我就把唾沫当面啐他脸上！

2. 触龙沟通化解"无解难题"

左师触龙愿见太后，太后盛气而胥之入。左师公徐趋而坐，自谢曰："老臣病足，不得见久矣，窃自恕；而恐太后体之有所苦也，故愿望见太后。"太后曰："老妇恃辇而行。"曰："食得毋衰乎？"（太后）曰："恃粥耳。"太后不和之色稍解。

老臣触龙想见太后，太后正一肚子气，也知道他想说啥。太后带着一股杀气，一股"拿唾沫淹死你"的气，等着触龙。触龙小步快走，坐下，跟太后谢罪说："我年岁大了，腿脚不灵便了，虽然好久没见您了，但是我自己原谅了我自己。"这句话说明触龙跟太后之前挺熟，经常见面，至少是经常问候，嘘寒问暖的。触龙接着说："我这次想来见您，是因为我担心您身体也不行了。我老了，您也老了，我们一块儿成事这么多年，我想来看看您好不好。"

太后回答触龙说："我腿脚也不行了，我要靠车。"触龙接着问："那您胃口还好吗？还能吃进各种各样的东西吗？"太后跟他讲："没牙了，吃不了硬东西了，只能喝粥了。"太后不开心的神情渐渐地消散，

273

内心也没那么气了，放松了一点警惕。

左师公曰："老臣贱息舒祺，最少，不肖，而臣衰，窃怜爱之，愿得补黑衣之缺以卫王宫，昧死以闻！"太后曰："诺。年几何矣？"对曰："十五岁矣。虽少，愿及未填沟壑而托之。"太后曰："丈夫亦爱少子乎？"对曰："甚于妇人。"太后笑曰："妇人异甚。"

触龙说："我跟您说一个我的事。我有一个孩子叫舒祺，最小，又非常顽劣，不成器。但我老了，我私下里由衷地爱他。我想让他到皇宫来做卫队，保卫皇宫。真是不好意思，我知道这么提要求很唐突，但是念及咱们是老交情了，我就老脸碰老脸地说了。"

这时候，太后的戒心已经相当放松了。太后问："孩子多大啦？"触龙说："十五岁了，虽然年岁还不大，但我想趁我还在的时候，把他托付给您。"

太后心里产生了感慨，他们老说我爱长安君，触龙也爱他的小儿子呀！所以，太后感叹地说："男子汉大丈夫也爱小儿子吗？"

触龙肯定地说："比妇人还爱孩子。"这时候，太后已经完全放松了警惕，笑着说："妇人特别爱小孩子。"触龙接下去的一句非常重要，产生了转折。

"老臣窃以为媪之爱燕后贤于长安君。"太后曰："君过矣！不若长安君之甚。"

"我认为您爱燕后多于长安君。"赵太后之女嫁给了燕国，故称为"燕后"。太后说："你错了，我虽然爱燕后，但是我更爱长安君，我爱我的小儿子多于爱我闺女。"

左师公曰:"父母爱其子则为之计深远。媪之送燕后也,持其踵而泣,念其远也,亦哀之矣。已行,非不思也,祭祀则祝之曰:'必勿使反!'岂非为之计长久,为子孙相继为王也哉?"

这个时候,触龙又抛出了一个多数有远见的父母都不可能否认的结论,那就是:好的父母爱孩子,应该为他们想得更长远。触龙说:"您当初送闺女走,哭着不愿意放手。因为知道去了那么远的地方,今生或许再也见不到了。可闺女一旦走了,也就不再想了,祭祀的时候还在心里暗暗祈祷,闺女一定不要回来。您这样祈祷,不就是为了燕后能好,希望她的子孙能相继成为燕王吗?"

太后说,是这么回事。

左师公曰:"今三世以前,至于赵王之子孙为侯者,其继有在者乎?"曰:"无有。"曰:"此其近者祸及身,远者及其子孙。岂人主之子侯则不善哉?位尊而无功,奉厚而无劳,而挟重器多也。今媪尊长安君之位,而封之以膏腴之地,多与之重器,而不及今令有功于国,一旦山陵崩,长安君何以自托于赵哉?"

触龙说:"三代以前,那些赵王的孩子,到今天还有当侯的吗?"太后说:"没有。"

触龙说:"这就是说,如果灾祸发生得近,会伤到您自身。如果灾祸发生得远,会在遥远的未来伤及您的子孙。难道那些君王的孩子当上了王侯,就表现不好了吗?这些王侯为什么不能顺理成章地把荣誉传至子子孙孙呢?因为您身居高位,却没有功劳,您无法服众。您有丰厚的报酬,却没有付出劳动。不劳苦,不功高,而是通过您的血脉关系，才有了那么多好东西。"

最后，触龙把关键点落在长安君身上。触龙说："您非常爱长安君，给他很高的位置，给他很好的封地，又给他很多贵重器物。如果您现在不赶快让他对国家做出功劳，一旦您'挂'了，您觉得长安君在赵国要怎么待？"

太后曰："诺，恣君之所使之！"于是为长安君约车百乘质于齐。齐师乃出，秦师退。

太后想了想，同意了，愿意让触龙安排。于是，长安君带着百辆车去齐国当人质了。之后，齐国军队出兵援助赵国，迫使秦国军队退了回去，赵国暂时安全了。

3. 冯氏沟通五原则

"沟通"的定义，说白了，就是让别人能够接受你的正确意见。没有正确意见，非逼着别人接受，那是霸凌，是欺骗。有正确意见，但也不意味着别人能够接受。

我把这些区别先明确了，然后讲我的沟通五原则——"冯氏沟通五原则"。

第一，真诚——沟通的核心。

真诚在所有的沟通技巧里是核心。哪怕你给出的结论、建议，是别人不喜欢听的，是需要别人有所牺牲的，但是请你真诚，不要欺骗。

有些人说，真诚它不方便呀，有时候会让别人不舒服。但从中长期、从整体来看，越真诚效率越高，越真诚总体效果越好。骗能骗一时，但是无法骗所有人、所有的时候。不能实事求是，事情到最后就成不了。

简单、坦诚、阳光，并不意味着你会舒服，甚至可能会受伤。比如，我告诉你，你其实很垃圾；我告诉你，你这么做生意没戏；我告诉你，你得了不治之症。这些如果我不告诉你，有可能你一时会记得我的好，但是从中长期来看你很有可能会更恨我。

这个世界上，有一说一、实事求是的人反而是少数，似乎只有大英雄敢真诚待人。不敢说真话，不敢面对淋漓的鲜血、残酷的现实的是大多数人。

第二，利他——给别人实实在在的好处。

好多沟通进行不下去，问题就出在你太想着自己了。如果你沟通的目的是说服别人，那请你把你要说服的那个人的利益放在第一位，甚至把他的利益暂时放在事情之上。

顺着利他去想沟通技巧，而不是去想你要把话说得多漂亮。重要的是，你要沿着利他原则替别人多着想，能够通过利他说服他成事。比如，触龙在去劝说赵太后的时候，最后就说得很清楚，她不让长安君为人质，实际上是不理智的，是害了长安君，他这么考虑是为她好。

第三，知己知彼——沟通之前做好功课。

了解你需要进行沟通的对象，知道你要说服的对象是谁，知道他多大岁数了，精神状态怎么样，工作状态怎么样，知道他现在最担心什么、最渴望什么，同时也要知道你自己是谁。

如果你要去沟通，去说服一个人，除了对方的名字，你对他很多地方并不了解，那么你能完全知道他是怎么想的吗？你能很好地替他去想什么是对他好的吗？

第四，结构化思考——一句话概括主要论点。

如果你让我总结，触龙是用哪些话来说服赵太后的，我会说，这段话就是"如果您现在不赶快让他对国家做出功劳，一旦您'挂'了，您觉得长安君在赵国要怎么待"。

类似这样的总结,在你进行非常复杂、艰难的沟通之前,最好能在心里默念几遍,或是写在本子上,甚至你要多问自己几个为什么。你为什么这么认为?你有什么证据?等等。

第五,把握次序——根据对方状态,调整谈话节奏。

即使你很真诚,即使你有利他之心,即使你很了解你要去说服的对象,次序在沟通中仍然非常重要。请各位重新看一下触龙说赵太后的原文,感受一下触龙沟通的节奏和次序。

触龙的次序是,第一步,问候赵太后过得咋样;第二步,替自己的小孩子跟赵太后求情,这两步直接激起了赵太后的共情和感慨。在达到这个目的之后,触龙进一步把"动之以情,晓之以理"的话拿出来,非常简单、坦诚、阳光地告诉赵太后,如果她真爱她的小儿子,请替他做长远打算,让他建功立业。这样,哪怕她衰老,哪怕她去世,长安君依旧可以在赵国吃香的、喝辣的。

但是换一个场景,同样的节奏可能就不适用。比如,你跟一个霸道总裁的关系没有这么熟,他脑子又非常清楚,时间非常少,你再扯这些有的没的,就是不好的节奏了。总之,要对所处的环境、语境、彼此的状态有很好的了解,才能很巧妙地把握沟通的次序。

希望你根据你自己的实际生活,你自己的实际观察,结合触龙说赵太后的故事,仔细想想这些原则是否适用。如果不适用,对你来说应该添哪些原则,减哪些原则,变成你的沟通几原则。

纸上谈兵：
管理者如何选人、育人、用人

"纸上谈兵"是一个悲哀的故事，一个能给我们很多启迪的故事。时隔多年，我再读起这个故事，仍然是一边读一边叹气。

长平之战是中国历史上著名的战役之一，是中国古代最早、规模最大、最彻底的歼灭战，死了四十多万人，这是一个庞大的数字。长平之战的经验教训，后世反反复复拿来警醒彼此——"纸上谈兵"。它带来一个管理上的重要议题——如何选人、育人、用人？特别是在关键战役上，用哪些人。

1. 战略的失败

秦左庶长王龁攻上党，拔之。上党民走赵。赵廉颇军于长平，以按据上党民。王龁因伐赵。赵军数战不胜，止一裨将、四尉。赵王与楼昌、虞卿谋，楼昌请发重使为媾。虞卿曰："今制媾者在秦，秦必欲破王之军矣，虽往请媾，秦将不听。不如发使以重宝附楚、魏，楚、魏受之，则秦疑天下之合纵，媾乃可成也。"王不听，使郑朱媾于秦，秦受之。王谓虞卿曰："秦内郑朱矣。"对曰："王必不得媾而军破矣。何则？天下之贺战胜者皆在秦矣。夫郑朱，贵人也，秦王、应侯必显重之以示天下。天下见王之媾于秦，必不救王；秦知天下之不救王，则媾不可得成矣。"既而秦果显郑朱而不与赵媾。

秦左庶长王龁把上党打下来了，上党的人民就逃亡到赵国去了。赵国的大将廉颇就带着军队在长平驻扎下来，用从上党逃到赵国的人民来抗拒秦军。这就是长平之战的开始。

因为赵国接纳了上党的人民，所以王龁带兵伐赵，老将廉颇带领着赵国军队打了几次都没打胜。赵王就找来两个大臣商议，一个叫楼昌，另一个叫虞卿。楼昌主张求和，派个位高权重的人去跟秦国讲和。虞卿说："现在能不能讲和在于秦国，不在于赵国，秦国现在一定是想要破赵国的大军，想灭赵国。现在去讲和，秦很有可能不听。不如咱们派使臣带着重宝给楚国、魏国。如果这两个国家接受了，那秦国有可能会忌惮天下将联合起来对付它，这样或许能讲和成功。"

赵王不听虞卿的，坚持派出了郑朱去求和，秦王接受了郑朱。赵王跟虞卿说："你看，秦国接受了我们的讲和。"虞卿说："您想多了，秦国一定不会跟咱们讲和。为什么呢？郑朱是赵国的贵人，秦王和应侯一定会让天下人人皆知郑朱来讲和的这件事。当所有的国家都知道赵国跟秦国讲和了以后，一定就不出兵救您了。秦国知道其他国家都不会救赵国以后，怎么还会跟赵国讲和呢？"果然，秦国把郑朱来求和这件事弄得天下皆知，但是并没有同意赵国的讲和。

2. 选人的失败

秦数败赵兵，廉颇坚壁不出。

秦国屡战屡胜，赵兵屡战屡败，廉颇一代名将坚壁不出。其实后来的很多名将，包括曾国藩所谓的"扎硬寨，打呆仗"，就是坚壁不出的意思。

打仗、管理主要是扎扎实实干活，老老实实地让自己"扎硬寨，打呆仗"。你一件一件地把基本的事情做好，让主要的因素到位，老天总会眷顾你的。把自己重要的基本面都做得非常扎实，还一直不成功的人，我从来没见过。对捷径的追逐，很有可能是条邪路，是条不归路。

廉颇深知易守难攻的道理，所以"坚壁不出"。但是廉颇也感到了十分巨大的压力。

赵王以颇失亡多而更怯不战，怒，数让之。应侯又使人行千金于赵为反间，曰："秦之所畏，独畏马服君之子赵括为将耳！廉颇易与，且降矣！"赵王遂以赵括代颇将。

赵王认为廉颇是因为损失了不少士兵而感到害怕，不愿意打了，所以很愤怒，多次数落廉颇。秦国这时候也没闲着，秦国的应侯范雎又让人带着千两黄金在赵国使了反间计，传出话说："秦国唯独怕的就是赵奢的儿子赵括，现在廉颇容易对付，他想投降。"赵王中计了。赵王没有好好想想，为什么会有这种说法？他如果根据这种说法采取行动，对谁有利？多数俗人只会挑自己想听的去听，会信自己想信的，很少独立思考。赵王也是俗人。于是，赵王就让赵括当将军，代替廉颇。

蔺相如曰:"王以名使括,若胶柱鼓瑟耳。括徒能读其父书传,不知合变也。"王不听。初,赵括自少时学兵法,以天下莫能当;尝与其父奢言兵事,奢不能难,然不谓善。括母问其故,奢曰:"兵,死地也,而括易言之。使赵不将括则已;若必将之,破赵军者必括也。"

但是其他人并不像赵王这么想。蔺相如说得非常清楚:"您用赵括是因为他懂兵法、名声大,这就类似于把琴的柱粘住,还想弹好琴。赵括的本事都在嘴上,他只知道读他父亲的那些兵书,并不知道怎么用。"

古代书很金贵,多数人家一本书都没有。赵括有天生的优势,他父亲是名将,有很多兵书,他从小就能翻到这些书。但他只是知道兵书,并不知道兵法。因为他没干过这个事,他不知道如何去运用。

赵括小时候就喜欢兵书,他认为,关于打仗天下没有人能胜得过他,他甚至跟他爸赵奢聊用兵打仗、排兵布阵,但是赵奢并不开心,一点都没有称赞他。赵括的母亲就觉得很奇怪,问赵奢到底是什么原因。赵奢所述,一语成谶。

赵奢一针见血地指出:"打仗是件非常严肃的事儿,是关乎生死的,但是赵括说起来如儿戏,这是不对的。赵国以后不让赵括当大将也就罢了,如果让赵括当大将,破赵国军队的不是别人,就是赵括。"

人间清醒啊,赵奢是典型的人间清醒的例子,这样的父亲太少了。天才不能遗传,精通兵法的本事也不能遗传。

及括将行,其母上书,言括不可使。王曰:"何以?"对曰:"始妾事其父,时为将,身所奉饭而进食者以十数,所友者以百数,王及宗室所赏赐者,尽以与军吏士大夫;受命之日,不问家事。今括一旦为将,东乡而朝,军吏无敢仰视之者;王所赐金帛,归藏于家,而日视便利田宅可买者买之。王以为如其父,父子异心,愿王勿遣!"王曰:"母置之,吾已决矣!"母因曰:"即如有不称,妾请无随坐。"赵王许之。

当赵括作为大将要去上任时,他妈上书一封跟赵王说,赵括不行。这是多么伟大、光荣、明智的母亲。多数母亲听说儿子当大官了,都心花怒放,赵括他妈妈却跟赵王说,您选我儿子选错了。赵括的父母都是人间清醒,但是赵王是人间糊涂,他就不想想为什么赵括父母都认为儿子不行,赵括自己却认为自己行。糊涂啊,这四十几万赵兵死得也冤。

赵王还问了一下:"您为啥认为儿子不行?"赵括他妈妈说:"他爸爸当大将的时候,跟数十人一块吃饭,跟好几百人交朋友,受到的赏赐无论多贵重,都分给团队。一旦出征打仗,从不问家事。现在赵括当了国家的大将,他向东一坐,他的团队都怕他,不敢跟他交朋友,不敢跟他说话。您赐给他的金银财宝,他都拿回家去不分给别人。他还到处看田、看地、看房子,想去买。我希望您不要让他去当大将,不要让他去带赵兵。"

赵王说:"您别说了,这事儿我已决定了。"赵括的母亲说了最后一句:"如果赵括当大将,犯了严重错误,念在我跟他父亲都曾指出他不行这件事上,不要牵连我。"赵王答应了她。

3. 用人失败的后果

秦王闻括已为赵将,乃阴使武安君为上将军而王龁为裨将,令军中:"有敢泄武安君将者斩!"赵括至军,悉更约束,易置军吏,出兵击秦师。

武安君佯败而走，张二奇兵以劫之。赵括乘胜追造秦壁，壁坚拒不得入；奇兵二万五千人绝赵军之后，又五千骑绝赵壁间。赵军分而为二，粮道绝。武安君出轻兵击之，赵战不利，因筑壁坚守以待救至。秦王闻赵食道绝，自如河内发民年十五以上悉诣长平，遮绝赵救兵及粮食。

秦王听到赵括代替了廉颇为赵军主帅，心花怒放，暗地里让秦国的战神——打过无数大仗的武安君白起作为上将，而原来的上将王龁作为副将，并告诫士兵们："谁要是泄露白起当主帅这件事，斩。"

赵括到了军队，立刻改变管理方式，换人、换方针，出兵跟秦兵干。武安君假装打不过，撤退，但安排了两支骑兵设埋伏。赵括以为秦军不行了，乘胜追击。到了秦军的营寨，秦军坚壁不出，却有奇兵两万五千人抄到了赵军的后边，又有五千骑兵断了赵军和后方军营的通路。武安君白起带领小股部队攻打赵兵，赵兵打不过，开始安营扎寨等待救兵。

秦王知道赵军的粮路断了，于是把河内能调遣的十五岁以上的男丁全都征集出来，变成军队，去长平决一死战，切断赵国的救兵及其粮食。

齐人、楚人救赵。赵人乏食，请粟于齐，齐王弗许。周子曰："夫赵之于齐、楚，扞（hàn）蔽也，犹齿之有唇也，唇亡则齿寒；今日亡赵，明日患及齐、楚矣。救赵之务，宜若奉漏瓮沃焦釜然……"齐王弗听。九月，赵军食绝四十六日，皆内阴相杀食。急来攻秦垒，欲出为四队，四、五复之，不能出。赵括自出锐卒搏战，秦人射杀之。赵师大败，卒四十万人皆降。

齐国人、楚国人开始救赵国。赵国人没吃的了，向齐国求借粮食，齐国不给。

这时候，周子引出了一个历史上有名的成语，叫"唇亡齿寒"。周子说："赵国对于齐、楚就是一个屏障，能够帮助齐、楚挡住秦国军队，就像牙齿外边的嘴唇，嘴唇没了，那牙齿就只能直接面对冷风。今天赵国完蛋，明天秦军就会到齐国和楚国的边界。所以，现在要把救赵国当成十分急迫的事，就像锅烧干了，你哪怕只有一个破瓦罐，也要去救火……"齐王不听。

到了九月，赵军已经断粮四十六天了，开始人吃人了。赵括想把军队编为四队，轮番出战，争取能打破秦军的围困，但是失败了。赵括亲自上阵，带了一些精锐士兵出去打，结果被秦人一箭射死。赵师大败，四十万人投降。

武安君曰："秦已拔上党，上党民不乐为秦而归赵。赵卒反覆，非尽杀之，恐为乱。"乃挟诈而尽坑杀之，遗其小者二百四十人归赵，前后斩首虏四十五万人；赵人大震。

武安君白起是这样跟秦王汇报的："秦已经拿下上党，上党的人不愿意做秦国的子民，而归到赵国去了。他们不是秦国人，并且受过秦国的欺负，他们现在投降是没办法，如果不都杀掉，将来可能是后患。"然后他们就挖坑，把投降了的赵军都杀了，只剩年纪比较小的二百四十人，让他们回到赵国去了。长平一战，秦国军队杀了赵国军队四十五万人，赵国震动。

可怕啊！长平之战应该是中国战争史上死亡人数最多的战役之一，而且这个相对比例——这四十五万人占当时人口总数的比例，也很有可能是中国战争史上最高的一次。

4. 业绩是用人的金标准

从长平之战,从纸上谈兵这个历史悲剧,我总结了几点教训。

第一,求实不求爽。廉颇坚壁不出的办法虽然不讨喜,但是实用。人的心理都是希望创造辉煌,希望有传奇,但是如果打不过,坚壁不出,没准你还能打得胜。做生意也一样,没有实力,打不了漂漂亮亮的奇袭战的时候,那就老老实实地"扎硬寨,打呆仗"。

第二,业绩是用人的金标准。纸上谈兵还可以让我们学到如何区别能干、不能干的人。实践是检验真理的唯一标准,实践也是用人的金标准。

长平之战失败的罪魁祸首是赵王,因为他用错了人。赵王上来就任命赵括做四十多万赵军的一把手,他犯了没有从业绩去看人的错误。有过往的业绩,不意味着未来的事情可以办成。但是没有任何过往的业绩,这个人能把这事办成的可能性非常小。

我说过,成事有四种修炼方式——读书、行路、学徒、做事,其实说到底还是要做事。你说出大天来,你显示出各种潜能,都没用,你还不如把事一件一件办成。先做小事,再做中等事,最后做大事。一上来就做大事,失败的可能性太大。

第三,要听妈妈的话。知子莫如母,如果父亲说这儿子不行,倒也罢了,但如果母亲说这个孩子不行,这种母性视角一定要重视、重视、再重视。如果一个妈妈说自己的孩子不行,那这个孩子不行的可能性是非常大的。

第四,选"二代"要选守成的。一定要记住这一点,选"二代"、用"二代",要选守成之人,用守成之人去守成。即使是"一代"的"二代",也要培养他们以守成为主,不要培养他们去逐鹿中原。要想着他们就是庸才,他们能守成就已经是最好的结果了。

5. 年轻人如何正确地认识自己

我想设身处地说说赵括这个年轻人。我如果是赵括,来了这么一个机会,我会先掂量掂量自己,看看自己的德行、自己的见识、自己的积累能不能配得起忽然而来的这个大机会。也借着赵括,我说说对年轻人的几点建议。

第一,不要把事情想得太容易。年轻人会少一些畏难情绪,有激情、有闯劲,这是好事。但是不要把一些看似容易的事想得太容易,特别是战争、管理、带队这类事。

第二,从小事做起。不要一开始就想做大事,很容易伤了筋骨。先从小事做起,先从养活自己做起。

第三,年轻人要自知。天上不会掉馅饼,只会砸冰雹。不要总想着终于来了一个好机会,终于轮到我了。你要常掂量自己,稍稍谦卑一点。有自知之明,才是真正的聪明。

认识自己永远是最难的几件事儿之一。年轻人应该怎么认识自己?要看看自己的积累,之前做成过什么事。明白自己到底有什么天赋,有什么比别人优秀的地方。比如,之前读过多少书,行过多少路,上过多少名牌学校,被多少名师调教过,做成过多少有模有样的事儿。最重要的是,你对自己的认识要基于事实,行胜于言,业绩多于理论。

一言一城：
处理危机的沟通技巧

"战神"白起在长平之战杀死了赵国四十五万战俘。次年十月，白起再次起兵出征，意在一举灭亡赵国。赵国和相邻的魏国、韩国都感到大难临头，于是花重金聘请了"战国名嘴"苏代，去秦国游说。苏代到了秦国以后，三言两语就说动了秦相范雎，范雎又三言两语说动了秦王，秦王最终下令罢兵。赵国的国祚，因为苏代、范雎的一席话，又延长了好几十年。苏代究竟对范雎说了什么？范雎又对秦王说了什么？他们的沟通技巧有什么值得我们借鉴的？

我们总是强调读书、行路，很少强调沟通。但是光读书，不会表达，还是有相当大的问题的。在触龙说赵太后的故事里，我讲了"冯氏沟通五原则"——真诚、利他、知己知彼、结构化思考、把握次序。借着"一言一城"，我再次讲讲沟通。

1. 巧舌如簧的范雎，被苏代说服

十月，武安君发军为三：王龁攻赵武安、皮牢，拔之。司马梗北定太原，尽有上党地。

长平之战后，到了十月，白起兵分三路，开始继续攻城略地。赵国的形势已经很危险，再这么下去，赵国有可能被灭国。

韩国、魏国坐不住了，花重金请苏代去找应侯，也就是范雎，问问现在该怎么办，能不能停兵。秦军此刻势如破竹，这个时候想让他们停下来，相当难。

韩、魏恐，使苏代厚币说应侯曰："武安君即围邯郸乎？"曰："然。"

苏代就问范雎："武安君白起是不是要围歼邯郸，就像当初围歼长平一样？"应侯说："是的。"

苏代曰："赵亡则秦王王矣；武安君为三公，君能为之下乎？虽欲无为之下，固不得已矣。秦尝攻韩，围邢丘，困上党，上党之民皆反为赵，天下不乐为秦民之日久矣。今亡赵，北地入燕，东地入齐，南地入韩、魏，则君之所得民无几何人矣。不如因而割之，无以为武安君功也。"

"冯氏沟通五原则"的第一条就是真诚，苏代在这里运用的就是真诚，直给，毫不拐弯抹角。苏代上来就跟范雎说："赵国亡了以后，秦国就会一统天下，武安君就会贵为三公，位置在您之上。您能甘心在他之下吗？"这是苏代直给范雎的第一个理由——为什么您要想办法让武安君停下来。

苏代直给范雎的第二个理由，涉及"关键业绩指标"。他说："秦国从前打韩国，围了邢丘，困了上党，但上党的人民都不想成为秦国的人民，他们都去了赵国。天下没有人愿意做秦国的百姓，这件事已经很久很久了。如果秦国灭了赵国，那人民就会往北跑到燕国去，往东跑到齐国去，往南跑到韩国和魏国去。您拿了这些土地，但也没剩什么人了。不如您现在跟赵国、韩国、魏国谈割地，这样您又有地又有人，而且武安君也不会功高盖你。"

苏代这番说辞，是基于武安君和应侯的"业绩指标"不尽相同，甚至有些时候是矛盾的。在秦国先军、重军政策之下，武安君的第一任务就是杀人。有战功，就有一切。但是范雎是国相，他要的是有人民。有人，才有人种田，才有人纳税。他们一个要杀人，另一个要保人，那两个人的"业绩指标"在设计上就有天然的矛盾。所以，苏代只是做了一件事——让应侯明白，武安君灭了赵国，对他个人没好处，对他所在的职能部门也没有好处。

2. 信任，是范雎说服秦王的关键前提

苏代的任务完成了，之后就需要应侯再去说服秦王。苏代很聪明，他知道应侯和秦王的信任关系，应侯对秦王的了解，不是其他人能比拟的。所以，他只要说服了应侯，应侯就一定会开动脑筋去想怎么说服秦王。

应侯言于秦王曰："秦兵劳，请许韩、赵之割地以和，且休士卒。"王听之，割韩垣雍、赵六城以和，正月，皆罢兵。武安君由是与应侯有隙。

应侯说服秦王的话非常简单：一、秦兵非常劳累了，再打下去，有可能撑不住了；二、让赵、韩割地，我们讲和，这样的话，我们拿到了他们的地，拿到了他们的人民，而且也能让秦国的士卒休息休息。秦王听完应侯这几句并不复杂的话，靠着他跟应侯之间的信任，没有多问，直接同意了。赵、韩割完地，秦国正月罢兵。虽然罢兵了，但是武安君不高兴了，武安君开始恨应侯了。

3. 虞卿献奇谋，一言换一城

虽然秦国"战神"白起的虎狼之师停下了，但事情还没有完。

赵王将使赵郝约事于秦，割六县。虞卿谓赵王曰："秦之攻王也，倦而归乎？王以其力尚能进，爱王而弗攻乎？"

赵王派使者跟秦国去谈讲和、割地的具体细节。虞卿就出来说，我不同意。虞卿给赵王提了一个问题："您觉得秦国打赵国，是打不动了才回去了呢，还是它还能打得动，但是秦王喜欢赵王您，所以不打了？"

他给赵王提出问题，并不是想跟赵王讨论罢兵背后的原因，而是想启发赵王，谈割地，怎么个割法。

王曰："秦不遗余力矣，必以倦而归也。"虞卿曰："秦以其力攻其所不能取，倦而归，王又以其力之所不能取以送之，是助秦自攻也。来年秦攻王，王无救矣。"

赵王说:"秦国估计没有剩余什么力气,他疲倦了,所以回去了。"虞卿没有反驳赵王,而是顺着赵王的话继续去沟通。这是一个技巧,真诚且能把逻辑上的问题解决了。

虞卿说:"就算秦国是因为疲倦才打不下去了,您现在把它没力气拿到的城池又送给它,您这是替秦国助攻。来年秦军整顿过来了,再来攻打您,您就一点救也没有了。"

赵王计未定,楼缓至赵,赵王与之计之。楼缓曰:"虞卿得其一,不得其二。秦、赵构难而天下皆说,何也?曰:'吾且因强而乘弱矣。'今赵不如亟割地为和以疑天下,慰秦之心。不然,天下将因秦之怒,乘赵之敝,瓜分之,赵且亡,何秦之图乎!"

赵王左右摇摆,计策未定。这时候一个叫楼缓的人来到赵国,赵王就跟楼缓商量。楼缓说:"虞卿对这个事只想到了第一层,没想到第二层。秦国打赵国,其他国家都开心,因为他们希望能有机可乘地分一杯羹,可以占赵国一些便宜。不如现在赵国马上割地给秦国,让天下狐疑,让秦国开心。否则的话,如果秦国愤怒,其他国家会趁机瓜分赵国,到时候赵国想不亡国也难,不见得需要秦国亲自动手。"

虞卿闻之,复见曰:"危哉楼子之计,是愈疑天下,而何慰秦之心哉!独不言其示天下弱乎?且臣言勿与者,非固勿与而已也;秦索六城于王,而王以六城赂齐。齐,秦之深雠也,其听王不待辞之毕也。则是王失之于齐而取偿于秦,而示天下有能为也。王以此发声,兵未窥于境,臣见秦之重赂至赵而反媾于王也。从秦为媾,韩、魏闻之,必尽重王,是王一举而结三国之亲而与秦易道也。"

虞卿听说了之后，又去见赵王了，继续说服赵王："楼缓说得不靠谱，如果按楼缓说的这么做，天下更怀疑赵国在干什么。而且这么做完全谈不上安慰秦国的心，只是在向天下示弱。"

虞卿说："我说不给地，并不是一定不给地。'秦索六城'，这六城我们不给秦国，给齐国。齐国对秦国有深仇大恨，齐王一看我们拿六城去，他一定会同意。这样，您就向天下表明了我们还是有作为的，我们赵国还是会继续对抗秦国，我们需要得到其他国家的支持。您都不用真的把地给出去，您现在就这么把消息放出去，秦国就一定会带着重金来跟咱们讲和。秦国如果跟咱们讲和，韩国、魏国一定会非常尊重您。一个举动，让三个国家都对您亲近起来，这件事该做。"

赵王曰："善。"使虞卿东见齐王，与之谋秦。虞卿未返，秦使者已在赵矣。楼缓闻之，亡去。赵王封虞卿以一城。

赵王听明白了，于是派虞卿去见齐王，跟齐王一块儿谋划如何对付秦国。虞卿人还在齐国，秦国的使者就已经来了，开始跟赵国认真谈判。楼缓听到之后，逃走了。赵王因为听从虞卿的建议，创造了一个相对缓和的局面，让赵国能相对安全地生存了几十年。赵王感谢虞卿，给了虞卿一座城池。

这就是"一言一城"的故事。我多次重复"冯氏沟通五原则"，每次说，都有细微的不同，能够给你一个更好的全貌。多多训练沟通技巧，在必要的时候，三分钟说服你的 CEO。

子顺谏魏王：
好的战略"不与众谋"

长平之战是个悲伤的故事，"不与众谋"是个无奈的故事。没有大开大合，似乎没有那么悲伤，但是这种无奈更让人神伤。

沿着"不与众谋"，来讲讲职场的两层无奈。

第一层，真理、正确的战略只掌握在极少数人的手上。更无奈的是，其他多数人也认为自己是对的。如果你不懂战略，没有真知灼见，但你认了这个事儿，那正确的战略也好实施。现实却是多数地球人都不认这个事儿，他们不让那少数有真理、有真知灼见、懂真的好战略的人"得逞"，不让真的好战略得以实施。

往下一层，更无奈的是，即使少数掌握真理的人提出了正确的战略，多数没有掌握真理的人也愿意跟随，但是大环境却不允许。比如，到了战国末期，在强秦面前，无论你的战略是对还是错，都是徒劳的。弱国无外交，弱者无战略，你是弱者中的一员，才是无奈之中的最无奈。

1. 智慧不常见，常识不常有

秦之始伐赵也，魏王问于诸大夫，皆以为秦伐赵，于魏便。孔斌曰："何谓也？"曰："胜赵，则吾因而服焉；不胜赵，则可承敝而击之。"子顺曰："不然。秦自孝公以来，战未尝屈，今又属其良将，何敝之承！"大夫曰："纵其胜赵，于我何损？邻之羞，国之福也。"子顺曰："秦，贪暴之国也，胜赵，必复他求，吾恐于时魏受其师也。先人有言：燕雀处屋，子母相哺，呴呴焉相乐也，自以为安矣。灶突炎上，栋宇将焚，燕雀颜不变，不知祸之将及己也。今子不悟赵破患将及己，可以人而同于燕雀乎！"子顺者，孔子六世孙也。

秦国刚开始打赵国的时候，魏王问他的团队的意见。大家都认为秦国打赵国，对魏国来说是件好事。孔斌很不解，这些士大夫就说："如果秦国胜了赵国，我们跟着服从就好了。如果秦国胜不了赵国，那我们就趁秦国很疲惫的时候打它。"子顺说："不对，秦国自秦孝公以来，打仗就没尿过，现在又有良将，我们怎么会有可乘之机？"这些士大夫又说："就算秦国打胜了赵国，对我们来说又有什么损害？邻国的羞辱，是我国的福音。"

子顺接着说："秦国是一个贪婪的国家。它如果打下了赵国，一定会有继续打下其他领土的欲望，我担心到那个时候，魏国就要遭受秦兵的攻击了。从前有一个故事说，燕雀在屋上搭巢，母子互相喂东西，非常开心，以为挺安定。突然，灶上起了大火，房子将要被烧塌，房上的燕雀面不改色，不知道将祸及自身。如果今天您不知道赵国一旦亡了，会祸及魏国，那就像这故事中的燕雀一样。"

"唇亡齿寒""赵亡魏惨"，这么明显的事，魏国的大臣们却看不明白，可悲啊！在漫漫历史长河之中，像他们这样蠢的，甚至比他们更蠢的，比比皆是。因为多数人都只从自己的角度出发去看问题、想问题、做判断。而且多数人天生都有懒的一面，即"路径依赖"——我现在待的位置、干的事儿挺好的，我不希望发生变化。这种懒，往往会造成自己很多判断上的重大失误。

我自己做战略做了多年，常常惊诧于有战略判断的人、有好的战略判断的人、能坚持自己好的战略判断的人竟然凤毛麟角。同时，我也常常惊诧于多数成年人都能从他们的角度，把一件事情、一种做法、一种认识编圆了，至少能编到他们自己被说服。

那怎么能让自己的智慧增长一点？怎么能抛开自己的见识、知识结构、路径，更好地、更客观地、更有常识地做判断呢？多读历史，多跟有智慧的人讨论，多听他们的意见。读书、行路、学徒、做事，逃不出这四条道路，其中读书是最方便、最基础的。

2. 制定战略，要"不与众谋"

初，魏王闻子顺贤，遣使者奉黄金束帛，聘以为相。子顺曰："若王能信用吾道，吾道固为治世也，虽蔬食饮水，吾犹为之。若徒欲制服吾身，委以重禄，吾犹一夫耳，魏王奚少于一夫！"使者固请，子顺乃之魏；魏王郊迎以为相。

当初，魏王听说子顺是个贤者，让使者带着黄金和丝绸，聘他为魏国的国相。子顺说："如果魏王您能用我的政治理念去治国，用我的管理方式去管理您的组织，就算是'蔬食饮水'，不用肉、不用酒，我也愿意。如果只是想要我的名声，只是想要我跟您的群臣站在一起，给我很多薪水，那我也就是一个普通人，魏王您还少这么一个普通人吗？"使者仍然坚持请子顺，子顺就同意了。魏王在郊外迎接子顺，把他定为国相。

子顺改璧宠之官以事贤才，夺无任之禄以赐有功。诸丧职者咸不悦，乃造谤言。文咨以告子顺。子顺曰："民之不可与虑始久矣！古之善为政者，其初不能无谤。子产相郑，三年而后谤止；吾先君之相鲁，三月而后谤止。今吾为政日新，虽不能及贤，庸知谤乎！"

子顺上任后开始改革，把那些可有可无的、阿谀奉承的官员换成了贤明的人。把无功劳却拿俸禄的官员换成了有功劳的人。业绩不向辛苦妥协，价值观不向业绩妥协。丢了官的、丢了俸禄的人很生气，开始说子顺的坏话。文咨就把这些告诉了子顺。

子顺的回答有相当的指导意义。他说："在变革的开始，特别是大变革的开始，跟这些普通官员、普通百姓不能谈。你如果问他们变革好不好，他们一定说不好。如果他们都认为某个变革好，那这个变革一定是个坏变革。"如果这个机构里绝大多数人都认为某个变革、某个战略特别好，那这个变革、这个战略十有八九是错的。

然后子顺说："古代善于推进政治改革、管理变革的贤者，最开始都无法避免被诽谤。子产在改革进行三年之后，对他诽谤的声音才停止。我的祖先孔子，当鲁国的丞相三个月之后诽谤才停止。我现在刚刚开始推行政治改革，虽然我的贤德比不上孔子，比不上子产，但是我也知道，诽谤是一定会有的。"

3. 如何制定制胜的战略

在实际生活中,如果一个战略、一个改革不能得到足够的支持,那这个改革、这个战略将很难进行下去,常陷入两难甚至三难的境地。如何制定好战略?如何制定制胜的战略?如何把能够制胜的战略执行下去?这些都是好问题,但不是容易答的问题。作为一个战略专家,我要尽可能地回答你。

第一,你是手握真理的少数人,你要尽心尽力、尽职尽责地把变革方案和战略定好。

第二,你要找到能推动战略落地的那股力量。有可能是你的上级,或者是你的集团领导,也有可能是你的同级以及下属一层。总之,找到尽可能多的支持者。

第三,不要争取你下一层的下一层的同意。你的上级、你周围的平级和你的下层支持你,已经足够了。然后,对下一层的下一层以及所有员工进行宣传灌输:我们要做什么变革?我们为什么要这么做?我们要怎么做?我们会取得什么样的战果?

好的战略以及好的战略实施,都是这么制定和进行的。

4. 大势不可违,但你依然有选择

子顺相魏凡九月,陈大计辄不用,乃喟(kuì)然曰:"言不见用,是吾言之不当也。言不当于主,居人之官,食人之禄,是尸利素餐,吾罪深矣!"退而以病致仕。人谓子顺曰:"王不用子,子其行乎?"答曰:"行将何之?山东之国将并于秦;秦为不义,义所不入。"遂寝于家。

战略制定是件难事,战略执行也是件难事。怎么才能让好的战略落地?最关键的就是一把手要挺你。子顺就是在这里出现了问题,一把手不听他的。子顺当了魏国的国相九个月,陈述的重大计策、改革方案、战略都不被魏王采纳。子顺叹气,无奈。

子顺反过来说自己:"我的计策不被用,是我的计策有不好的地方,是我说话有不当之处。在人家这里当官,建议不被采用,像行尸走肉一样白白地吃饭,我感到罪孽深重。"于是,子顺就退了相位,一直装病。有人就给子顺建议说:"魏王不用你,你为什么不走呢?"这是一个无奈的故事,古人比现代人有更深的无奈。子顺说:"我能去哪儿呢?泰山以东都会被秦国所占据、所兼并,秦国不实行仁政,跟我的政见是相反的,我怎么能去秦国呢?天下任何一块地儿很有可能都是秦国的,我能去哪儿?"

然后,子顺就在家里睡觉了。这是《资治通鉴》里第一次提到"躺平",子顺——孔子的六世孙,躺平了。但是他是孔子的六世孙,有圣贤之名,所以别人仍然继续骚扰他。

新垣固请子顺曰:"贤者所在,必兴化致治。今子相魏,未闻异政而即自退,意者志不得乎,何去之速也?"子顺曰:"以无异政,所以自退也。且死病无良医。今秦有吞食天下之心,以义事之,固不获安;救亡不暇,何化之兴!昔伊挚在夏,吕望在商,而二国不治,岂伊、吕之不欲哉?势不可也。当今山东之国敝而不振,三晋割地以求安,二周折而入秦,燕、齐、楚已屈服矣。以此观之,不出二十年,天下其尽为秦乎!"

新垣固对子顺说:"贤者待的地方,无论一条街,还是一座城,还是一个国家，他一定能把圣贤的教化普及。现在您当魏国的国相，没听说您干了什么惊天动地的事儿，就自己退了。您这是不得志啊，为啥退得这么快呢？"

听到这些话，子顺的心里不好受。但是作为有良好战略素养的人，子顺让理智战胜了情感。子顺说："因为我也做不出什么惊天动地的事儿，所以我退了。"子顺又补了一句，给自己找了一点点尊严。他说"且死病无良医"，如果这个病一定是会死的，那良医也没有办法。表明现在的局面不可为，无奈。如今，秦国非常强大，而且立志要吞并天下。用仁义、仁慈之道去处理现在的状态，是获得不了和平安宁的。现在，救亡都来不及，大家还有什么心思去想仁义道德。

之后，子顺又举了历史上的两个例子——伊挚在夏朝为政，吕望在商朝为政，但两国在他们手上都治理得不怎么样，用来说明有能力、有道德的人，在错误的时间、错误的地方，也很难发挥应有的作用。

其实一个人无论力气大小，只要有十年时间，能让他使出自己最大的力气，这个人就已经是很幸运的了。成事、持续成事、持续多成事是一种修炼，但是事成多大，能成哪类事，特别是事成多大，不只是你的能力和动力的问题，还要看大势让不让你干。在有能力、有动力，但是大势不可为的时候，不可逆势而为。

大势不在的时候，你可以不屠龙，但是不能不磨剑。大势不可为，阻挡的只是你干大事，但没有阻挡你完善你自己。没有阻挡你清风朗月，没有阻挡你运动，没有阻挡你喝酒聊天，没有阻挡你去读书，没有阻挡你当学徒。

一定要记住，一个人的力量是渺小的，你排排手上的牌，想想窗外的大势，如果不可为，那最聪明的、最有效的方法就是不为。

毛遂自荐：
如何在关键时刻向上一步

在战国晚期，秦国攻打赵国。赵国公子平原君奉命到楚国求救，要挑选二十个门客陪同，可是挑来挑去只有十九个人可用。毛遂挺身而出，主动向平原君推荐他自己——我选我，我推荐我自己。中国人历来以谦虚为美德，毛遂自荐就引来了众人的耻笑。不过毛遂不在意这些，他说服平原君带自己出使楚国，在谈判中还起到了至关重要的作用。回到赵国以后，被尊为上宾。

毛遂打破世俗的成见，有勇气向领导推荐自己，并且有方法、有话术让自己的推荐能够被接纳。在平原君和楚王谈判的"重大会议"上，有能力一举完成使命。其中，有太多值得我们借鉴、学习的地方。

1. 毛遂抓住机会，脱颖而出

赵王使平原君求救于楚，平原君约其门下食客文武备具者二十人与之俱，得十九人，余无可取者。

赵王让平原君去楚国搬救兵，平原君约了自己有文才武略的众多门客，想带二十个人去。结果只找到了十九个，最后这一个就是找不出来了。

毛遂自荐于平原君。平原君曰："夫贤士之处世也，譬若锥之处囊中，其末立见。今先生处胜之门下三年于此矣，左右未有所称诵，胜未有所闻，是先生无所有也。先生不能，先生留！"

毛遂跟平原君自荐。平原君也非常坦诚地说："有能力的人，就好像把锥子搁在囊中一样，锥尖一定会很快被人看到。先生在我门下待了三年，没听过有人夸您，也没听到您干出了什么大事。先生还是别勉强了，留在赵国吧。"

毛遂曰："臣乃今日请处囊中耳！使遂蚤得处囊中，乃脱颖而出，非特其末见而已。"平原君乃与之俱，十九人相与目笑之。

毛遂没有被平原君劝服，接着继续劝平原君："我同意您的说法，我今天就想把自己这个锥子搁到囊中。如果您给我这个机会，我将脱颖而出，不仅能让您看到锥尖，整个锥子都能让您看到。"平原君被说服了，之前选中的十九人互相看了看，眼睛里都带着嘲笑的意味。

2. 毛遂反客为主，不辱使命

平原君至楚，与楚王言合从之利害，日出而言之，日中不决。毛遂按剑历阶而上，谓平原君曰："从之利害，两言而决耳！今日出而言，日中不决，何也？"楚王怒叱曰："胡不下！吾乃与而君言，汝何为者也？"

平原君到了楚国，和楚王讲联合起来抗秦的好处。从日出一直谈到日中，也没有谈出个结果。毛遂在这个时候带着剑登上台阶，跟平原君说："合纵的利害两三句话就说清楚了，今天从日出谈到日中，还不能做决策，这是什么意思？"毛遂这番话虽然是对着平原君说的，但实际上是说给楚王听的。楚王怒斥道："你是谁？为什么不下去？我在跟你的老大平原君说话，你是做什么的？"

毛遂按剑而前曰："王之所以叱遂者，以楚国之众也。今十步之内，王不得恃楚国之众也！王之命悬于遂手。吾君在前，叱者何也？且遂闻汤以七十里之地王天下，文王以百里之壤而臣诸侯，岂其士卒众多哉？诚能据其势而奋其威也。今楚地方五千里，持戟百万，此霸王之资也。以楚之强，天下弗能当。"

毛遂被楚王斥责之后，直接上前跟楚王说："您之所以可以斥责我，是因为您仗着楚国地广、人多势大。但是十步之内，您不可能依仗得了楚国之强、楚国之众，我可以随意取君项上首级。我老大在这里，还轮不到您斥责我。汤用七十里地王天下，文王用百里之壤王天下，并不是仗着土地之大本身，而是能够利用它的威势，彰显出自己的威望。楚国有五千里地，有百万战士，这是能称王称霸的资本。以楚国的强大，没有人能够抵抗。"

"白起，小竖子耳，率数万之众，兴师以与楚战，一战而举鄢、郢，再战而烧夷陵,三战而辱王之先人,此百世之怨而赵之所羞,而王弗之恶焉。合从者为楚,非为赵也。吾君在前,叱者何也?"

"但是一个小小的白起带了几万兵就可以跟楚国对抗,一战拿下两城,再战又烧一城,三战辱您的先人。这种耻辱,到了可以结下百世恩怨的程度了,赵国也替您羞愧,而您自己却不觉得这是种耻辱。我们联合起来,不是为了赵国,是为了您楚国!我老大在我面前,他能斥责我,但您凭什么斥责我?"

"冯三点"把毛遂的话总结一下:

第一,您依仗着楚国地广人多而强大,但是十尺之内,我取您项上首级易如反掌。

第二,您不是我老大,我也没跟您说话,即使有人斥责我,也轮不到您。

第三,强大的楚国却被秦国一个臭小子白起打得那么惨,赵国都替您丢人。现在跟赵国一起去抗击秦国,不是为了赵国,是为您楚国好。

楚王曰:"唯唯,诚若先生之言,谨奉社稷以从。"毛遂曰:"从定乎?"楚王曰:"定矣。"毛遂谓楚王之左右曰:"取鸡、狗、马之血来!"毛遂奉铜盘而跪进之楚王曰:"王当歃血以定从;次者吾君,次者遂。"遂定从于殿上。

楚王一听,蒙了,说:"对对对,确实就跟先生说的一样,咱们就按先生说的做。"毛遂问:"我们合起来抗击秦国这件事儿,能不能定下?"楚王说:"定了!"毛遂就跟楚王周围的人说:"取鸡血、狗血、马血来。"毛遂举着一铜盘血跟楚王说:"我们歃血为盟,您先,然后平原君,然后我毛遂。"就这样,在正当午时分的大殿之上,他们就把合纵——楚国和赵国联合抗击秦国这件事儿给定下来了。

毛遂左手持盘血而右手招十九人曰:"公等相与歃此血于堂下!公等录录,所谓'因人成事'者也。"平原君已定从而归,至于赵,曰:"胜不敢相天下士矣!"遂以毛遂为上客。

毛遂左手托着铜盘,对和平原君一起来的另外十九个看不起他的人说:"你们十九人在堂下歃血。你们是平庸之辈,因人成事而已,所以不用到殿上。"

平原君和楚国定下了合纵之盟,回到赵国后说:"我平原君再也不敢说自己能识人善用了。"然后,他把毛遂尊为上宾。

3. 如何在关键时刻向上自荐

第一点,抓住机会,挺身而出。

有种时刻叫"关键时刻",关键时刻,作为一个认为自己有能力的、训练有素的人,应该考虑挺身而出,甚至应该不考虑就挺身而出。切记,在人的一生里,你可能只能遇上一两次、两三次,最多也只是个位数的这种关键时刻,希望你能像毛遂一样挺身而出。

在某种程度上,"毛遂自荐"体现了冯唐的九字真言——"不着急、不害怕、不要脸"。他三年处于平原君门下,没有任何闪烁的时候,默默等待机会,"不着急"。机会来了,他没有琢磨自己行不行,而是挺身而出,"不害怕"。在楚王面前,冒着被杀头、被乱箭射死的风险,他还是先于其他人挺身而出,继续保持"不害怕""不要脸"。这就是"毛遂自荐"的精神。

第二点，关键时刻，不要多说。

结构化表达，说清楚就停。甚至在必要的时候，重复之前已经说清楚的话，但是不用多说。就像平原君和楚王从日出谈到日中，也没谈出个所以然，毛遂按剑而上，两三句话就把合纵的好处说清楚了。

能少、能精练、能直给，是一个职业经理人应该有的素养。我在麦肯锡工作的十年中，发现真正好的沟通者、好的管理者在交流的时候，简单几句就能够把话说清楚。甚至好的PPT文件，也不需要有一二百页，写太多往往是心虚的表现。后来，我就逼自己和自己的团队写PPT最好在十页之内，最多不超过三十页，写Word文件最好一页就能把事情说清楚，最多不超过三页。三十页PPT、三页Word文档，如果还不能把事说清楚，很有可能是你没把事想明白。

另外，你要敢停。很多人把自己要说的说完了，而对方还没反应，他心就慌了，继续说很多似乎相关但又不一定相关的话。紧张可以理解，但是说得太多，会冲淡你原来要表达的意思。所以记住，要敢停。说完三点，停住，对方有什么问题，让他问。他有什么不明白的，你可以把三点再重复一遍。但是不一定，甚至往往不需要拓展来说。希望你记住——"停"。

第三点，不打无准备之仗。

在毛遂自荐的故事里，第一个有备而来的是毛遂。他这三年在平原君门下似乎碌碌无为，但实际上在练习结构化思维、结构化表达，增加对这个世界深刻的理解。否则在机会来了的时刻，他不敢这么斩钉截铁地自荐，在平原君和楚王谈判遇到僵局的时刻，他也无法挺身而出。所以，不要光看到毛遂在自荐后的闪烁点，也要看到毛遂在没有闪烁点之前下的那么多的功夫。好的管理者、好的医生、好的写作者其实都是这样的。做个训练有素的人，比做个美人、做个帅气逼人的人更容易持久，更容易心里踏实。

第二个有备而来的就是平原君的团队。我高度怀疑，平原君和毛遂在平原君和楚王见面之前一定演练过。一个训练有素的团队，面临这么重要的一个会，应该要做预演，应该要做会前准备会。

我可以很负责地说，多数会议开得效率很低——没有议程，没有决策，会中乱讨论一切，会后没有跟踪。会议管理的高手会在关键会议之前开预备会，做好预案。特别是团队对于类似的会议并不熟悉，彼此配合并没有那么默契的情况下。团队里谁主说，谁辅说，可能会出现什么情况，应该做什么来应对，都要提前准备好。对一些非常重要的会，不能把所有的宝都押在会议真实现场。

第四点，切记要在什么时候用什么人。

有些人像毛遂一样是破局之人，是在关键时刻能挺身而出的人。有些人是因事之人，破不了局，但是也能做好寻常工作。除了毛遂，另外那十九个跟着平原君去见楚王的人，就是因事之人。对于破局之人，在急需人才的时刻要"英雄不问出处"。只要你的直觉告诉你，这个人可以把事情做成，有成功的概率，就可以了。

奇货可居：
历史上最成功的风险投资案例

秦国国力强盛、兵强马壮，快到一统六国的时候，发生了很多有意思的故事。

秦国那时候有个华阳夫人，是太子的正室，她非常受太子宠爱，但是她没儿子。太子有个姬妾，生了个儿子叫异人，非常不受重视，常年在赵国当人质，生活相当艰苦。有个大商人叫吕不韦，他非常明白投资的基本原则，看问题的角度不一样。他看到异人，觉得奇货可居。两人经过一番畅聊，达成了政治同盟。异人许诺如果两人密谋的计划成功，两人共同享有秦国这一伟大的国家。后来，异人不仅做了继承人，统治秦国，而且还生下了秦始皇。

如果从投资的角度看，这很有可能是中国历史上最成功的风险投资之一。不是所有聪明人都有战略眼光。很多世俗的成功人士在一些关键问题上的判断不见得有战略正确性——因为贪，因为自满，因为路径依赖。那么吕不韦看准异人奇货可居，是看准了哪些东西？他在这件事上是如何考虑的？他做对了什么？

1. 吕不韦成就了战国最成功的风险投资

秦太子之妃曰华阳夫人，无子；夏姬生子异人。异人质于赵；秦数伐赵，赵人不礼之。异人以庶孽孙质于诸侯，车乘进用不饶，居处困不得意。

秦国的太子妃叫华阳夫人，膝下无子，另外一个妃子夏姬，有个儿子名叫异人，在赵国做人质。秦国攻打了赵国很多次，赵国自然不会很好地对待秦国的人质。异人本身也只是太子的庶支，相当于秦王的庶支孙子。可想而知，他的生活相对窘迫。窘迫到好一点的车、马都没的用，他在这种困顿的地方很不得意。

阳翟大贾吕不韦适邯郸，见之，曰："此奇货可居！"乃往见异人，说曰："吾能大子之门！"异人笑曰："且自大君之门！"不韦曰："子不知也，吾门待子门而大。"异人心知所谓，乃引与坐，深语。

赵国有个富有的大商人叫吕不韦。吕不韦在邯郸见到异人时，立刻下了定论，"此奇货可居"。吕不韦用他大商人的眼光看到了异人作为资产具有潜在的巨大价值。

他就去跟异人说："我能'大子之门'，让你的事业变得很大。"异人跟吕不韦说："您不用大我的门了，您把您的门弄大就好了。"这时候，吕不韦很好地表现了一个商人的情商、智商。吕不韦说："您不知道，我的门在等着您的门变大而变大。"异人心里知道吕不韦是什么意思，把他引入密室，深聊了一通。在我的阅读范围内，这是中国地、权、钱交易第一次明确出现在史书之上。

不韦曰："秦王老矣。太子爱华阳夫人，夫人无子。子之兄弟二十余人……子居中，不甚见幸，久质诸侯。太子即位，子不得争为嗣矣。"异人曰："然则奈何？"不韦曰："能立适嗣者，独华阳夫人耳。不韦虽贫，请以千金为子西游，立子为嗣。"异人曰："必如君策，请得分秦国与君共之。"

吕不韦非常简洁地说出了目前最重要的情况："秦王已经老了，太子爱华阳夫人，华阳夫人没儿子。您有二十多个兄弟，其中有一个已经明显占了上风，您在年岁上正好在中间，又长期被当成人质在诸侯国待着，不在秦国。太子，也就是您的父亲继位以后，您也当不上太子。"

异人也说得很坦诚："那我又能怎么办呢？"吕不韦说："能立太子的只有华阳夫人。我虽然不是大富大贵，但是我愿意以千金来帮您做这个事儿——把您立为太子。"异人说："如果您的计划得以实现，我当上了太子的话，就把秦国分给您一半，跟您一块拥有秦国。"

不韦乃以五百金与异人，令结宾客。复以五百金买奇物玩好，自奉而西，见华阳夫人之姊，而以奇物献于夫人，因誉子异人之贤，宾客遍天下，常日夜泣思太子及夫人，曰："异人也以夫人为天！"夫人大喜。

吕不韦把这千金分成了两份，拿出五百金给异人，让他大宴宾朋、结交贵人，另外五百金买了一些新奇好玩的东西，他带着这些东西，去见华阳夫人的姐姐，并通过她把这些好东西献给了华阳夫人。他让华阳夫人的姐姐去夸赞异人的贤德，说异人宾客遍天下，非常招别人喜欢，每天都想念太子和华阳夫人。华阳夫人的姐姐说："这个孩子把夫人当作天，甚至比天还大。"华阳夫人听到后非常开心。

不韦因使其姊说夫人曰："夫以色事人者，色衰则爱弛。今夫人爱而无子，不以繁华时蚤自结于诸子中贤孝者，举以为适，即色衰爱弛，虽欲开一言，尚可得乎！今子异人贤，而自知中子不得为适，夫人诚以此时拔之，是子异人无国而有国，夫人无子而有子也，则终身有宠于秦矣。"夫人以为然，承间言于太子曰："子异人绝贤，来往者皆称誉之。"因泣曰："妾不幸无子，愿得子异人立以为子，以托妾身！"

吕不韦没有自己说，而是通过华阳夫人的姐姐说这番话，华阳夫人就更容易听进去。这段话是这么说的："华阳夫人您长得很美，被太子疼爱。但是您要知道当色相没了，爱也就少了。您现在有太子宠爱，但是没有儿子，趁着现在，要早一点和这些孩子中孝顺的、贤能的好好结交，将来把其中一个立为太子，这样您将来色衰也不怕。异人在赵国做人质，是个很贤德的孩子，他知道自己没有机会变成太子。如果这个时候夫人能够考虑将来把他立为太子，那么异人相当于没有国家而有了国家，您相当于没有儿子而有了儿子。万一您的夫君先去了，您扶持的异人也会对您好，那您在秦国就立住了，终身都有荣华富贵。"

华阳夫人听得挺明白，于是得空就跟太子说："这么多孩子中，叫异人的这个孩子特别贤能，认识他的人说起他来都赞不绝口。"并且哭诉道，"虽然您深爱我，但是我很不幸，因为我没有孩子。我希望异人能够成为我的孩子，可以托付终老。"

太子许之，与夫人刻玉符，约以为嗣，因厚馈遗异人，而请吕不韦傅之。异人名誉盛于诸侯。

太子同意了，给华阳夫人刻了个玉符。两人定好了这件事儿，同时开始给异人以特殊待遇，给他很多好东西，并且请吕不韦做异人的老师，异人的声名开始"盛于诸侯"。

事情并没有完，在周朝结束之前，吕不韦还干了一件大多数男人可能想过，但是都没干成的事。

吕不韦娶邯郸诸姬绝美者与居，知其有娠，异人从不韦饮，见而请之。不韦佯怒，既而献之，孕期年而生子政，异人遂以为夫人。邯郸之围，赵人欲杀之，异人与不韦行金六百斤予守者，脱亡赴秦军，遂得归。异人楚服而见华阳夫人，夫人曰："吾楚人也，当自子之。"因更其名曰楚。

吕不韦在邯郸娶了最漂亮的女人，并且知道这个女人已经怀孕了。有一次，异人跟吕不韦一块喝酒，见到了这个女人，觉得实在美得一塌糊涂，想带走。吕不韦借着酒劲假装生气，不允。第二天，吕不韦又同意把她献给异人了。不到一年，这个女人生下了一个男孩。异人很开心，把这个美貌的女子立为夫人，给这个男孩取名为政。这个政就是嬴政，后来的秦始皇。"邯郸之围"中，邯郸被秦兵围困，赵国人要杀异人。这个时候，吕不韦体会到了作为一个风险投资者，要经历多少起伏。他不得不追加六百金的投资，去行贿看门的人，异人才得以从赵国逃脱，回到秦国。

异人回到秦国以后，换上一身楚国的衣服见华阳夫人。华阳夫人非常感动，说我原来是楚国人，我把你当自己的儿子。于是，把异人的名字改为楚。这就是吕不韦"奇货可居"的故事。

2."奇货可居"是个揭示人性的故事

这是个在极限情况下揭示人性的故事,是个很难判断好坏的故事。那这个传奇的故事跟现在又有什么关系呢?

第一,这是中国历史上最佳的风险投资案例。吕不韦用一千六百金得到了整个中国,这是多少倍的回报呢?一万倍、十万倍、一百万倍?我不敢确定。我也算读中国历史相对多的人,但没看到过其他例子能跟这个例子相比。

第二,商人不丢人。中国古代一直不重商,"万般皆下品,唯有读书高"。读书读得很好,做官就可以做得很大。但在现代社会,创造价值才是更重要的。商人要挣钱,持续挣钱,持续多挣钱,才能为这个社会创造更多的价值。吕不韦作为中国最早期的商人,眼光非常好。别人都认为异人是个无用之人,吕不韦却觉得"奇货可居"。

第三,在中国历史上充满了对女性的不尊重。吕不韦和异人抓住了华阳夫人是怎么想的,就以女人会怕年老色衰这点,定下了这一滔天密计,而且竟然得逞了。吕不韦让一个很漂亮的女人怀上了孩子,仍然把这个女人给了异人作为他的夫人。这在现代观念里是侮辱女性,但在当时,似乎是被普遍接受的一种做法。

所以,不要用现在的观念去硬套历史上的事,甚至也不要用我们自己平常的观点去套一些个别人、个别事。在非常的时候,有些非常的人会做出一些非常的事情。有些男性会在某种程度上不尊重女性,有些女性也会在某种程度上不尊重男性,这种不尊重有可能也是人性的一部分。

第四,风险投资最重要的就是看得准、做得狠,以小博大。即是说,投超高潜力股,博小概率事件——输了,输得起;赢了,赢个大的。一旦赢,可以抵十次、二十次的输,这就是风险投资的逻辑。吕不韦把自己的儿子弄成了整个中国的皇帝，是连环追加投资。但他最后被自己儿子杀死，也展示了人性中底层的一面。

第五，投资人不能贪心。权、钱、色，不能三个都要。如果都要，劈你的雷就在路上，下场不会好。但是你可能会说，权、钱、色都拿到了，即便有什么后果，那就来吧，这也是一路人的想法。

第六，在最初设定目标的时候，我们并不能确定未来，那我们应该用什么心态去做？其实历史上也有答案——想想最好的情况，想想最差的情况，在最好和最差之间的，就是最可能会发生的情况，也是你应该定的最初的目标。

冯唐

诗人、作家、战略管理专家

1971 年生于北京

1998 年，获协和医科大学临床医学博士学位

2000 年，获美国埃默里大学 MBA 学位

2000—2008 年，麦肯锡公司全球董事合伙人

2009—2014 年，华润集团战略管理部总经理、华润医疗集团创始 CEO

2015—2021 年，中信资本高级董事总经理

现为成事不二堂创始人、董事长

已出版作品

长篇小说

《欢喜》《十八岁给我一个姑娘》《万物生长》《北京，北京》《女神一号》

短篇小说集

《安阳》《搜神记》

散文集

《活着活着就老了》《三十六大》《在宇宙间不易被风吹散》《春风十里不如你》

成事系列随笔

《无所畏》《有本事》《了不起》

诗集

《冯唐诗百首》《不三》

管理作品

《冯唐成事心法》《成事》《金线》